新能源汽车工作手册式创新系列教材
服务产业转型双元培育改革系列教材

新能源汽车使用与维护

◎主　编　王　亮
◎副主编　周　凯
◎参　编　张　翔　王艺萱

电子工业出版社

Publishing House of Electronics Industry
北京·BEIJING

内 容 简 介

本书基于工作过程系统化的方法进行编写，通过工作任务融入各个知识点。本书内容主要包括向客户介绍新能源汽车、维修作业前的准备工作、高压断电、新能源汽车维护 4 个学习单元，主要以北汽 EV160、吉利帝豪 EV450、上汽大众途观 L PHEV 和上汽大众 ID.4 X 等常见车型为例，介绍了新能源汽车的分类、结构组成、使用方法、高压断电操作流程、新能源汽车的维护项目及标准。本书配有大量的实景拍摄图片，很好地展示了操作细节。同时，对于重点、难点内容配有相应的教学视频，扫描相关二维码即可观看，通过图文与视频相结合的方式，提升学习效果。

本书适合职业院校新能源汽车相关专业学生学习，也可作为培训教材供广大新能源汽车维修从业人员阅读。

未经许可，不得以任何方式复制或抄袭本书之部分或全部内容。
版权所有，侵权必究。

图书在版编目（CIP）数据

新能源汽车使用与维护 / 王亮主编. —北京：电子工业出版社，2023.1 (2025.9 重印)
ISBN 978-7-121-44520-0

Ⅰ. ①新… Ⅱ. ①王… Ⅲ. ①新能源—汽车—使用方法—职业教育—教材 ②新能源—汽车—车辆修理—职业教育—教材 Ⅳ. ①U469.7

中国版本图书馆 CIP 数据核字（2022）第 208900 号

责任编辑：张　凌
印　　刷：天津千鹤文化传播有限公司
装　　订：天津千鹤文化传播有限公司
出版发行：电子工业出版社
　　　　　北京市海淀区万寿路 173 信箱　邮编　100036
开　　本：880×1 230　1/16　印张：13　字数：312 千字
版　　次：2023 年 1 月第 1 版
印　　次：2025 年 9 月第 5 次印刷
定　　价：48.50 元

凡所购买电子工业出版社图书有缺损问题，请向购买书店调换。若书店售缺，请与本社发行部联系，联系及邮购电话：（010）88254888，88258888。

质量投诉请发邮件至 zlts@phei.com.cn，盗版侵权举报请发邮件至 dbqq@phei.com.cn。
本书咨询联系方式：（010）88254549，zhangpd@phei.com.cn。

前言 PREFACE

当前中国汽车工业发展面临三大挑战：一是汽车产业的转型挑战；二是汽车排气污染治理的挑战；三是汽车保有量快速上升带来的能源安全和低碳发展的挑战。随着地球环境恶化、自然资源不断减少，节能减排势在必行。目前，世界各国都在大力发展新能源汽车，许多国家已经出台了停止生产销售传统能源汽车的政策。我国也在 2018 年下半年着手推出传统能源汽车退出市场的时间表，新能源汽车产业已被列入国家战略性新兴产业发展规划之中，中央和地方各级政府对新能源汽车的发展保持高度关注，陆续出台了一系列扶持培育政策。低碳、环保的新能源汽车在汽车市场中的占有率不断提升。因此，培养能够从事新能源汽车售后服务的专业技术人员是当前职业院校的重点工作之一。

发展现代新能源汽车职业教育，必须立足于当前新经济、新技术、新职业、新专业的时代背景，因此，为适应新能源汽车产业需求，必须对接科技进步，推动产教融合，注重培养和使用适应数字经济发展和数字化转型的生产服务一线技术技能人才。本书按照工作过程系统化的方法进行梳理，前期进行了大量的走访调研，收集了很多企业真实的工作案例，同时融入了全国职业院校新能源汽车技能大赛的相关标准，提高了教材的实用性。本书主要内容包括向客户介绍新能源汽车、维修作业前的准备工作、高压断电、新能源汽车维护 4 个学习单元，每个单元又包含若干个独立的知识和技能。全书的学习单元在排列上按照由易到难的顺序，每个单元也可单独成为一个学习模块，在教学上具有很强的灵活性。本书适合职业院校新能源汽车相关专业学生学习，也可作为培训教材供广大新能源汽车维修从业人员阅读。

本书由北京市昌平职业学校王亮担任主编，周凯担任副主编，张翔、王艺萱参与编写。其中，王亮编写学习单元 1、学习单元 4、全书图表及习题；周凯编写学习单元 2；张翔、王艺萱编写学习单元 3。王亮负责全书的统稿和定稿工作。

由于编者水平有限，书中难免存在疏漏和不足之处，敬请广大读者批评指正。

编　者

目录
CONTENTS

学习单元 1　向客户介绍新能源汽车 ······ 001
  1.1　学习目标 ······ 001
  1.2　情境引入 ······ 002
    1.2.1　接受任务 ······ 002
    1.2.2　任务分析 ······ 002
  1.3　知识与技能 ······ 002
    1.3.1　新能源汽车发展概况与政策标准 ······ 002
    1.3.2　新能源汽车的分类 ······ 007
    1.3.3　认识纯电动汽车 ······ 016
    1.3.4　认识混合动力汽车 ······ 023
    1.3.5　纯电动汽车操作与使用 ······ 027
    1.3.6　混合动力汽车操作与使用 ······ 041
    1.3.7　新能源汽车使用注意事项与应急处理 ······ 048
  1.4　理论测试 ······ 052
  1.5　计划与决策 ······ 054
  1.6　任务实施 ······ 055
  1.7　任务评估 ······ 056
  1.8　任务反思 ······ 056
  1.9　知识拓展 ······ 056

学习单元 2　维修作业前的准备工作 ······ 060
  2.1　学习目标 ······ 060
  2.2　情境引入 ······ 061
    2.2.1　接受任务 ······ 061
    2.2.2　任务分析 ······ 061
  2.3　知识与技能 ······ 061

		2.3.1 新能源汽车维修工位	061
		2.3.2 新能源汽车维修安全防护用具	063
		2.3.3 新能源汽车维修专用工具及检测设备	065
	2.4	理论测试	080
	2.5	计划与决策	081
	2.6	任务实施	082
	2.7	任务评估	083
	2.8	任务反思	083
	2.9	知识拓展	084

学习单元3　高压断电 086

3.1	学习目标	086
3.2	情境引入	087
	3.2.1 接受任务	087
	3.2.2 任务分析	087
3.3	知识与技能	088
	3.3.1 高压电的危害与急救	088
	3.3.2 新能源汽车高压系统安全设计	094
	3.3.3 新能源汽车维修作业规范	100
	3.3.4 高压断电	103
3.4	理论测试	107
3.5	计划与决策	110
3.6	任务实施	111
3.7	任务评估	112
3.8	任务反思	113
3.9	知识拓展	113

学习单元4　新能源汽车维护 117

4.1	学习目标	117
4.2	情境引入	118
	4.2.1 接受任务	118
	4.2.2 任务分析	118
4.3	知识与技能	119
	4.3.1 认识动力电池	119
	4.3.2 动力电池系统检查与维护	124
	4.3.3 认识驱动电机系统	130

4.3.4	驱动电机系统检查与维护	134
4.3.5	认识冷却系统	139
4.3.6	冷却系统检查与维护	144
4.3.7	认识充电系统	148
4.3.8	充电系统检查与维护	154
4.3.9	认识低压电气系统	158
4.3.10	低压电气系统检查与维护	160
4.3.11	认识空调系统	163
4.3.12	空调系统检查与维护	168
4.3.13	认识底盘	174
4.3.14	底盘检查与维护	179

4.4	理论测试	185
4.5	计划与决策	187
4.6	任务实施	193
4.7	任务评估	197
4.8	任务反思	197
4.9	知识拓展	198

参考文献 200

学习单元 1

向客户介绍新能源汽车

1.1 学习目标

素质目标

1. 能够通过互联网、书籍、车辆使用手册等获取所需信息。
2. 能够参照资料独立或多人合作完成一般的工作任务。
3. 能够思路清晰地进行交流展示，说明自己的工作计划或成果。
4. 在使用新能源汽车的过程中，遵守注意事项，树立安全意识。
5. 能够在工作中提升诚信意识和服务意识。

知识目标

1. 了解新能源汽车的发展概况及政策标准。
2. 区分不同的新能源汽车类型及特点。
3. 掌握纯电动汽车和混合动力汽车的结构组成。
4. 掌握纯电动汽车和混合动力汽车的操作与使用方法。
5. 掌握新能源汽车使用时的注意事项与应急处理方法。

技能目标

1. 能够识别新能源汽车的类型。
2. 能够识别纯电动汽车和混合动力汽车的主要部件，并绘制结构图。
3. 能够正确使用纯电动汽车和混合动力汽车。

1.2 情境引入

作为一名新能源汽车销售顾问,主管分配给你一项任务,需要你为一位客户介绍新能源汽车,请思考如何完成这项任务。

1.2.1 接受任务

角色扮演:请一名同学扮演销售顾问,一名同学扮演客户,完成新能源汽车介绍任务。其他同学观察并记录优点及需要改进的地方。

优点	需要改进的地方

1.2.2 任务分析

近几年受到国家相关政策推动,新能源汽车行业有了长足的进步,消费者对新能源汽车接受度越来越高,保有量逐渐上升。新能源汽车在政策标准、分类、结构特点、操作使用及注意事项、应急处理等方面与传统燃油汽车有很大不同。同时,由于消费者对于汽车专业性认识的不断提高,如何正确地向客户介绍新能源汽车,对于相关从业人员也提出了更高的要求。因此,正确向客户介绍新能源汽车必须要掌握以下内容:

(1)什么是新能源汽车,发展新能源汽车的必要性,新能源汽车的优缺点,新能源汽车的发展现状,新能源汽车的政策,新能源汽车的相关标准。

(2)新能源汽车的分类,电动汽车的类型与结构特点(纯电动汽车、混合动力汽车、燃料电池汽车)。

(3)纯电动汽车与混合动力汽车的主要部件及基本工作过程。

(4)纯电动汽车与混合动力汽车的使用(安全、仪表指示灯、驾驶、充电)。

(5)新能源汽车使用注意事项与应急处理方法。

1.3 知识与技能

1.3.1 新能源汽车发展概况与政策标准

1.3.1.1 什么是新能源汽车

《新能源汽车生产企业及产品准入管理规定》对新能源汽车做出了定义:新能源汽车是指采用新型动力系统,完全或主要依靠新型能源驱动的汽车,主要包括纯电动汽车、插电式(含增程式）混合动力汽车及燃料电池汽车等。

1.3.1.2 发展新能源汽车的必要性

1．环境问题

传统汽车行驶过程中，因发动机燃烧不完全产生的一氧化碳、碳氢化合物及固体颗粒，严重地威胁着环境和人体健康。而大力发展新能源汽车，以电代油，减少污染物的排放，将有效地缓解类似问题，符合我国可持续发展的国情。

2．能源问题

石油作为我国重要的能源组成部分，主要依赖进口，而电力的来源却非常的丰富，核能、风能、太阳能、水力、潮汐、地热等都可为新能源汽车提供动力，且这些资源是可再生的。在未来，新能源汽车将是必然选择。

3．GDP 增长

据统计，截至 2021 年年底，全国汽车保有量达 3.02 亿辆。未来的一段时间里，这些车辆面临着更新换代。我国目前大力发展新能源汽车，同时出台双积分政策，鼓励新能源汽车的发展，新能源汽车产业将成为我国新的经济增长点。

4．产业升级

我国的汽车产业虽不断发展，却一直无法在核心的发动机、变速器技术上实现突破，这对我国从"汽车大国"发展成为"汽车强国"形成一定阻碍。但新能源汽车这一新领域让各国站在了同一起跑线上，我国不仅在新能源汽车的电池、电机与电控系统上拥有核心竞争力，还拥有丰富的生产电池和电机所需要的关键性资源，这将有助于我国产业升级乃至"弯道超车"。

1.3.1.3 新能源汽车的优缺点

1．优点

（1）电力驱动装置（电机）的运行噪声非常小。

（2）新能源汽车在行驶时有害气体和温室气体排放少。如果高压电池采用可再生能源，新能源汽车可实现零排放。

（3）如果交通特别拥堵的城区被定为零排放区，那么该区域内只能行驶新能源汽车。

（4）电机非常坚固，且无须保养，仅存在很小的机械磨损。

（5）电机的效率高达 96%，而发动机的效率仅为 35%～40%。

（6）电机具有优越的扭矩—功率特性。从静止状态开始就能提供最大扭矩。所以，与同功率的发动机相比，电机加速明显更快。

（7）部分新能源汽车（尤其是纯电动汽车）的结构简单，取消了变速器、离合器、消声器、燃油箱和火花塞等传统汽车部件。

（8）制动时，电机也可用作发电机运行产生电流，为电池充电（回收利用）。

（9）可以舒适地在家中、沿途的停车场和有 220V 电源插座的地方为高压电池充电。

（10）新能源汽车的电机不像传统汽车那样需要一直运行。例如，在停车等待红灯时就不会运行。特别是在走走停停的交通情况下，电机具有很高的效率。

2. 缺点

（1）新能源汽车冬季续航较短，尤其在我国北方，普遍只有标称续航的60%左右。

（2）若要将高压电池从全空充电至全满且只有最低功率的充电方式可以使用，那么充电时间将会很长。例如，一辆大众朗逸纯电动汽车的带电量是37.3kW·h，使用3.6kW充电桩进行充电，需要约10h充满；当使用1.8kW随车充电电缆时，则需要约20h才能充满。

（3）目前的充电站密度较低，而且缺少维护保养。

（4）如果行驶距离过长，那么驾驶员必须提前规划路线，确保沿途能有充电桩及时为车辆充电。

1.3.1.4　新能源汽车的发展状况

1. 纯电动汽车的发展状况

目前各国政府加大政策支持力度，全力推进纯电动汽车产业化，并推出了燃油车禁售时间表。我国的纯电动汽车技术成熟，在三电系统的核心技术上有一定的优势。造车新势力以及传统车企都争相推出了纯电动汽车，如比亚迪、吉利、北汽、蔚来、小鹏等，购车选择越来越多，已经进入纯电动汽车的高速发展期。

2. 混合动力汽车的发展状况

混合动力汽车技术渐趋完善，进入商业化推广阶段。混合动力汽车因兼顾了纯电动汽车和传统汽车的优越性，是从传统汽车向新能源汽车平稳过渡的最佳选择。我国混合动力汽车（尤其是插电式混合动力汽车）技术仍在不断提高，很多车企已经开展了混合动力汽车关键技术研发并取得了显著成果，如比亚迪秦、吉利星越和荣威RX5等车型。

3. 燃料电池汽车的发展状况

燃料电池汽车正在成为新的研发重点，是未来新能源汽车的发展方向之一。我国燃料电池汽车研发也被国家列为重点发展项目并取得了一定突破，2020年9月上汽大通EUNIQ 7上市，这是全球首款燃料电池多用途汽车。

4. 新能源汽车未来发展趋势

《新能源汽车产业发展规划（2021—2035年）》指出，当前全球新一轮科技革命和产业变革蓬勃发展，汽车与能源、交通、信息通信等领域有关技术加速融合，电动化、网联化、智能化成为汽车产业的发展潮流和趋势。新能源汽车融汇新能源、新材料和互联网、大数据、人工智能等多种变革性技术，推动汽车从单纯交通工具向移动智能终端、储能单元和数字空间转变。

1.3.1.5　新能源汽车的政策

表1-1所示为2018—2021年国家对新能源汽车补贴的政策。2018—2020年，除燃料电池汽车外，其他新能源车型补贴标准都实行逐年退坡。2020年4月23日财政部、工业和信息化部、科技部、发展改革委四部委联合提出新能源汽车补贴政策延期至2022年年底，原则上补贴标准分别在上一年基础上退坡10%、20%和30%。

从表 1-1 中还可看出，2018 年补贴门槛提升至 150km，同时补贴细化了不同挡位的里程区间。从 2020 年开始，规定了补贴前售价应在 30 万元以下，为了鼓励换电的新商业模式发展，加快新能源汽车推广，"换电模式"车辆不受此限制。

表 1-1　2018—2021 年国家新能源汽车补贴的政策

2018—2020 年国家新能源补贴			
车辆类型	纯电续驶里程 R（工况）		
纯电动乘用车 （2018 年）	100km≤R＜150km	150km≤R＜200km	200km≤R＜250km	R≥50km
^	0 万元/辆	1.5 万元/辆	2.4 万元/辆	—
^	250km≤R＜300km	300km≤R＜400km	R≥400km	^
^	3.4 万元/辆	4.5 万元/辆	5 万元/辆	^
包括增程式在内的插电式混合动力乘用车（2018 年）	—	—	—	2.2 万元/辆
纯电动乘用车 （2019 年）	250km≤R＜400km	R≥400km		R≥50km
^	1.8 万元/辆	2.5 万元/辆		—
包括增程式在内的插电式混合动力乘用车（2019 年）	—	—		1 万元/辆

1. 纯电动乘用车单车补贴金额=Min{里程补贴标准，车辆带电量×500 元}×电池系统能量密度调整系数×车辆能耗调整系数。
2. 对于非私人购买或用于营运的新能源乘用车，按照相应补贴金额的 0.7 倍给予补贴。

纯电动乘用车 （2020 年）	300km≤R＜400km	R≥400km	R≥50km
^	1.62 万元/辆	2.25 万元/辆	—
包括增程式在内的插电式混合动力乘用车（2020 年）	—	—	0.85 万元/辆

1. 纯电动乘用车单车补贴金额=Min{里程补贴标准，车辆带电量×500 元}×电池系统能量密度调整系数×车辆能耗调整系数。
2. 对于非私人购买或用于营运的新能源乘用车，按照相应补贴金额的 0.7 倍给予补贴。
3. 补贴前售价应在 30 万元以下（以机动车销售统一发票、企业官方指导价等为参考依据，"换电模式"除外）。

2021 年国家新能源补贴		
车辆类型	纯电续驶里程 R（工况）	
纯电动乘用车 （2021 年）	300km≤R＜400km	R≥400km	R≥50km（NEDC 工况） R≥43km（WLTC 工况）
^	1.3 万元/辆	1.8 万元/辆	^
包括增程式在内的插电式混合动力乘用车（2021 年）	—	—	0.68 万元/辆

1.3.1.6　新能源汽车的相关标准

电动汽车安全是消费者关注的焦点，也是新能源汽车产业持续健康发展的根本保障。2020 年 5 月 12 日，工业和信息化部组织制定的 GB 18384—2020《电动汽车安全要求》、GB 38032—2020《电动客车安全要求》和 GB 38031—2020《电动汽车用动力蓄电池安全要求》三项强制性国家标准（以下简称"三项强标"）由国家市场监督管理总局、国家标准化管理委员会批准发布，于 2021 年 1 月 1 日起开始实施。

《电动汽车安全要求》主要规定了电动汽车的电气安全和功能安全要求，增加了电池系统热事件报警信号要求，能够第一时间给驾乘人员安全提醒；强化了整车防水、绝缘电阻及监控要求，以降低车辆在正常使用、涉水等情况下的安全风险；优化了绝缘电阻、电容耦合等试验方法，以提高试验检测精度，保障整车高压电安全。

《电动客车安全要求》针对电动客车载客人数多、电池容量大、驱动功率高等特点，在《电动汽车安全要求》标准基础上，对电动客车电池仓部位碰撞、充电系统、整车防水试验条件及要求等提出了更为严格的安全要求，增加了高压部件阻燃要求和电池系统最小管理单元热失控考核要求，进一步提升电动客车火灾事故风险防范能力。

《电动汽车用动力蓄电池安全要求》在优化电池单体、模组安全要求的同时，重点强化了电池系统热安全、机械安全、电气安全以及功能安全要求。试验项目涵盖系统热扩散、外部火烧、机械冲击、模拟碰撞、湿热循环、振动泡水、外部短路、过温过充等。特别是标准增加了电池系统热扩散试验，要求电池单体发生热失控后，电池系统在5min内不起火不爆炸，为乘员预留安全逃生时间。

"三项强标"是我国电动汽车领域首批强制性国家标准，综合我国电动汽车产业的技术创新成果与经验总结，与国际标准法规进行了充分协调，对提升新能源汽车安全水平、保障产业健康持续发展具有重要意义。

1.3.1.7 新能源汽车发展概况与政策标准—工作页

（1）根据《新能源汽车生产企业及产品准入管理规定》的说明，新能源汽车的分类包括_____。其主要特征是采用_____，完全或主要依靠_____驱动的汽车。

（2）简述发展新能源汽车的必要性。
_____
_____

（3）新能源汽车的优缺点。

优点	缺点

（4）结合学习资料和网络，简述我国新能源汽车的发展现状及未来趋势。
_____
_____

（5）简述目前我国新能源汽车的补贴情况。
_____
_____

（6）根据工业和信息化部 2020 年组织制定的电动汽车"三项强标"完成下表。

"三项强标"名称	"三项强标"主要内容

1.3.2 新能源汽车的分类

如图 1-1 所示，新能源汽车包括电动汽车、燃气汽车、煤制醇醚汽车、生物燃料汽车和新型燃油汽车等。现阶段，以电动汽车为主流，通常说的新能源汽车就是指电动汽车，包括纯电动汽车、混合动力汽车及燃料电池汽车。

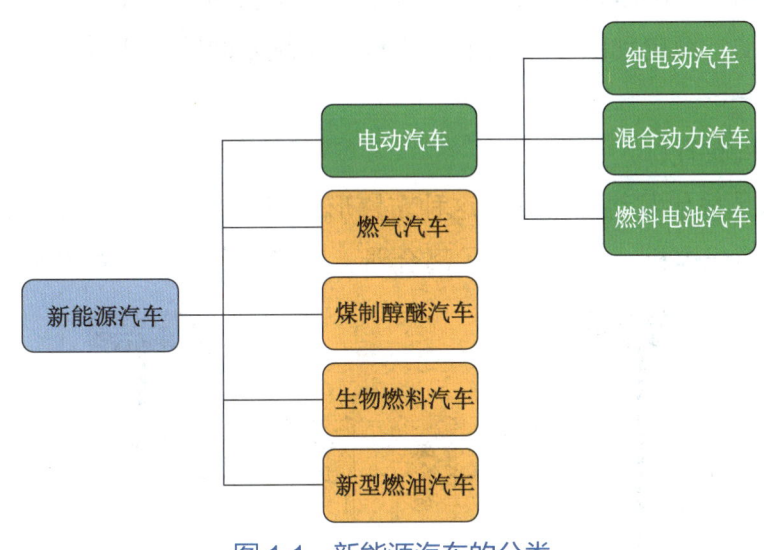

图 1-1 新能源汽车的分类

1.3.2.1 纯电动汽车

1. 纯电动汽车的典型特征

纯电动汽车是指以车载动力蓄电池作为唯一的动力源，使用电机驱动车辆行驶的汽车，其英文缩写为 BEV（Battery Electric Vehicle）或 EV（Electric Vehicle）。纯电动汽车的底部没有排气管，在尾部有 EV 标识（见图 1-2）。如图 1-3 所示是纯电动汽车的特征。

（1）取消了发动机，只采用电池作为能量来源，通过电机驱动汽车行驶。

（2）不再需要加注燃油，改用外部电网对车辆进行充电，保证续航里程。

（3）延续使用传统汽车的部分系统或部件，如转向系统、低压电器等。

纯电动汽车一般配置大容量电池，其优点是技术相对简单成熟，只要有电力供应的地方都能够充电，而且能量转换效率高，行驶中车辆噪声低，后期的保养维护也更加方便；缺点是虽然国家大力推广充电桩的普及，但是目前数量仍然不多，且电池使用过程中的容量衰减和冬季的低温会导致续航里程下降。

图 1-2　纯电动汽车标识

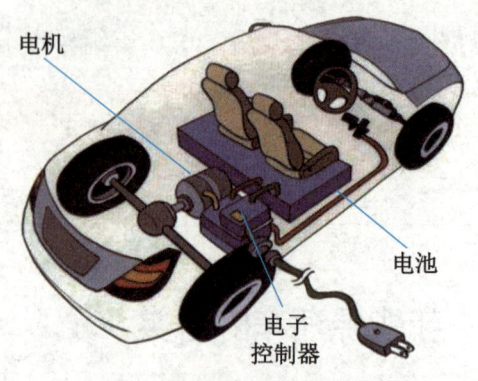

图 1-3　纯电动汽车的特征

2. 纯电动汽车的动力布置形式

纯电动汽车的电力驱动系统替代了传统汽车的发动机和变速器，依靠电池、电子控制器、电机实现车辆的驱动。纯电动汽车根据电机与传动系统之间的连接关系，主要有以下 3 种动力布置形式。

（1）替代发动机布置。

如图 1-4 所示是替代发动机布置，这种布置形式与传统燃油汽车的后轮驱动系统基本一致，只是将发动机换成电机，仍然保留了离合器、变速器和后驱动桥部分。

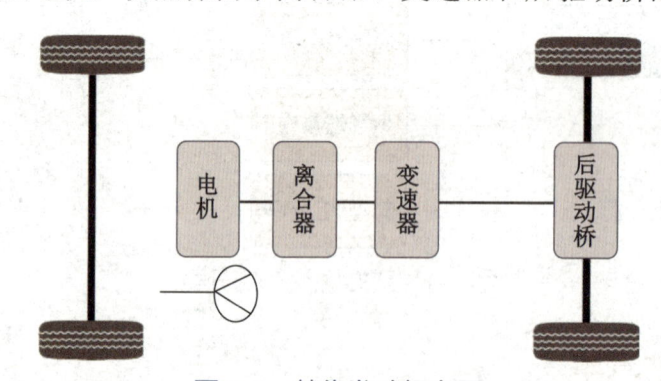

图 1-4　替代发动机布置

（2）电机驱动桥集成布置。

如图 1-5 所示是电机驱动桥集成布置，这种布置形式取消了离合器和变速器，把电机、固定速比的减速器和差速器集成为一个整体，可以是前驱，也可以是后驱。目前大部分纯电动汽车都采用这种动力布置形式。

（3）轮毂电机布置。

如图 1-6 所示是轮毂电机布置，这种布置形式是将电机直接装在车轮的驱动轴上，直接由电机实现变速和差速功能。这种布置形式的结构简单，传动效率高，但是对电机控制有较高的要求，必须具备较高的控制精度和稳定性。

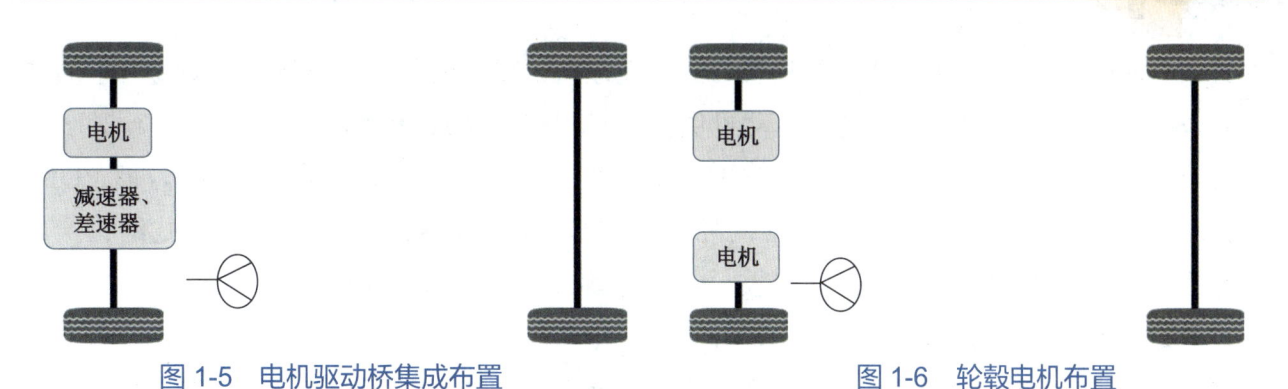

图 1-5　电机驱动桥集成布置　　　　　　　　　图 1-6　轮毂电机布置

1.3.2.2　混合动力汽车

1．混合动力汽车的定义

混合动力汽车是指同时装备两种动力源的汽车，既有车载动力蓄电池提供电力驱动，又装有一个相对小型的发动机。通过在混合动力汽车上使用电机，使得动力系统可以按照整车的实际运行工况要求灵活调控，而发动机保持在综合性能最佳的区域内工作，从而降低油耗与排放。

2．混合动力汽车的分类

（1）按结构形式分为：串联式混合动力汽车、并联式混合动力汽车、混联式混合动力汽车。

串联式混合动力汽车的结构形式如图 1-7 所示，发动机和电动机"串"在一条动力传输路径上，相当于纯电动汽车+发动机。其最大的特点就是发动机不直接参与驱动汽车的工作，只能通过带动发电机为电动机提供电能。当电池电量充足时进行纯电驱动，而当电量不足时发动机启动，带动发电机为电池充电，同时提供电动机运行的电能。当车辆处于急加速、大负荷行驶时，发电机和电池共同向电动机提供电能。当制动或减速时，电动机作为发电机，反过来为电池充电，实现能量回收。

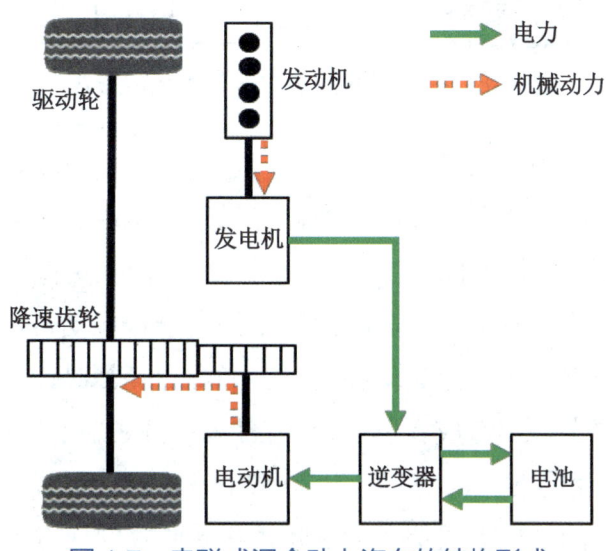

图 1-7　串联式混合动力汽车的结构形式

串联式混合动力汽车的结构相对简单，由于取消了普通汽车的变速器，所以结构布置也更加灵活。同时，发动机总是工作在高转速区，因此在中低速行驶时，比普通汽车油耗更低，

大约可以节油 30%，也可将有害气体排放控制在最低范围。但是串联结构混合动力汽车的发动机动能需要经过二次转换才能为电动机供电，会造成较大的能量损失，使得高速行驶时油耗偏高，以雪佛兰 VOLT 为例，普通的 1.4L 汽油车高速巡航时百千米油耗在 6L 左右，但 VOLT 却达到了 6.4L。串联结构形式主要应用在大型客车上，少数乘用车也采用串联式结构，代表车型：雪佛兰 VOLT、宝马 i3 增程版、广汽传祺 AG5 及理想 ONE。

并联式混合动力汽车的结构形式如图 1-8 所示，在普通汽车结构的基础上加装一套电驱动系统，相当于普通汽车+电动机。发动机和电动机都能单独驱动车辆，也可以共同驱动车辆行驶。只要电池电量充足，就可以使用电动机单独行驶。当电池电量不足时，发动机驱动车辆行驶，同时带动电动机为电池充电；当高压系统出现故障时，发动机可单独驱动车辆行驶；当车辆爬坡、急加速等工况下，发动机和电动机同时以最大功率输出动力；当制动或减速时，电动机进入发电机模式，为电池充电。

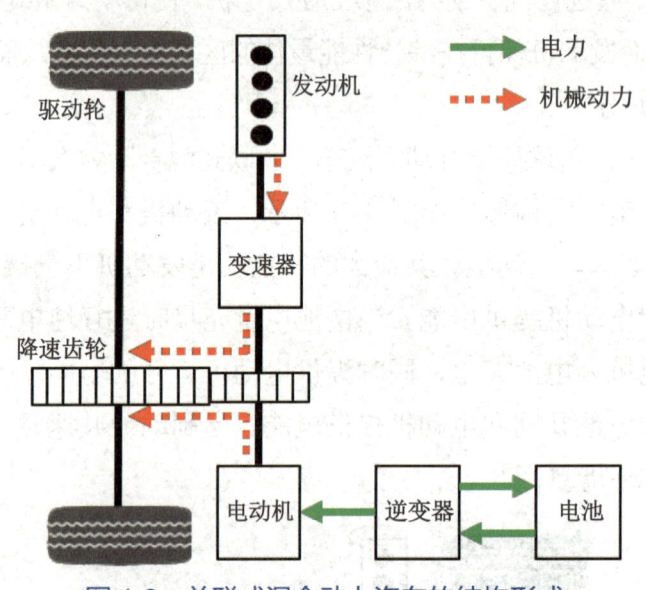

图 1-8 并联式混合动力汽车的结构形式

与串联式混合动力汽车不同的是，并联式混合动力汽车中发动机和电动机可以同时驱动汽车，动力性能更加优越。由于驱动模式较多，可以适应多种工况，发动机能够在中高速运行时单独驱动汽车，无须进行能源的二次转换，因此综合油耗更低。

不过，并联式混合动力汽车的最显著缺点就是只有一台电动机，没有独立的发电机，无法实现混合动力模式下发动机为电池充电的功能。当电量耗尽时，只能依靠发动机驱动。与此同时，并联结构相对复杂，制造成本也会相对较高。并联式混合动力汽车的代表车型：上汽大众途观 L PHEV、比亚迪秦。

混联式混合动力汽车的结构形式综合了串联式和并联式的优点（见图 1-9），工作模式更加丰富多样。在发动机和电动机协同驱动车辆行驶的同时，发动机还能带动发电机为电池充电，不再像并联结构中单一电动机需要身兼两职，这意味着发动机和电动机同时驱动车辆时也不用担心电量消耗的问题。同时得益于动力分配装置的加入，使发动机和电动机的配合更加默契，能够适应的工况更多，节油效果更加出色。不过由于混联式结构和控制过程更加复杂，相应车型的价格也更高。目前市场上采用这种结构类型的合资品牌车型主要有丰田普锐斯、本田雅阁，国产品牌车型主要有比亚迪秦 PLUS 2021 款 DM-i、荣威 e550。

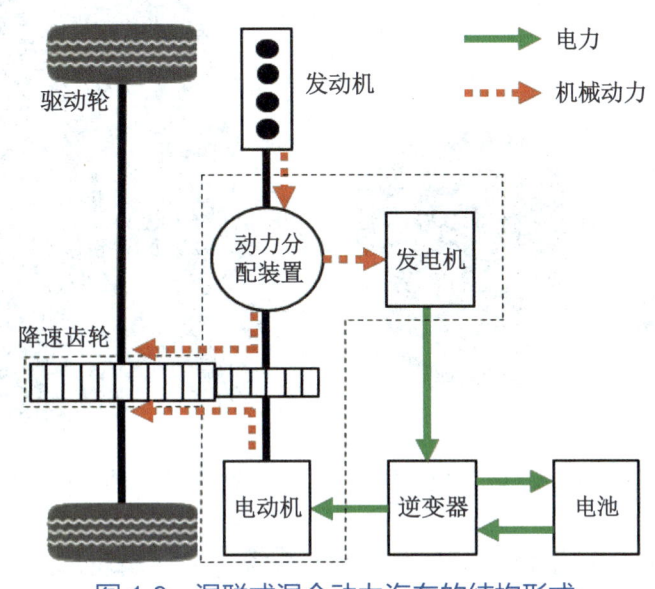

图 1-9 混联式混合动力汽车的结构形式

（2）按电机功率（混合度）分为：微混合动力汽车、轻度混合动力汽车、中度混合动力汽车、全混合动力汽车。

在微混合动力系统中，通常使用 12V AGM 蓄电池，发电机和耐用性更强的起动机（使用次数是普通起动机的 5 倍）。微混合动力系统具备自动启停和能量回收功能，其电机功率小，一般为 5~6kW，节油量低于 10%。严格地讲，微混合动力汽车不是真正意义上的混合动力汽车，因为它仅有一种驱动类型，电机没有为汽车提供持续的动力。代表车型：大众高尔夫蓝驱版。

轻度混合动力（简称轻混）汽车通常指的是搭载 48V 轻混系统的汽车，核心部件是 48V 储能电池和 48V 电机。目前 48V 轻混系统有两种布局：一种采用了皮带传动的启动/发电一体化电机（简称 BSG 电机），如图 1-10 所示。代表车型：吉利博瑞 GE、别克新英朗。另一种采用了集成式启动/发电一体化电机（简称 ISG 电机），如图 1-11 所示，这种电机安装在发动机和变速器之间，直接与发动机曲轴输出端相连，同时取消了原有的飞轮。相比 BSG 电机而言，ISG 电机的功率和扭矩更大，结构更加紧凑，传动效率更高。但是它对原车结构改动较大，所以成本较高，多数应用在高端汽车上。代表车型：奔驰 GLE、奔驰 E350L。

轻度混合动力汽车的电机功率一般为 10~15kW，能够节省 8%~12% 的燃油。轻度混合动力汽车能够实现以下功能：自动启停——与 12V 启停系统相比，轻混系统的发动机启动过程更加迅速、平顺和安静；动力辅助——在起步和加速阶段，电机能够输出动力协助发动机工作；电动怠速——在滑行或自动启停工作期间，发动机不工作，电机可以带动其他车载附件运转，提高舒适性，同时延长发动机断油时间；巡航——车辆恒速行驶时，在电池电量允许的情况下，关闭发动机，依靠电机提供的动力来维持当前车速，当再次踩下加速踏板时，发动机会迅速启动；能量回收——在制动或减速工况下将动能转化为电能，并存储到电池中。由于轻混系统的电机功率小，且与发动机不能断开连接，所以无法通过纯电力行驶。

图 1-10　轻度混合动力系统（BSG 电机）

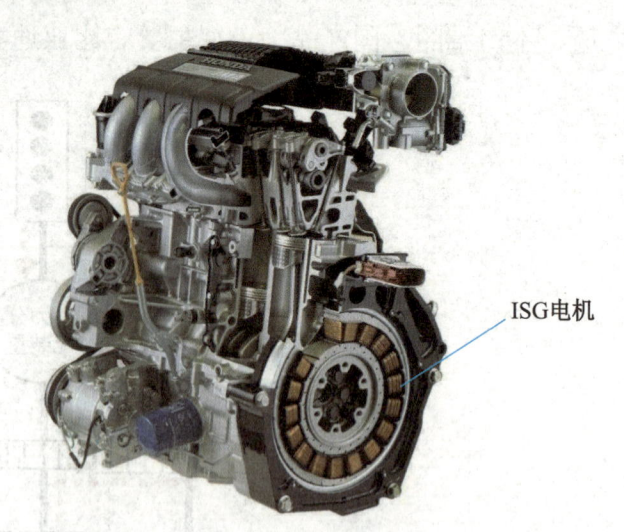

图 1-11　轻度混合动力系统（ISG 电机）

如图 1-12 所示是中度混合动力（简称中混）系统。中混系统采用了 ISG 电机，与轻混系统不同的是，中混系统使用的是高压电机，功率为 15～20kW。所以，当汽车处于起步、加速或大负荷工况时，电机能够为发动机提供更多的辅助动力，补充发动机本身动力输出的不足，从而更好地提高整车的性能。中混系统的混合度较高，可以在制动时回收更多的动能，节油率达到 15%～20%，但由于电机不是独立设置的，所以依然无法通过纯电力行驶。代表车型：长安逸动中混、奔驰 S400（Hybrid）。

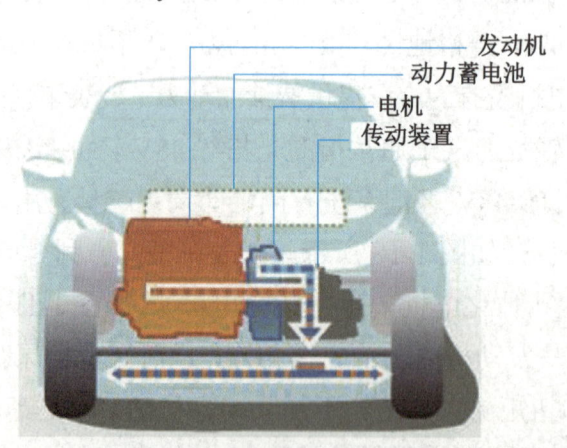

图 1-12　中度混合动力系统

如图 1-13 所示是全混合动力系统，全混合动力汽车通常采用 200V 以上的高压电机，其电机功率大于 30kW，可以在中低速行驶时完全由电力驱动。在高速和加速时同时使用发动机和电机所提供的动力，该过程也被称为"助力功能"。全混合动力汽车的发动机和电机这两种动力系统之间可通过离合器进行断开和连接，发动机仅在需要时介入。全混合动力汽车的目标就是省油，其节油量超过 25%，代表车型：丰田普锐斯、雷克萨斯 CT200h 及大众途锐（Hybrid）。

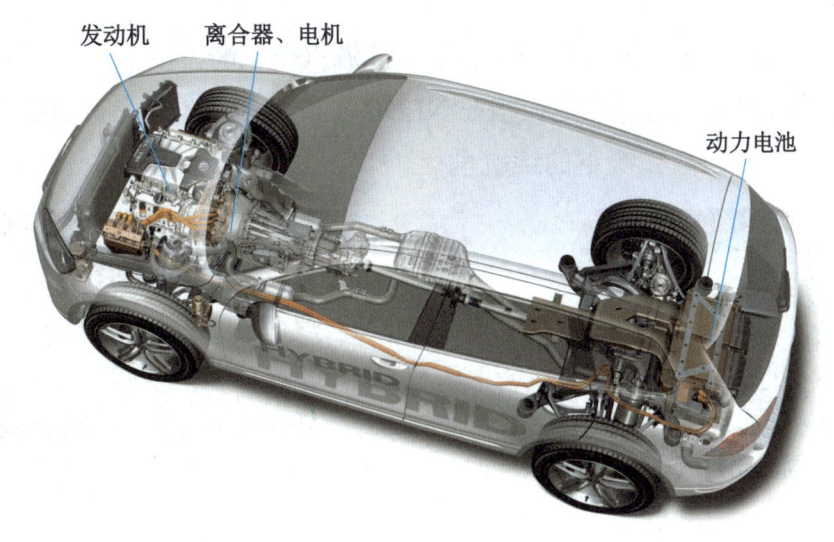

图 1-13 全混合动力系统

（3）按有无外接充电功能分为：普通混合动力汽车、插电式混合动力汽车、增程式混合动力汽车。

从外观上看，混合动力汽车有排气管，车辆尾部或侧面通常会有 HYBRID（普通混合动力汽车）、PHEV（插电式混合动力汽车）或者 REEV（增程式混合动力汽车）的标识，这样就可以快速识别出混合动力汽车的类型。在日常生活中谈到混合动力汽车时，通常按照这种方式来区分。

如图 1-14 所示是普通混合动力汽车（HEV）标识，HEV 的全称是 Hybrid Electric Vehicle。HEV 的电池不能外接充电，电能完全来源于发动机充电及动能回收。HEV 电池容量较小，电机通常不能单独驱动车辆行驶，主要用于辅助发动机工作以节省燃油。此外，部分 HEV 能够在起步和低速时单独驱动车辆，但行驶距离较短。

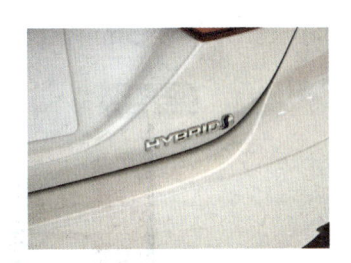

图 1-14 普通混合动力汽车（HEV）标识

如图 1-15 所示是插电式混合动力汽车（PHEV）标识，PHEV 的全称是 Plug-in Hybrid Electric Vehicle。PHEV 的电池容量要比 HEV 车型更大，纯电模式行驶里程能达到 50km 以上，例如，2021 款的比亚迪秦 PLUS 的纯电行驶里程可以达到 120km。PHEV 这种车型可以外接电源为电池充电，短途行驶可以仅依靠电能，长途行驶再依靠发动机，既节省了燃油，又没有续航焦虑。

如图 1-16 所示是增程式混合动力汽车（REEV）标识，REEV 的全称是 Range Extend Electric Vehicle。REEV 的电池容量较大，可以外接充电。发动机仅为车辆提供电能，不直接驱动车辆，车辆只能依靠电机驱动。所以从结构上来讲，REEV 采用的是串联式混合动力结构。从功能上来讲，REEV 属于插电式混合动力汽车的一种特殊形式。

实际上，我国的新能源汽车是按照车辆在纯电模式状态下的行驶里程来划分的，行驶在 50km（NEDC 工况）或 43km（WLTC 工况）以上里程的混合动力汽车属于新能源汽车。所

以，普通混合动力汽车（HEV）在我国不属于新能源汽车范畴。

注：通常所说的纯电续航里程是在指在 NEDC 工况下的续航里程，2021 年 10 月新能源汽车补贴政策增加了 WLTC 工况下的续航里程。

图 1-15　插电式混合动力汽车（PHEV）标识 　　　　图 1-16　增程式混合动力汽车（REEV）标识

3. 燃料电池汽车

燃料电池汽车（Fuel Cell Electric Vehicle，FCEV）是电动汽车的一种，其核心部件是燃料电池。燃料电池的工作原理是通过氢气和氧气的化学作用（不经过燃烧）直接变成电能。

燃料电池汽车的基本结构如图 1-17 所示，主要由氢气罐、燃料电池、储能电池、电动机及机械传动机构组成。燃料电池是发电装置，而不是蓄电装置。燃料电池利用氢气和空气中的氧气，在催化剂的作用下，通过氢气和氧气的化学作用，产生电能供车辆行驶，同时排出反应物——水。燃料电池汽车的续航里程相比纯电动汽车来说有了明显的提升，而且加注氢气的时间一般只需要 5min，方便快捷。代表车型：丰田 Mirai。

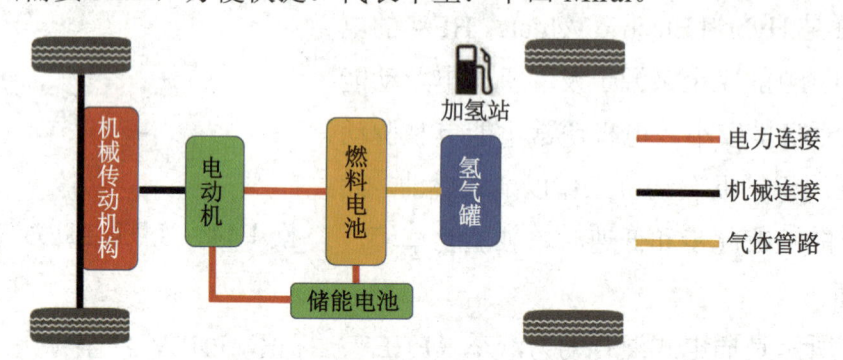

图 1-17　燃料电池汽车的基本结构

与纯电动汽车相比，燃料电池汽车具有以下优点。

（1）低温性能好。实验表明，搭载氢燃料电池的汽车，在 -30℃ 的环境下冷冻 20h 后，能在 15min 内正常启动并运行，比储能电池更能适应冬天低温环境的使用需求，尤其是北方，比锂电池更能应对冬季严寒天气。

（2）加氢速度快。氢燃料电池汽车补充能量具有和燃油汽车一样的便利性。汽车在加氢站加氢，可在 5min 左右加好，具有即充即走的特点，避免了纯电动汽车充电时间长的状况。

（3）储能密度高。氢燃料电池储能密度高，且质量轻，续航里程普遍更远，通常会超过 500km。

（4）绿色无污染。氢燃料电池通过化学反应产生电能后除热量和水以外，没有其他任何排放，加上氢燃料电池运行时的声音很小，所以工作期间不会给环境带来污染。

　　燃料电池汽车相比于传统燃油汽车有明显的优势，但也存在 5 个明显的缺点导致燃料电池汽车难以推广。

　　① 加氢站基础设施不完善。

　　② 成本问题，燃料电池成本比锂电池高出不少。

　　③ 可靠性和耐久性问题。

　　④ 材料和核心部件依赖进口的问题还很严重。

　　⑤ 国内关于燃料电池汽车整个产业的配套法律法规还不够完善。

　　所以，现阶段新能源汽车还是以纯电动汽车和混合动力汽车为主。

1.3.2.3　新能源汽车的分类—工作页

（1）根据新能源汽车的分类，其中电动汽车主要包括：_____、_____和_____。

（2）纯电动汽车的特征是：_____

_____。

（3）画出纯电动汽车常见的动力布置形式。

（4）混合动力汽车是指同时装备两种动力源的汽车，既有_____提供电力驱动，又装有一个相对_____。

（5）写出混合动力汽车按照结构形式分类的名称及特点。

名称	特点

（6）写出混合动力汽车按照电机功率（混合度）分类的名称及特点。

名称	特点

（7）写出混合动力汽车按照有无外接电源分类的名称及特点。

名称	特点

（8）燃料电池汽车，主要是利用_____和_____在催化剂的作用下，在燃料电池中经电化学反应产生的电能作为主要动力源驱动的汽车。其核心部件是_____。通过氢气和氧气的_____，直接变成电能。燃料电池汽车的排出物是_____，对环境没有污染。

（9）请总结燃料电池汽车的优势与发展瓶颈。

燃料电池汽车的优势	燃料电池汽车的发展瓶颈

1.3.3 认识纯电动汽车

1.3.3.1 结构组成

纯电动汽车与传统燃油汽车相比，有着相同的车身、12V 低压电气设备、制动、动力转向及悬架等部件。但是，纯电动汽车也有很多特有的部件，如电源系统、驱动电机系统、辅助系统及整车控制器。

电源系统主要包括：动力电池、车载充电机、充电口、高压配电盒。驱动电机系统主要包括：电机控制器、驱动电机及减速器等机械传动装置。辅助系统主要包括：12V 蓄电池、DC-DC 转换器、电动压缩机及 PTC 加热器。纯电动汽车的结构基本一致，下面以北汽 EV160 纯电动汽车为例，介绍这些主要部件的安装位置及作用。

1. 动力电池

动力电池又称高压电池或电池包，为整车提供电能并可进行充电。纯电动汽车的动力电池安装在车辆底部前、后桥及两侧纵梁之间，如图 1-18 所示。这样布置的优点是降低了车辆的重心，从而改善行驶特性。

动力电池输出高压直流电，电压普遍在 300V 以上。动力电池容量的大小直接影响整车的续航里程，同时也直接影响充电时间与充电效率。目前，绝大多数纯电动汽车使用的动力电池是锂离子电池，主要有

图 1-18 纯电动汽车动力电池及安装位置

磷酸铁锂电池和三元锂电池两种。北汽 EV160 纯电动汽车使用的是磷酸铁锂电池。

2．高压配电盒

高压配电盒（PDU）安装在前机舱，相当于传统汽车的中央接线盒，由高压熔断器、接触器（高压继电器）、接线排、连接器等组成，负责高压电的分配、短路保护和高压回路的过载，确保整车的用电安全。PDU 结构组成如图 1-19 所示，北汽 EV160 的 PDU 是一个三合一集成部件，除高压配电盒外，还包括 DC-DC 转换器和车载充电机。

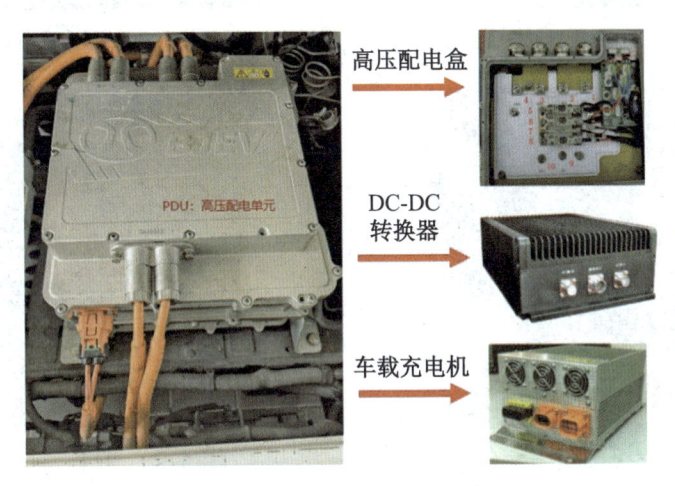

图 1-19　PDU 结构组成

3．DC-DC 转换器

DC-DC 转换器的作用是将动力电池的高压直流电转为 13.5～14 V 的低压直流电，为低压电气设备供电，同时也为 12V 蓄电池充电，其作用相当于传统燃油汽车上的发电机。

4．车载充电机

车载充电机（OBC）是将交流电转为直流电的装置。动力电池是高压直流电源，不能直接使用交流电进行充电，需要通过 OBC 将 220V 交流电转为高压直流电向动力电池充电。

5．充电接口

北汽 EV160 交流充电口（又称慢充口）如图 1-20 所示，一端与 220V 插座或交流充电桩相连，另一端与车载充电机相连。北汽 EV160 直流充电口（又称快充口）如图 1-21 所示，一端连接直流充电桩，另一端通过 PDU 直接与动力电池相连。

6．电动压缩机

传统燃油汽车的压缩机是通过电磁离合器的吸合，使发动机带动压缩机运转。纯电动汽车没有发动机，压缩机是通过高压电驱动的，称为电动压缩机，是制冷系统循环的动力源。如图 1-22 所示是电动压缩机及其安装位置。

7．PTC 加热器

纯电动汽车没有发动机，无法使用发动机冷却液的热量来取暖，而是采用 PTC 加热器作为暖风系统的热源。如图 1-23 所示是 PTC 加热器及其安装位置。

图 1-20　北汽 EV160 慢充口

图 1-21　北汽 EV160 快充口

图 1-22　电动压缩机及其安装位置

图 1-23　PTC 加热器及其安装位置

8. 驱动电机与减速器

如图 1-24 所示为驱动电机与减速器，安装在车辆底部。当车辆正常行驶时，驱动电机作为电动机，利用电机控制器提供的三相交流电产生扭矩，通过机械传动装置（减速器、半轴及车轮）向外输出动力。当车辆制动或减速时，驱动电机作为发电机，产生三相交流电。纯电动汽车通常采用的驱动电机类型是三相交流永磁同步电机，与传统燃油车相比，其工作效率更高，能达到 85% 以上。

减速器介于驱动电机和半轴之间，驱动电机的输出轴直接与减速器输入轴连接。一方面减速器将驱动电机的动力传给半轴，起到降低转速增大扭矩的作用。另一方面满足汽车转向及在不平路面上行驶时，左右轮以不同的转速旋转，保证车辆的平稳运行。

驱动电机与减速器作为一个整体，称为动力总成。部分车型使用电机控制器、驱动电机和减速器集成在一起的"三合一"动力总成。

9. 电机控制器

电机控制器（MCU）安装在前机舱，其作用是实现交流电与直流电之间的转换。当车辆加速行驶时，电机控制器将高压直流电转换成三相交流电，输入给驱动电机用来驱动车辆行驶。当车辆制动或滑行时，电机控制器将驱动电机产生的三相交流电转为直流电为动力电池充电，实现能量回收。如图 1-25 所示是北汽 EV160 纯电动汽车的电机控制器。

10. 整车控制器

整车控制器（VCU）如图 1-26 所示，是纯电动汽车的核心控制部件，相当于汽车的大脑。

整车控制器作为汽车的指挥管理中心，其主要功能包括：驱动力矩控制、制动能量的优化控制、整车的能量管理、控制器局域网络（CAN）的维护和管理、故障的诊断和处理、车辆状态监视等，它起着控制车辆运行的作用。如图 1-27 所示为整车控制器的安装位置。

图 1-24　驱动电机与减速器

图 1-25　北汽 EV160 纯电动汽车的电机控制器

图 1-26　整车控制器

图 1-27　整车控制器的安装位置

上述动力电池、驱动电机、电机控制器、车载充电机、DC-DC 转换器、高压配电盒、慢充口、快充口、电动压缩机和 PTC 加热器等都是高压部件。所有高压部件通过高压线束并联，共同组成了纯电动汽车的高压系统。

1.3.3.2　其他纯电动汽车结构介绍

1. 吉利帝豪 EV450

吉利帝豪 EV450 纯电动汽车的主要部件与北汽 EV160 纯电动汽车基本相同。吉利帝豪 EV450 前机舱高压部件如图 1-28 所示，电机控制器与 DC-DC 转换器集成在一起，车载充电机与高压配电盒集成在一起。

车载充电机（高压配电盒）将动力电池输出的高压电分配给电机控制器、空调压缩机和 PTC 加热器。此外，在进行交流慢充时，电流也会经过配电盒流入动力电池为其充电。

吉利帝豪 EV450 慢充口和快充口如图 1-29 和图 1-30 所示，慢充口位于车辆左侧翼子板，快充口位于传统燃油汽车的加油口处。

如图 1-31 所示是吉利帝豪 EV450 动力电池，安装在车辆底部，前部有防撞梁。动力电池类型是三元锂离子电池，额定电压 346V，容量 150A·h。如图 1-32 所示是吉利帝豪 EV450 动力总成，包括一个三相交流永磁同步电机和减速器。

整车控制器　动力电池高压线束　PTC加热器线束　驱动电机三相线束　电机控制器高压线束

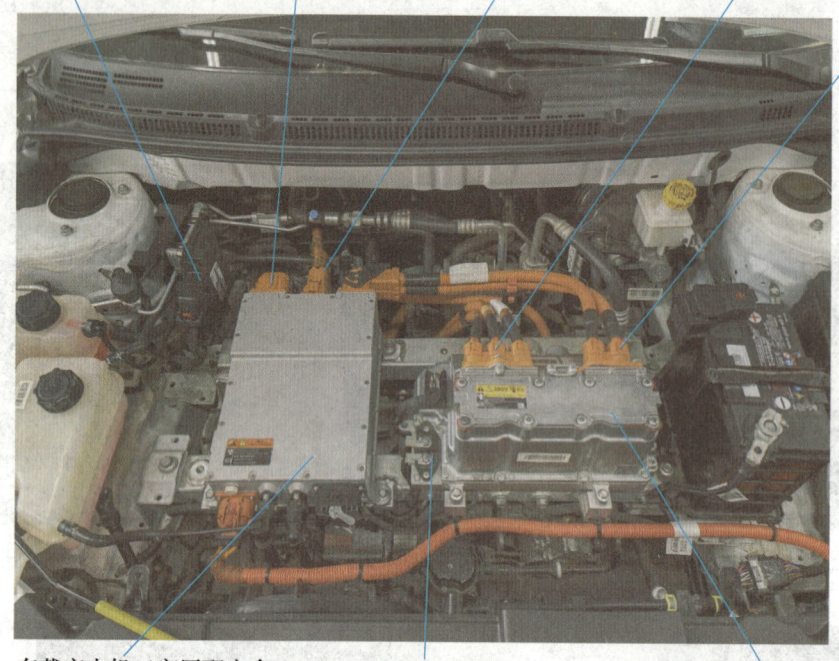

车载充电机（高压配电盒）　DC-DC输出端　电机控制器（DC-DC转换器）

吉利帝豪 EV450 纯电动汽车

图 1-28　吉利帝豪 EV450 前机舱高压部件

图 1-29　吉利帝豪 EV450 慢充口

图 1-30　吉利帝豪 EV450 快充口

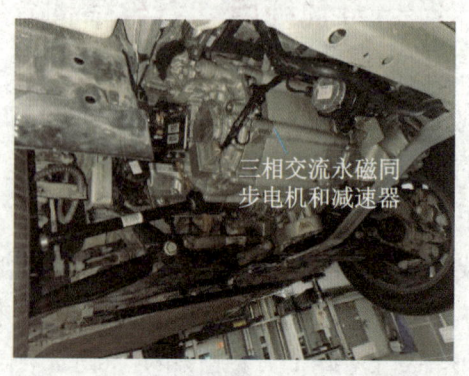

三相交流永磁同步电机和减速器

图 1-31　吉利帝豪 EV450 动力电池

图 1-32　吉利帝豪 EV450 动力总成

2. 比亚迪 e5

比亚迪 e5 等车型将电机控制器、车载充电机、DC-DC 和高压配电盒集成在一起，称为高压电控总成（PEU）。这种设计缩小了体积、减少了质量，安装工艺简单，减少线束，降低了故障率。如图 1-33 所示是比亚迪 e5 高压电控总成（PEU）及安装位置。

图 1-33　比亚迪 e5 高压电控总成（PEU）及安装位置

3. 上汽大众 ID.4 X

ID.4 X 是上汽大众第一款基于 MEB 平台生产的纯电动汽车。如图 1-34 所示是其高压部件的组成，主要由与后轴连接的驱动电机、电机控制器和减速器、车载充电机及充电接口、安装在车底的动力电池和位于车前端的 DC-DC 转换器、电动压缩机和 PTC 加热器组成。

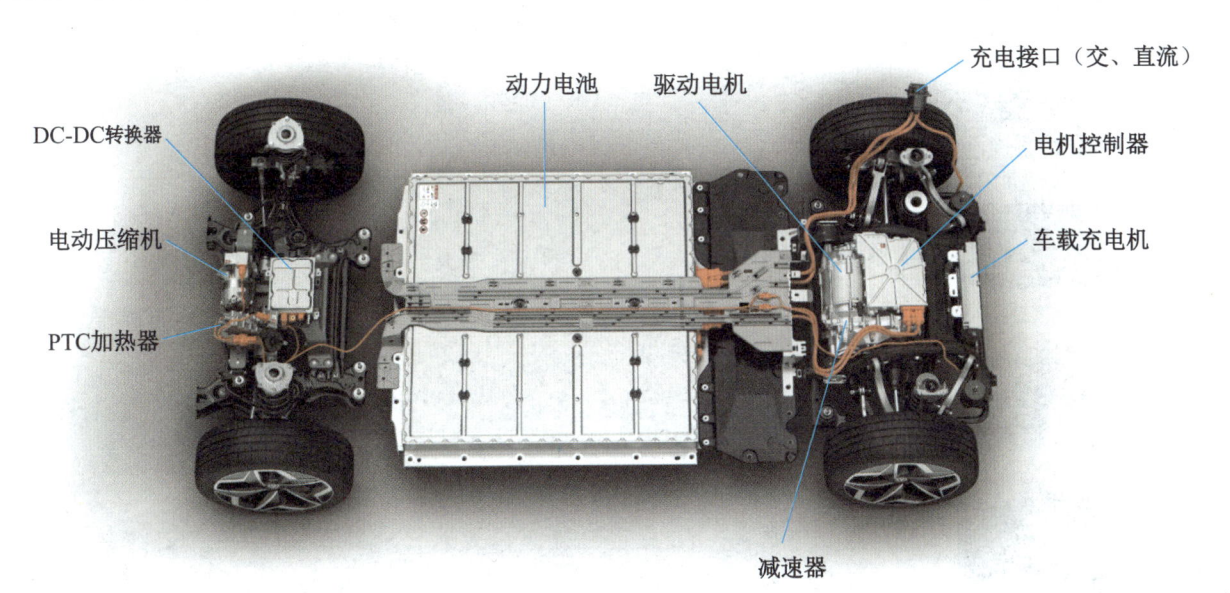

图 1-34　上汽大众 ID.4 X 高压部件的组成

1.3.3.3　纯电动汽车工作过程

如图 1-35 所示，纯电动汽车的电驱动系统替代了传统汽车的发动机和变速器，通过动力电池、电机控制器、驱动电机和机械传动装置实现车辆的驱动。

图 1-35　纯电动汽车工作过程

当车辆处于加速模式时，由 VCU 采集加速踏板和挡位信息，判断驾驶员意图，发送指令给电机控制器控制驱动电机的方向及扭矩，驱动电机输出的扭矩经过机械传动装置带动车轮前进或后退。

当车辆处于制动或减速时，VCU 根据加速踏板和制动踏板信息控制车辆进入能量回收模式。此时，驱动电机作为发电机运行，输出的交流电通过电机控制器转变为高压直流电，为动力电池充电。注意：当 ABS 被激活或者 ABS 发生故障时，VCU 将关闭能量回收功能。

1.3.3.4　认识纯电动汽车—工作页

（1）下表中的图片是纯电动汽车的主要部件。写出图片对应的部件名称，并简述其作用。

部件	名称	作用

（2）实车认识北汽 EV160 和吉利帝豪 EV450 纯电动汽车的主要部件并绘制部件连接简图。

北汽 EV160

吉利帝豪 EV450

（3）简述纯电动汽车的工作过程。

1.3.4 认识混合动力汽车

1.3.4.1 结构组成

混合动力汽车的结构较为复杂，它具有传统汽车与纯电动汽车的双重部件。如图 1-36 所示是混合动力汽车基本结构，主要部件有发动机、变速驱动单元及与纯电动汽车基本一致的高压系统（含动力电池）。其中，变速驱动单元的设计是混合动力汽车的核心，是混合动力汽车技术性能的重要体现。

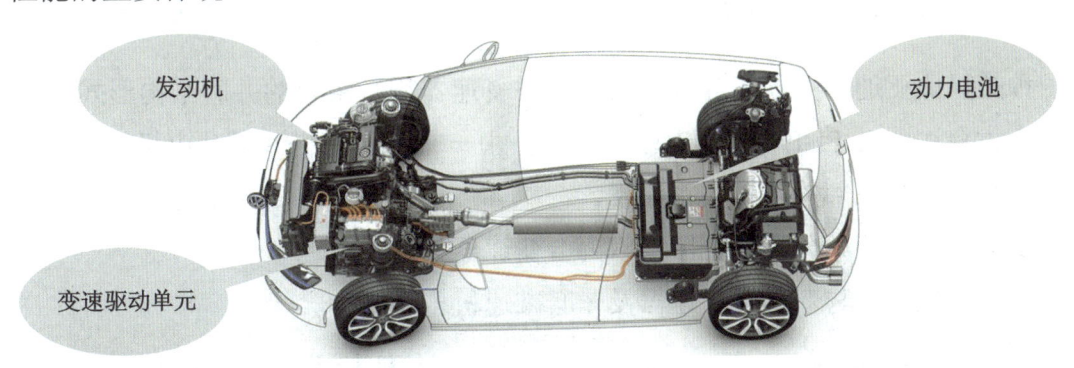

图 1-36 混合动力汽车基本结构

1．发动机

混合动力汽车的发动机排量通常较小，大多数取消了 12V 发电机、皮带驱动的压缩机等部件。混合动力汽车通常采用电动空调压缩机和电子水泵，但曲轴上的皮带轮仍会保留，仅作为减震器用。此外，对于一些插电式混合动力汽车，由于发动机可能很少运行，因此还会设计封闭式燃油箱。当需要加油时，控制系统会首先释放油箱内的燃油蒸汽压力，然后才执行油箱盖的打开操作。

2．变速驱动单元

混合动力汽车的变速驱动单元是混合动力汽车的核心，包括用于驱动和发电的电机、用于实现动力切换的离合器，以及用于实现动力输出的齿轮机构。混合动力汽车的变速驱动单元主要有两种类型。

一种是以丰田 THS、本田 i-MMD 等混联式结构所采用的 ECVT。ECVT 不是传统意义上的变速器，而是一种动力分配系统。

如图 1-37 所示是本田 i-MMD 变速驱动单元（ECVT），有两个电机和一个离合器，其连接关系如下：发动机通过离合器与车辆输出轴相连，发电用电机与发动机相连，行驶用电机与车辆输出轴相连。

如图 1-38 所示是丰田 THS 变速驱动单元（ECVT），包括电机 MG1、电机 MG2 及一套行星齿轮机构。发动机的输出功率通过行星齿轮机构的齿圈被分为两部分，分别以机械和电的形式传输至 ECVT 的输出端。

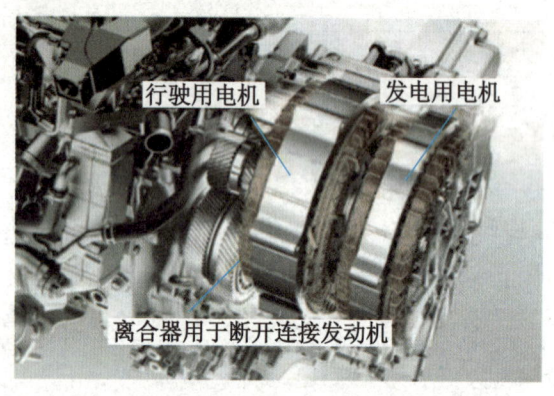

图 1-37　本田 i-MMD 变速驱动单元（ECVT）

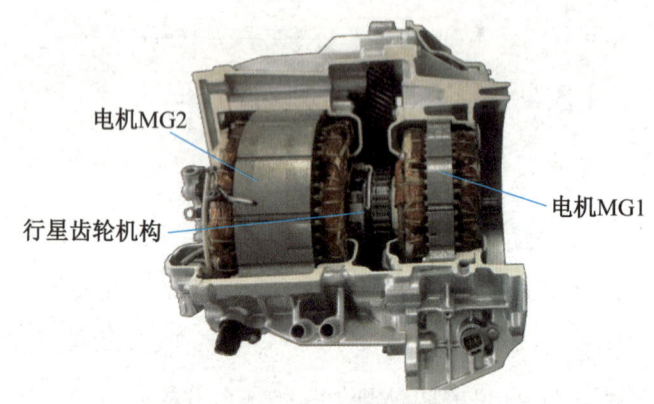

图 1-38　丰田 THS 变速驱动单元（ECVT）

另一种是以比亚迪、大众等为代表将电机与变速器进行组合的并联结构形式。如图 1-39 所示是上汽大众途观 L PHEV 的变速驱动单元，由一个牵引电机（驱动电机）和一个六挡双离合变速器组成，其内部的连接关系如下。

（1）发动机通过一个分离离合器与双离合变速器相连。

（2）驱动电机直接与双离合变速器及一套减速机构相连。

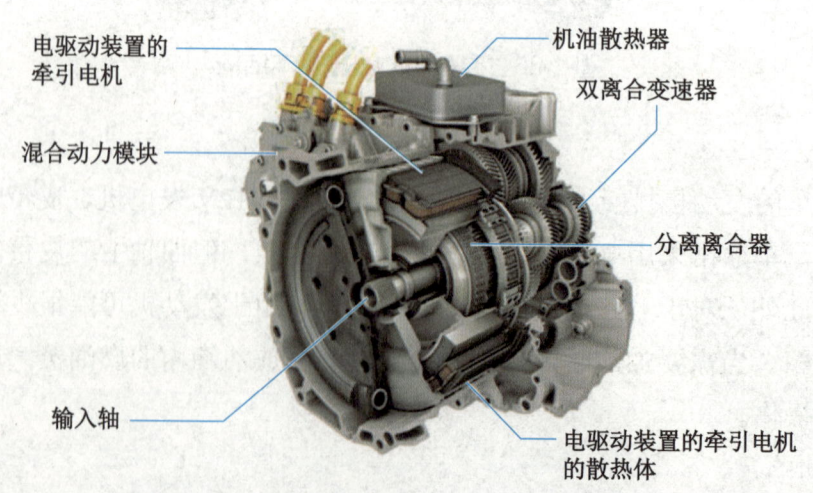

图 1-39　上汽大众途观 L PHEV 变速驱动单元

上汽大众途观 L PHEV 的驱动电机是汽车的动力源之一，安装在发动机与变速器之间，向外输出扭矩，驱动汽车前进和后退。车辆减速制动时，驱动电机处于发电模式，为动力电池充电。

如图 1-40 所示是比亚迪变速驱动单元，主要由驱动电机、DCT 变速器等组成。驱动电机安装在 DCT 变速器的输出端，使纯电驱动及能量回收的效率更高。

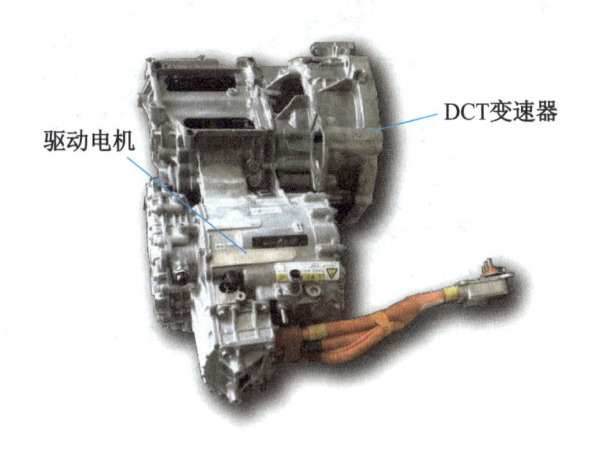

图 1-40　比亚迪变速驱动单元

3．高压系统

混合动力汽车的高压系统与纯电动汽车的组成与作用是一致的。以上汽大众途观 L PHEV 为例，其高压系统组成如图 1-41 所示，混合动力汽车的动力电池通常安装在后桥前方或后排座椅后方（部分车型在车辆底部）。充电系统只有一个交流慢充接口，无直流快充功能。车载充电机集成了高压配电功能。电机控制器与 DC-DC 转换器集成在一起，称为功率电子装置。驱动电机安装在发动机和变速器之间。

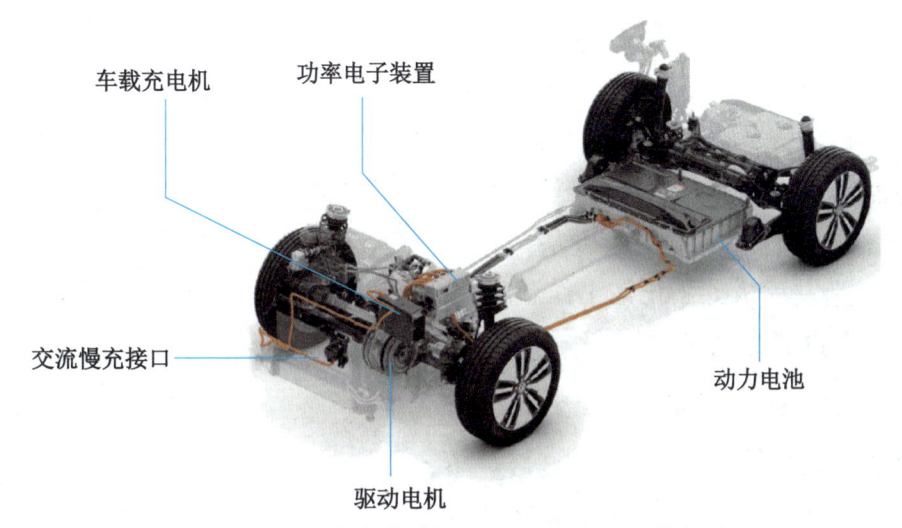

图 1-41　上汽大众途观 L PHEV 高压系统组成

上汽大众途观 L PHEV 高压部件线路连接如图 1-42 所示，所有高压部件是并联关系。

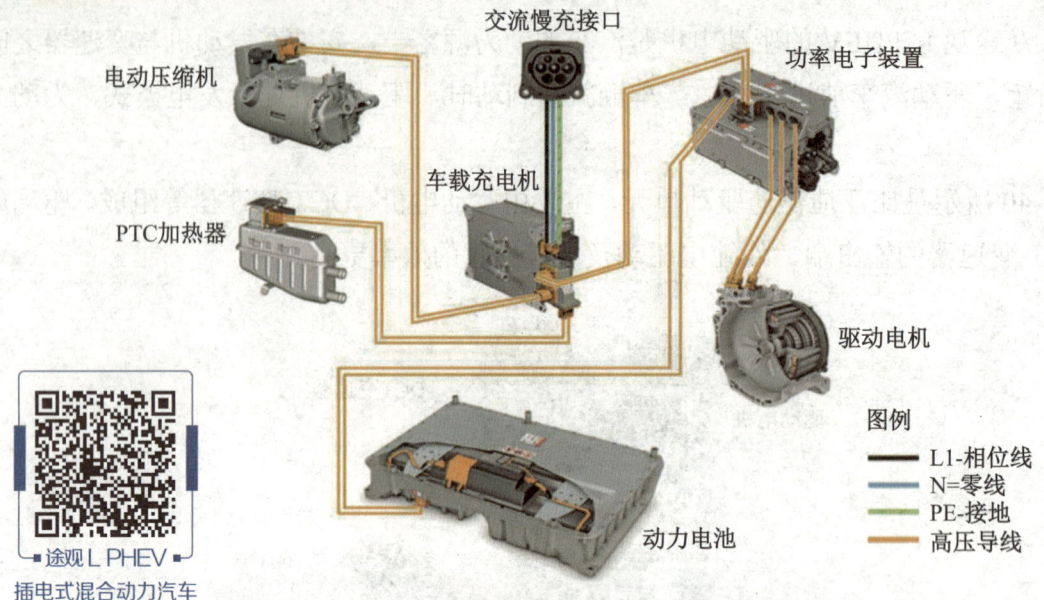

图 1-42　上汽大众途观 L PHEV 高压部件线路连接

1.3.4.2　混合动力汽车的工作过程

混合动力汽车的工作过程包括起步、加速、行驶、减速及制动、启/停 5 个模式。

（1）起步：混合度较轻的车型，在起步时驱动电机提供辅助动力，为发动机减负降低油耗。混合度较高的车型，从静止状态到起步仅由电机驱动车辆，此时发动机处于关闭状态。

（2）行驶：车辆行驶过程中根据车速和动力电池电量确定发动机和电机的不同功率输出比例。在低速至中速时由电机驱动提供最大扭矩，当动力电池处于较低的电量状态时会启动发动机为动力电池充电。高速稳定行驶时发动机能够以最佳效率进行工作，因为电机在高速时的能耗较高。如果此时动力电池处于低电量状态，那么发动机的部分功率还将通过电机为动力电池充电。

（3）加速（助推功能）：当车辆进行急加速时，如果动力电池的电量充足，电机和发动机同时输出其最大功率。通过发动机和电机的功率组合可以实现与装备大排量发动机的汽车一样的行驶动力性和加速度。

（4）减速及制动：车辆进行减速及制动时，混合动力汽车的电机以发电模式工作，将车轮制动时的热能转换为电能，并将所产生的电能存储在动力电池内。这个过程也被称为能量回收或能量再生。

（5）启/停：当发动机处于正常工作温度并停车时，发动机会关闭；当车辆开始行使时，根据需要发动机会重新启动。

1.3.4.3　认识混合动力汽车—工作页

（1）混合动力汽车的结构组成。

① 发动机：混合动力汽车的发动机排量_____，大多数取消了_____、_____等部件。混合动力汽车通常采用电动空调压缩机和电子水泵，在曲轴上的皮带轮仍会保留，仅作为_____。此外，对于一些插电式混合动力汽车，由于发动机可能很少运行，因此还会设计有_____的燃油箱。当需要加油时，控制系统会首先释放油箱内的

_____，然后才执行油箱盖的打开操作。

② 变速驱动单元：混合动力汽车的变速驱动单元是混合动力汽车的核心，包括用于_____、用于实现动力切换的_____以及用于实现动力输出的_____。混合动力汽车的变速驱动单元主要有两种类型，分别是：_____。

③ 请写出上汽大众途观 L PHEV 高压部件的名称，总结高压系统的特点并在实车上找出各高压部件。

序号	高压部件名称	高压系统的特点
1		
2		
3		
4		
5		
6		
7		
8		
9		
10		

（2）简述混合动力汽车的工作过程。

运行模式	工作过程
起步	
行驶	
加速	
减速及制动	
启/停	

1.3.5 纯电动汽车操作与使用

纯电动汽车的操作与使用与燃油汽车有较大差别，主要体现在安全、仪表指示灯、驾驶操作和能源补充方面。下面以北汽 EV160、吉利帝豪 EV450 纯电动汽车为例进行介绍。

图 1-43 黄色警告标签

1.3.5.1 安全

纯电动汽车上有很多高压部件，因此对于客户来讲，在进行车辆风窗洗涤液检查和添加等常规操作时，要按照使用说明，不能接触纯电动汽车上标注黄色警告标签（见图 1-43）的部件和橙色高压线束及插头（见图 1-44），以防发生触电危险。

图 1-44 橙色高压线束及插头

1.3.5.2 组合仪表

1. 北汽 EV160 组合仪表

虽然纯电动汽车的车型较多，仪表的设计风格也多种多样，但是其内部指示灯及显示的基本参数是相同的。图 1-45 为北汽 EV160 组合仪表，其设计风格与传统燃油汽车相似，信息显示内容全面（组合仪表显示内容含义如表 1-2 所示），简单易懂。仪表采用高清液晶显示屏，体现了数字化时代气息。

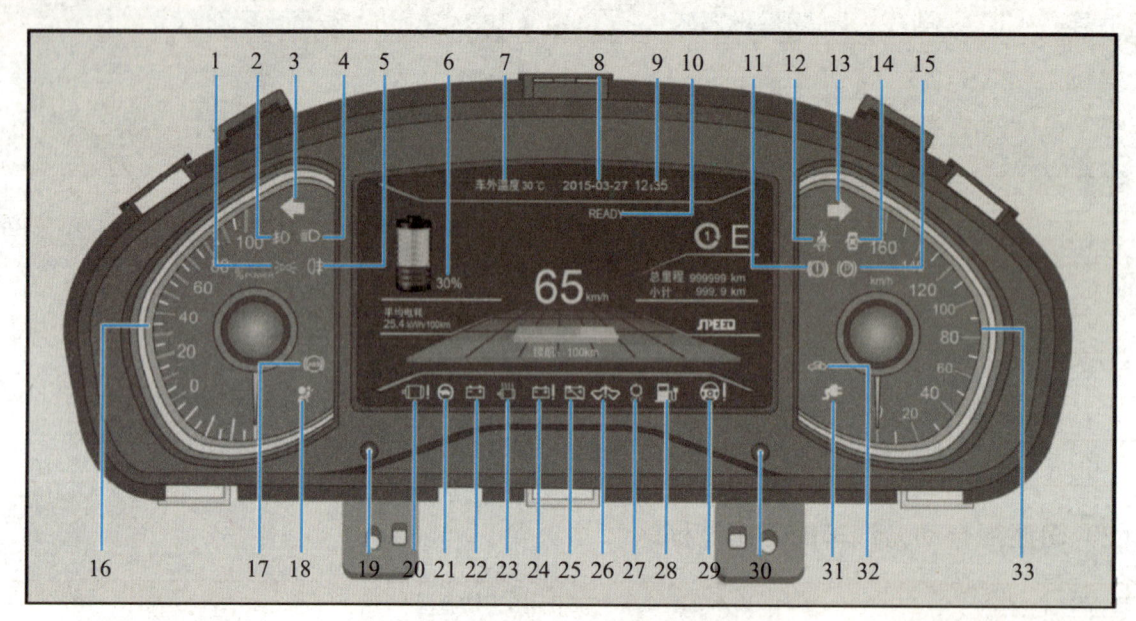

图 1-45 北汽 EV160 组合仪表

表 1-2 组合仪表显示内容含义

序号	名称	序号	名称	序号	名称
1	位置灯指示灯	12	驾驶员安全带未系警告灯	23	电机及控制器过热警告灯
2	前雾灯指示灯	13	右转向灯指示灯	24	动力电池故障警告灯
3	左转向灯指示灯	14	门开指示灯	25	动力电池断开指示灯
4	远光灯指示灯	15	驻车制动故障警告灯	26	系统故障警告灯
5	后雾灯指示灯	16	驱动电机功率表	27	能量回收关闭
6	剩余电量显示	17	ABS 故障警告灯	28	充电提醒指示灯
7	车外温度显示	18	安全气囊故障警告灯	29	EPS 故障警告灯
8	日期显示	19	按钮 A	30	按钮 B
9	时间显示	20	电机及控制器过热警告灯	31	充电线连接指示灯
10	运行准备就绪指示灯	21	功率限制指示灯	32	防盗指示灯
11	制动系统故障警告灯	22	蓄电池充电故障警告灯	33	车速表

其中，与纯电动汽车相关的一些特殊指示灯及显示信息如下。

（1）系统故障警告灯：表明动力系统当前存在故障，有两种颜色显示。红色：仪表与整车无法通信，持续闪烁；车辆出现一级故障，指示灯持续点亮。黄色：车辆出现二级故障，指示灯持续点亮。

（2）电机及控制器过热警告灯：表示电机或电机控制器温度过高而引起冷却液温度过高。故障灯闪烁表示过温预警，车辆动力会受到限制；故障灯常亮表示进入过温保护，无动力输出。

（3）动力电池故障警告灯：说明车辆动力电池发生故障。

（4）动力电池断开指示灯：车辆动力电池断开时该灯点亮，但不表示动力电池一定有故障。

（5）充电提醒指示灯：电量小于30%时，指示灯点亮；电量低于10%时，提示"请尽快充电"，须尽快将动力电池充电。

（6）充电线连接指示灯：连接充电器后此灯点亮。

（7）运行准备就绪指示灯：此灯点亮表示车辆高压系统工作正常，车辆处于准备就绪状态。绝大多数品牌的纯电动汽车都采用READY来表示，比亚迪纯电动汽车使用OK灯来表示。

（8）功率限制指示灯：功率限制指示灯点亮时，表明车辆存在故障，车辆被限制车速或被限制输出功率。

（9）电池电量表：启动开关打开时，该表显示出动力电池当前的剩余电量。

（10）驱动电机功率表：驱动电机功率表用百分比来显示当前整车的功率。在车辆下坡时或靠惯性行驶时，功率指示值可能为负值，表示此时车辆正在进行能量回收。

2. 吉利帝豪 EV450 组合仪表

图 1-46 所示为吉利帝豪 EV450 组合仪表，采用全液晶仪表盘，带来了直观的科技感。在界面设计上，左边是电池电量表，右边是电机功率表，中间是速度表和多功能显示区域。组合仪表显示内容的含义如图 1-47 所示。

图 1-46　吉利帝豪 EV450 组合仪表

图标名称	图标	图标名称	图标
左转向灯指示灯	←	ESC故障警告灯	
右转向灯指示灯	→	运动模式指示灯	SPORT
位置灯指示灯		ESC关闭指示灯	
远光灯指示灯		动力电池故障警告灯	
电机及控制器故障警告灯		系统故障警告灯	
后雾灯指示灯		动力电池充电指示灯	
日间行车指示灯		充电线连接指示灯	
ABS故障警告灯	ABS	巡航状态指示灯	
EBD故障警告灯	EBD	故障提醒警告灯	
制动系统故障警告灯		功率限制警告灯	
EPB故障警告灯		TPMS胎压异常指示灯	
驻车制动故障警告灯	P	减速器故障警告灯	
蓄电池充电故障警告灯		EPS故障警告灯	EPS
安全气囊故障警告灯		保养提示指示灯	
驾驶员安全带未系警告灯		低速报警关闭指示灯	
运行准备就绪指示灯	READY	经济模式指示灯	ECO
乘员安全带未系警告灯			

图 1-47 组合仪表显示内容的含义

1.3.5.3 驾驶操作

1. 北汽 EV160 操作方法

北汽 EV160 启动开关（见图 1-48）位于转向柱右侧。按照以下顺序操作方向锁，接通电路并启动驱动电机。

（1）位置 0（LOCK）：拔下启动钥匙，转向盘锁止，大多数电路不能工作。

（2）位置 1（ACC）：转向解锁，个别电器和附件可以工作。

（3）位置 2（ON）：所有仪表、警告灯和电路可以工作。钥匙位于 ON 且挡位在 N 挡时，仪表显示 READY。

（4）位置 3（START）：预留位置。

如图 1-49 所示为北汽 EV160 旋钮式电子换挡装置，旋转旋钮即可挂入对应的挡位。其挡位指示标识位于旋钮式电子换挡面板上。整车上电后，背景灯点亮。

前进挡 D：在换挡之前，请先踩制动踏板，否则挡位选择无效。旋钮至 D 挡位置时字母 D 显示为冰蓝色。

倒车挡 R：在选择倒车挡前，确保车辆处于静止状态。然后踩下制动踏板，将旋钮旋至 R 挡位置，此时字母 R 显示为冰蓝色。

前进挡经济模式 E：在换挡之前，请先踩制动踏板，否则挡位选择无效。将旋钮旋至 E 挡位置，此时字母 E 显示为冰蓝色。

换挡操纵辅助按键 B+和 B−：位于换挡旋钮左侧，其在 E 挡有效。B+表示制动能量回收强度增加，最大为 3 挡，B−表示制动能量回收强度减小，最小为 1 挡。

图 1-48　北汽 EV160 启动开关　　图 1-49　北汽 EV160 旋钮式电子换挡装置

空挡 N：在选择空挡前，确保车辆处于静止状态。

换挡注意事项：车辆静止时，驾驶员进行换挡操作必须同时踩下制动踏板才能换挡成功。如果驾驶员换挡时，未踩下制动踏板，仪表显示当前换挡旋钮的物理挡位并进行闪烁，此时驾驶员需要换至 N 挡，重新进行换挡操作。启动车辆前请确认旋钮处于 N 挡位置。在车辆运行过程中请勿换挡。

2．吉利帝豪 EV450 操作方法

吉利帝豪 EV450 启动开关如图 1-50 所示，确保车辆静止且智能钥匙在身旁，不踩制动踏板，依次按下启动开关，电源模式切换变化为：OFF-ACC-ON-OFF。

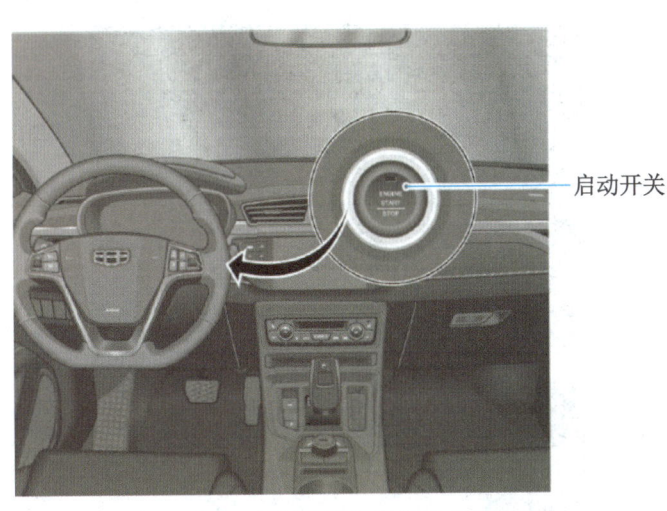

图 1-50　吉利帝豪 EV450 启动开关

启动开关在 ACC 或 ON 电源模式下，指示灯为橙色；保持挡位在 P/N 挡位置，此时踩下制动踏板，指示灯变为绿色，按下启动开关，仪表显示 READY，驱动电机启动。

当驱动电机未运转且车辆处于静止状态时，按下启动开关，驱动电机关闭。

吉利帝豪 EV450 驾驶模式如图 1-51 所示，其中，P（驻车挡）—车辆驱动轮被机械锁止；R（倒车挡）—只有在车辆静止时，才能挂入倒车挡；N（空挡）—电机不能驱动车辆前行；D（前进挡）—驱动车辆前行。

按下 ECO 按键，进入经济模式。按下 SPORT 按键，进入运动模式。

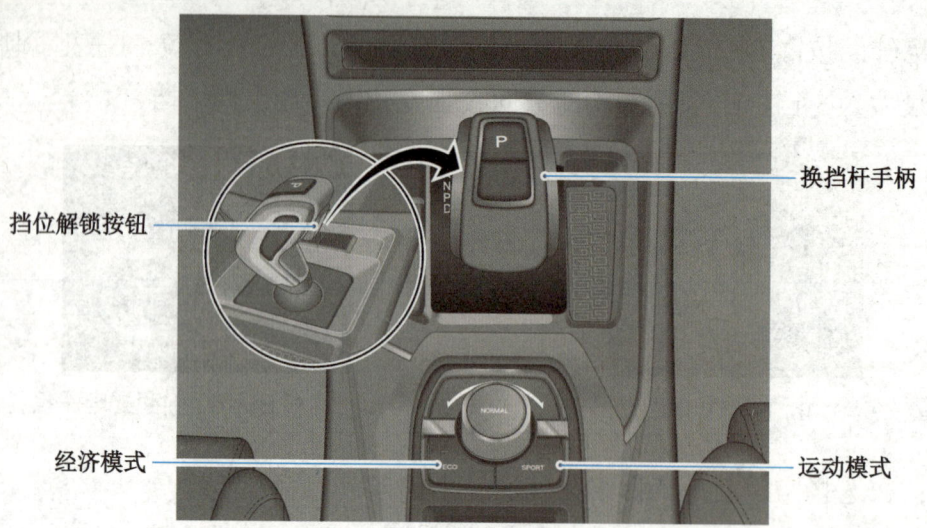

图 1-51　吉利帝豪 EV450 驾驶模式

挡位解锁按钮，脱离 P 挡或挂入 R/N/D 挡：（1）踩下制动踏板，按住解锁按钮。（2）推动换挡杆至所需挡位。再次更换其他挡位无须按下挡位解锁按钮。提示：换入 R 挡前，必须让车辆停稳，否则会损伤减速器。

吉利帝豪 EV450 在驾驶的安全性和便捷性方面进行了性能提升（见图 1-52），包括电子驻车制动器、电子稳定控制系统及 P 挡便捷操作。

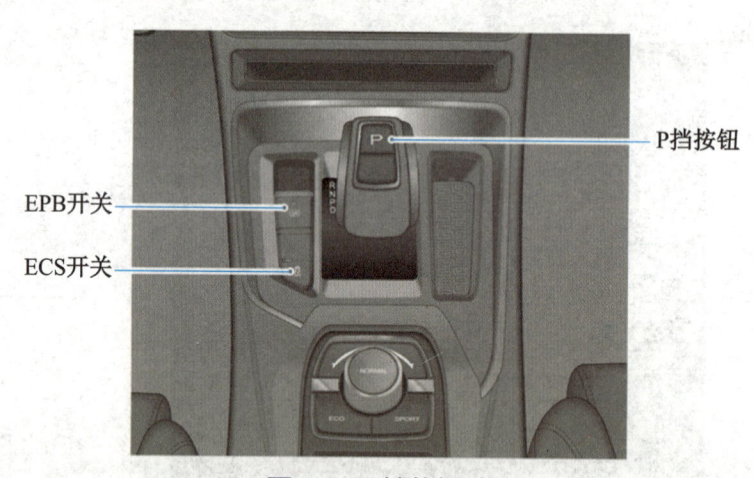

图 1-52　性能提升

电子驻车制动器（EPB）开关：手动驻车，拉起 EPB 开关；手动释放，踩下制动踏板，按下 EPB 开关。

P 挡按钮：启动开关位于 ON 挡，车辆静止状态下拉起 EPB 开关或按下电子换挡杆顶部的 P 挡按钮，手动驻车完成。

电子稳定控制系统（ESC）开关：电子稳定控制系统可在恶劣行驶条件下控制车辆的行驶方向，按下该开关，可打开或关闭电子稳定控制系统。

能量回收：车辆在制动或 D 挡滑行时自动进行能量回收。如图 1-53 所示是能量回收等级调节旋钮，逆时针旋转能量回收等级调节旋钮，能量回收等级为弱；顺时针旋转能量回收等级调节旋钮，能量回收等级为强；按下能量回收等级调节旋钮（NORMAL）键，能量回收等级为中。

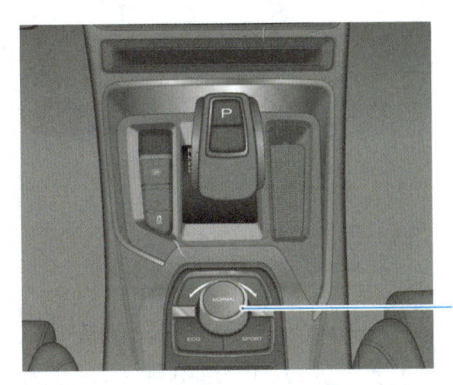

图 1-53　能量回收等级调节旋钮

1.3.5.4　车辆充电

1. 充电方式

目前纯电动汽车的充电方式主要包括交流充电、直流充电、快速换电和无线充电四种，其中以交流和直流两种充电方式为主，其他充电方式尚未普及应用。

（1）交流充电（又称慢充）。一般适用于车辆停放时间较长的情况，非常适合家庭使用，主要有两种方式：一种是壁挂式充电盒（见图 1-54）或立柱式充电桩。目前普遍使用的交流充电桩功率为 7kW，充电功率相对较小，充满电大概需要 6~8h。另一种是便携式充电器（见图 1-55）。就算没有任何充电设备，只要有 220V 交流电源插座，连接便携式充电器也可以方便地为车辆补充电量。便携式充电器的功率更小，一般只有 1.8kW（使用 10A 插座）和 3.5kW（使用 16A 插座），所以需要更长的充电时间。

图 1-54　壁挂式充电盒

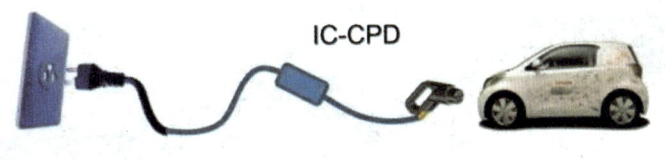

图 1-55　便携式充电器

（2）直流充电（又称快充）。通过直流充电桩（见图 1-56）将电网交流电转化为直流电源直接给动力电池充电。常见的直流充电桩功率为 60~120kW，充电电流一般为 150~250A，充电速度快，通常在 30min 内可将电量充至 80% 左右。目前，直流充电多应用于城市公共充

电站及高速服务区充电站。

图 1-56 直流充电桩

（3）快速换电。如图 1-57 所示，快速换电则采用更换动力电池的方式给汽车电池充电，在动力电池电量耗尽时，用充满电的电池更换电量过低的电池，将更换下来的电池送到换电站进行充电。目前，北汽和蔚来正在大规模发展快速换电。

（4）无线充电。如图 1-58 所示，无线充电是在不使用充电电缆的情况下，通过嵌入在道路和停车位的无线充电装置自动连入电网进行充电。这种充电方式使用方便安全，但暂时未大批量产使用。

图 1-57 快速换电　　　　图 1-58 无线充电

2. 充电接口

北汽 EV160 充电口位置如图 1-59 所示，慢充口位于传统汽车加油口位置，接口盖板的开启手柄在驾驶员座椅左下方位置；快充口位于车辆前部 LOGO 标志的后方，按压一下 LOGO 标志即可打开盖板。

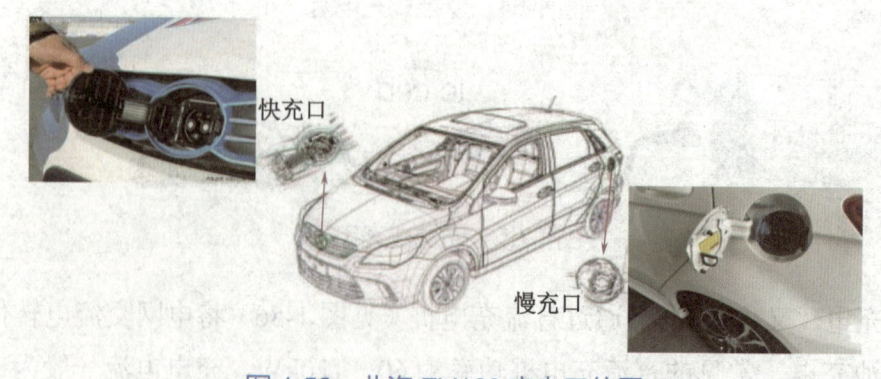

图 1-59 北汽 EV160 充电口位置

吉利帝豪 EV450 充电口位置如图 1-60 所示，慢充口位于车辆左侧翼子板上，快充口位于传统汽车加油口位置。

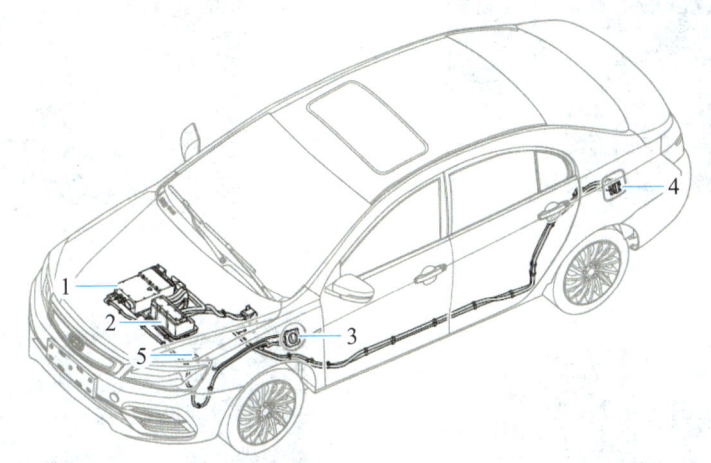

1—车载充电机；2—电机控制器；3—慢充口；4—快充口；5—交流充电接口应急解锁装置

图 1-60　吉利帝豪 EV450 充电口位置

3．充电操作

以使用便携式充电器为例，操作流程如下：

（1）取出充电电缆，将充电电缆的电源插头插入 AC-220V 供电插座中，控制盒上的电源指示灯点亮。注意：使用符合国标的 10A 或 16A 供电插座。

（2）在车辆解锁状态下，取下交流充电接口保护盖。

（3）按下充电枪上的按钮，将充电枪插入车辆交流充电接口。

（4）充电自动运行，组合仪表上的充电线连接指示灯和充电状态指示灯点亮，显示充电电压、充电电流和剩余时间等信息。

（5）充电结束后，车辆解锁，按下充电枪上的按钮并取出充电枪。

（6）拔下充电电缆的电源插头，安装充电接口保护盖。

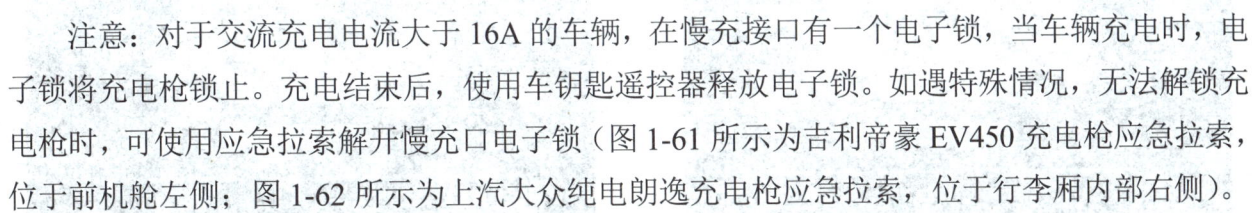

注意：对于交流充电电流大于 16A 的车辆，在慢充接口有一个电子锁，当车辆充电时，电子锁将充电枪锁止。充电结束后，使用车钥匙遥控器释放电子锁。如遇特殊情况，无法解锁充电枪时，可使用应急拉索解开慢充口电子锁（图 1-61 所示为吉利帝豪 EV450 充电枪应急拉索，位于前机舱左侧；图 1-62 所示为上汽大众纯电朗逸充电枪应急拉索，位于行李厢内部右侧）。

使用交流或直流充电桩进行充电时，按充电桩的提示操作即可。手机用户可以选择 App，刷卡用户选择充电模式，包括自动充电、按金额充电、按电量充电和按时间充电。

通常情况下，插入充电枪后，车辆会立即充电。此外，用户还可以根据实际需要（例如，出发时间或低谷电价）进行预约充电和延时充电。

北汽 EV160 预约充电：按下转向盘左下方的 REMOTE 按钮（见图 1-63），绿色指示灯亮起，进入预约充电模式。此时车辆不会立即充电，可以使用手机 App 功能（见图 1-64）进行定时充电或远程充电。

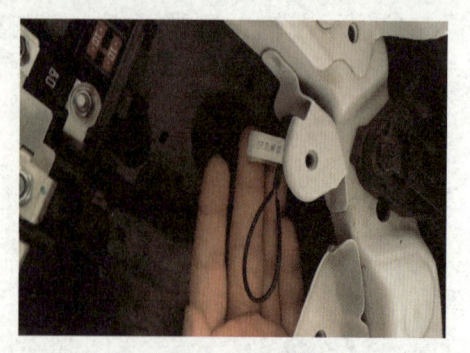

图 1-61　吉利帝豪 EV450 充电枪应急拉索　　　　图 1-62　上汽大众朗逸纯电版充电枪应急拉索

图 1-63　REMOTE 按钮　　　　图 1-64　手机 App 功能

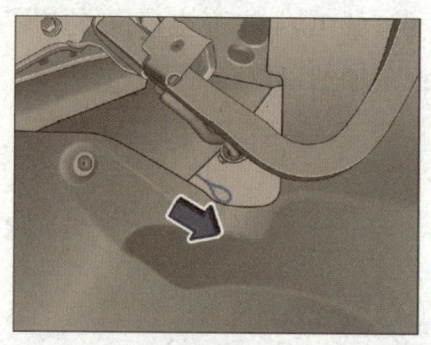

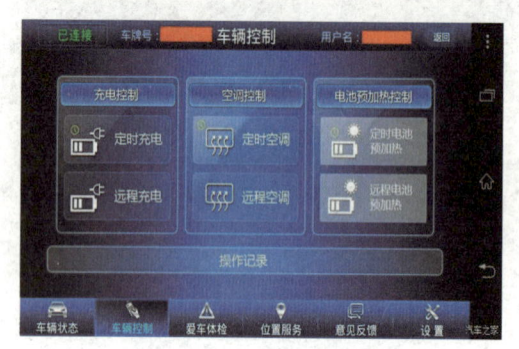

4. 充电显示

（1）北汽 EV160 的充电显示：车辆进入充电状态后，组合仪表自动点亮，充电正常显示如图 1-65 所示。如果车辆无法充电，组合仪表出现充电故障显示（见图 1-66），充电信息如表 1-3 所示，10s 后屏幕熄灭。若要再次查看信息，可以按下遥控器或仪表盘上的按钮 B 来重新点亮屏幕。

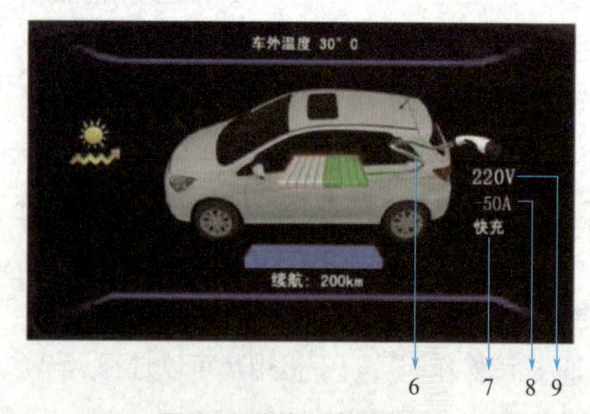

图 1-65　充电正常显示　　　　图 1-66　充电故障显示

表 1-3　充电信息

序号	名称	序号	名称	序号	名称
1	充电故障指示状态	4	续航里程	7	快/慢充状态
2	动力电池正在加热	5	动力电池正在加热	8	充电电流
3	电量	6	充电动态电流	9	充电电压

（2）吉利帝豪 EV450 的充电显示：充电时，组合仪表会显示充电线连接指示灯、动力电池充电指示灯、充电电流及充电剩余时间。同时，在车辆慢充口还有一个环形指示灯（见图 1-67），进行车辆充电时，指示灯会根据当前的充电状态显示不同的颜色、闪烁或常亮，指示灯颜色说明如图 1-68 所示。

图 1-67　环形指示灯

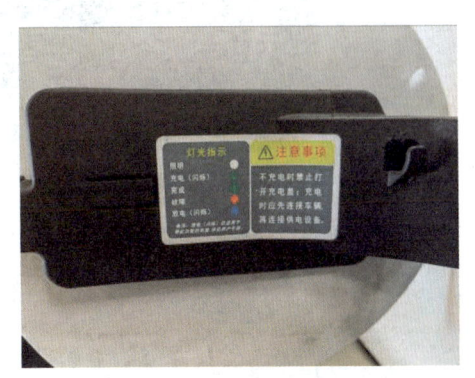

图 1-68　指示灯颜色说明

如图 1-69 所示，吉利帝豪 EV450 具有应急供电功能，使用车辆随车配备的供电设备可提供 220V 交流电源，方便在外出时使用。

5．充电注意事项

（1）充电前要检查充电枪和充电接口内是否有异物及腐蚀情况。

（2）不允许使用外接转换头及插线板，尽量使用专用线路充电。

（3）确保电源插座接地线良好，无接地线或接地不良的供电设备不能进行充电。

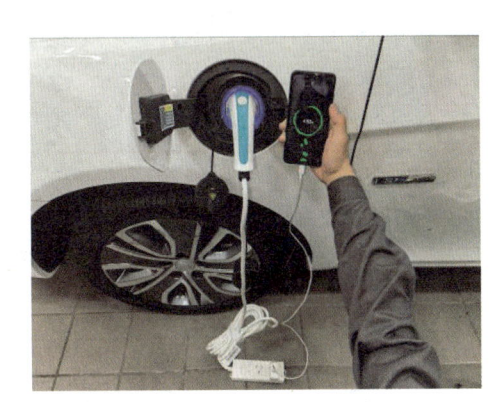

图 1-69　应急供电功能

（4）不要用力拉拽、扭转充电枪电缆，不要使充电设备承受撞击。

（5）不要将充电设备靠近加热器或其他热源。

（6）应选择在通风处充电，且车内不要有人。

（7）充电时先连接电源插头，再连接车端的充电枪。停止充电时按相反顺序操作，不可颠倒顺序。

（8）避免插头发热、松动虚接、接触氧化，及时清除氧化物。

（9）避免在雷雨天气、高温暴晒的条件下在户外充电。

（10）充电时发现车内散发刺鼻气味或烟时，应立即停止充电。

1.3.5.5　纯电动汽车操作与使用—工作页

北汽 EV160 纯电动汽车

（1）如图 1-70 所示是北汽 EV160 的组合仪表显示，请写出数字标注的仪表和指示灯名称。

新能源汽车使用与维护

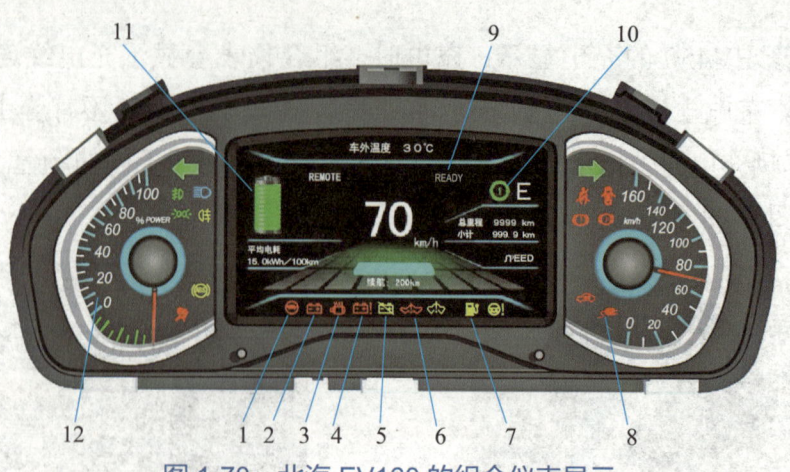

图 1-70　北汽 EV160 的组合仪表显示

序号	名称	序号	名称
1		7	
2		8	
3		9	
4		10	
5		11	
6		12	

（2）简述启动开关各位置的作用。

位置	作用描述
0	
1	
2	
3	

（3）写出挡位 E 的作用。

位置	作用描述
E	
E+	
E-	

（4）简述电动汽车充电方式的名称及特点。

充电方式	特点

（5）简述使用便携式充电器的充电操作流程。

序号	操作步骤

（6）如图 1-71 所示是充电时的组合仪表显示，请写出标号 1-4 代表的含义。

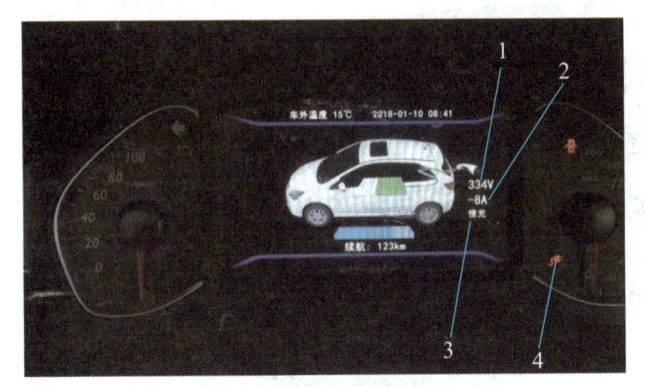

① _____

② _____

③ _____

④ _____

图 1-71　充电时的组合仪表显示

（7）完成下列充电时的注意事项。

① 充电前要检查充电枪和充电接口_____。

② 不允许使用外接转换头及插线板，尽量使用_____充电。

③ 确保电源插座接地线良好，无_____或_____的供电设备不能进行充电。

④ 不要用力拉拽、_____充电枪电缆；不要使充电设备承受_____。

⑤ 不要将充电设备靠近_____。

⑥ 应选择在_____充电，且车内不要有人。

⑦ 充电时先连接_____，再连接_____。停止充电时按相反顺序操作，不可颠倒顺序。

⑧ 避免插头发热、松动虚接、接触氧化，及时清除_____。

⑨ 避免在雷雨天气、_____充电。

⑩ 充电时发现车内散发气味或烟时，应立即_____。

（8）实操练习。

① 启动车辆，使车辆进入 READY 状态，观察车辆能否正常启动。观察仪表上点亮的指示灯，并说明其含义。

_____

_____

② 调整能量回收强度到 3 挡，是否完成调整？＿＿＿＿＿＿＿＿＿＿＿＿＿＿＿＿＿＿＿。

③ 使用便携式充电器对北汽 EV160 纯电动汽车进行充电，将相关信息填入下面的空格中。

充电连接指示灯状况＿＿＿＿＿＿　　　　　　充电电压＿＿＿＿＿＿

充电电流＿＿＿＿＿＿　　　　　　　　　　　充电模式＿＿＿＿＿＿

④ 按下远程控制开关，连接便携式充电器，观察车辆能否立即充电。＿＿＿＿＿＿＿。

吉利帝豪 EV450 纯电动汽车

（1）如图 1-72 所示是吉利帝豪 EV450 的组合仪表显示，请写出数字标注的指示灯名称。

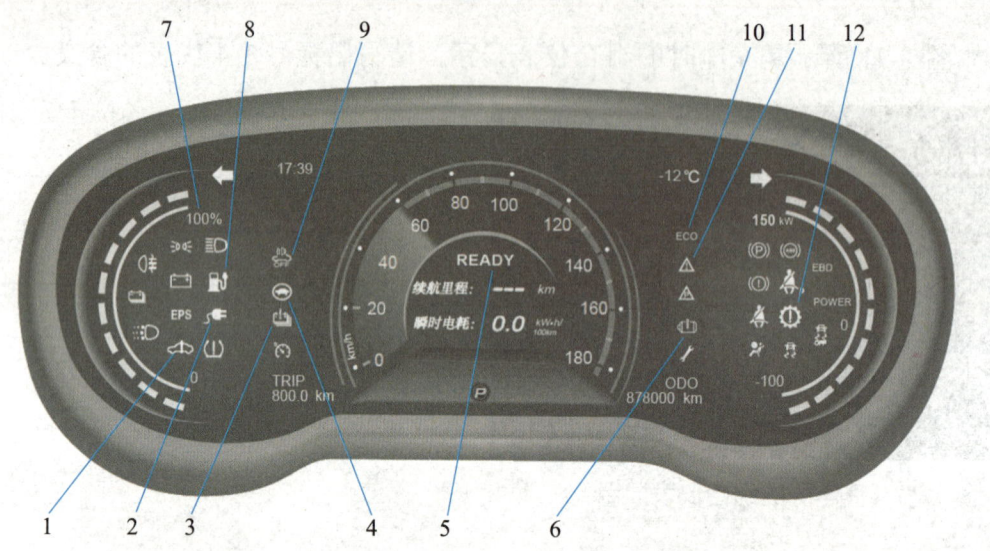

图 1-72　吉利帝豪 EV450 的组合仪表显示

序号	名称	序号	名称
1		7	
2		8	
3		9	
4		10	
5		11	
6		12	

（2）不踩制动踏板，依次按下启动开关，电源模式切换变化为：＿＿＿＿＿＿＿＿＿＿。

（3）启动开关在 ACC 或 ON 电源模式下，指示灯为＿＿＿＿＿＿；保持挡位在 P/N 挡位置，此时踩下制动踏板，指示灯变为＿＿＿＿＿＿，按下启动开关，仪表显示＿＿＿＿＿＿，驱动电机启动。

（4）＿＿＿＿＿＿＿＿＿＿＿且＿＿＿＿＿＿＿＿＿＿＿状态下，按下启动开关，驱动电机关闭。

（5）车辆在制动或＿＿＿＿＿＿时自动进行能量回收。＿＿＿＿＿＿旋转能量回收等级调节旋钮，能量回收等级为弱；＿＿＿＿＿＿旋转能量回收等级调节旋钮，能量回馈等级为强。按下＿＿＿＿＿＿＿＿＿，能量回收等级为中。

（6）按下能量回收调节旋钮下方的 ECO 按键，进入＿＿＿＿＿＿。按下 SPORT 按键，进入_____。

（7）写出慢充口的充电指示灯颜色对应的提示信息。

颜色	提示信息
白	
绿（闪烁）	
绿	
红	
蓝	

（8）实操练习。

① 按下启动开关到 ON 挡，观察仪表上点亮的指示灯，并说明其含义。
_____
_____

② 启动车辆，使车辆进入 READY 状态，观察仪表上点亮的指示灯，并说明其含义。
_____
_____

③ 打开慢充接口盖板，慢充口充电指示灯显示_____色。连接便携式充电器进行充电，慢充口充电指示灯显示_____色（闪烁/常亮），组合仪表中显示的充电电流是_____，充电剩余时间是_____。

④ 将便携式充电器连接到不带地线的供电插座上，插入充电枪，慢充口充电指示灯显示_____色，车辆能否充电_____。

⑤ 使用便携式充电器进行充电，进入正在充电状态后，检查电子锁是否能够锁止_____。按下遥控器解锁按钮，检查慢充口电子锁能否解锁_____。重新插入充电枪，进入充电状态后，拉动前机舱的应急拉锁，检查慢充口电子锁能否解锁_____。

1.3.6 混合动力汽车操作与使用

虽然混合动力汽车保留了传统燃油汽车的结构，但在操作与使用上发生了一些变化，下面以上汽大众途观 L PHEV 为例进行介绍。

1.3.6.1 安全

混合动力汽车除具备传统的动力系统以外，还具有和纯电动汽车同样的高压系统。因此，严禁触摸标注黄色警告标签的高压部件和橙色高压线束及插头，以防发生触电危险。

1.3.6.2 组合仪表

上汽大众途观 L PHEV 配备了带"高级多功能显示装置"的组合仪表，在燃油版本的基础上针对电动车型进行了特殊修改，如图 1-73 所示为上汽大众途观 L PHEV 组合仪表。

新能源汽车使用与维护

电机功率表　　　信息显示屏　　　挡位显示　　　车速表

发动机转速表　低电量提醒　驾驶准备就绪　电动续航里程　燃油存量表

图 1-73　上汽大众途观 L PHEV 组合仪表

如图 1-74 所示是电机功率表，分为 7 个指示位置或区域，其显示内容的含义如表 1-4 所示。当启动开关关闭时，指针位于"0"位置，车辆处于关闭状态；当启动开关至 ON 挡时，指针位于"OFF"位置，组合仪表点亮；当启动开关至 READY 挡时，指针位于"0"位置，此时进入驾驶准备就绪状态。

图 1-74　电机功率表

表 1-4　电机功率表显示内容的含义

1. "0"位置：车辆关闭状态
2. "OFF"位置：车辆通电状态（ON 挡）
3. 充电-绿色区：制动时能量回收区
4. 启动位置：驾驶准备就绪，READY 指示灯点亮
5. 蓝色区-电机经济功率区
6. 电机输出功率区和 BOOST 增压区（电机与发动机共同驱动）
7. 发动机转速表
8. 低电量提醒

如表 1-5 所示为上汽大众途观 L PHEV 区别于燃油版的指示灯含义。

表 1-5　上汽大众途观 L PHEV 区别于燃油版的指示灯含义

序号	符号	含义
1	⚠	中央警报灯
2	🔌	充电插头已插入充电插座，高压电池正在充电
3		混合动力系统有故障（一旦可行且安全，立即停车，并停放在室外）
4		e-Sound：发动机音浪模拟声关闭
5		E-MODE（电动行驶）运行模式暂时不可用

042

1.3.6.3 驾驶操作

1. 启动方法

上汽大众途观 L PHEV 的启动方法与换挡方式与燃油版车型一致。启动方法：不踩制动踏板，依次按下启动开关，OFF-ACC-ON；在 ON 挡时踩下制动踏板，同时再次按下启动开关，组合仪表显示 READY，车辆处于驾驶准备就绪状态。

2. 驾驶模式

在驾驶模式方面，上汽大众途观 L PHEV 作为一款插电式混合动力汽车，支持五种驾驶模式：E-MODE（电动模式）、混合动力自动模式、蓄电池充电模式、蓄电池保持模式及 GTE 模式。如图 1-75 所示，前四种模式可以通过 E-MODE 按钮在信息娱乐系统显示屏中进行选择切换。

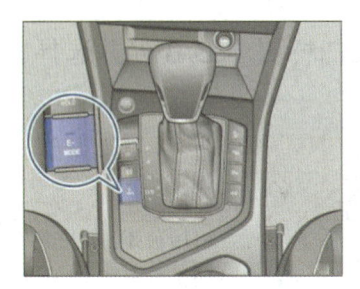

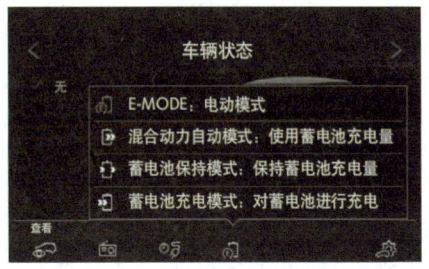

图 1-75　上汽大众途观 L PHEV 驾驶模式切换

E-MODE（电动模式）：适用于城市拥堵路况或车辆行程较短的情况。车辆上电后，在温度和电池电量允许的情况下进入电动模式。该模式下车辆由电机驱动，除了起步扭矩大之外，还能实现零油耗、零排放。车辆启动时，该功能默认开启，可以通过换挡杆左侧的电力驱动按钮进行关闭，如图 1-76 所示。

混合动力自动模式：此模式适用于远距离出行，电机和发动机实现最佳合作，系统会自动选择环保的运行方式。根据工况和充电需求，发动机部分功率可用于充电。当电量下降到一定程度或不符合纯电行驶条件时，车辆自动进入此模式。此外，也可手动切换至该模式。

蓄电池充电模式：蓄电池充电模式适用于当前电量较低且后期行驶路况较为拥堵的情况。在此模式下，发动机带动发电机（驱动电机此时作为发电机）为高压电池充电，为后续路况提供纯电行驶的可能，但油耗会略高于其他几种模式。系统不会自动切换到蓄电池充电模式，驾驶者要根据实际需求手动选择。

蓄电池保持模式：在非拥堵路段（如高速公路）用发动机驱动车辆能发挥汽油机的优势并节省燃料。如果将遇到拥堵路况，此时高压电池的电量维持在设定值，为之后的纯电行驶节省电量。该模式下发动机部分功率用于充电，当电池充至车主设置的目标电量后自动切换为蓄电池保持模式，也可手动进行选择。

GTE 模式：和混合动力自动模式不同的是，该模式下的节气门响应更加激进，发动机更容易介入工作，可以创造出一种动态驾驶的感觉。在 GTE 模式下始终可以使用 BOOST（增压）功能。在其他模式下，只能通过强制降挡实现。如图 1-77 所示，开启 GTE 模式需按下换挡杆侧的 GTE 按钮。

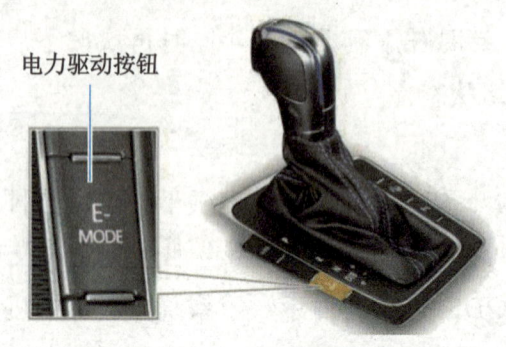

图 1-76　电力驱动按钮

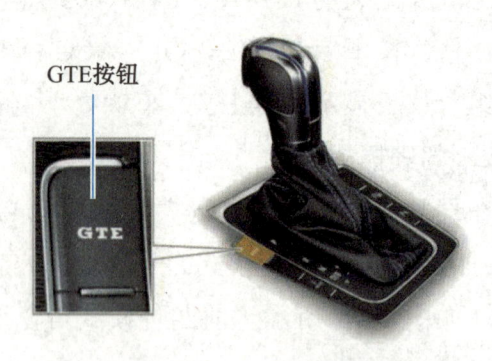

图 1-77　GTE 按钮

能量回收：为持续激活能量回收功能，请将换挡杆置于 D/B 处并选择 B 挡，上汽大众途观 L PHEV 换挡方式如图 1-78 所示。

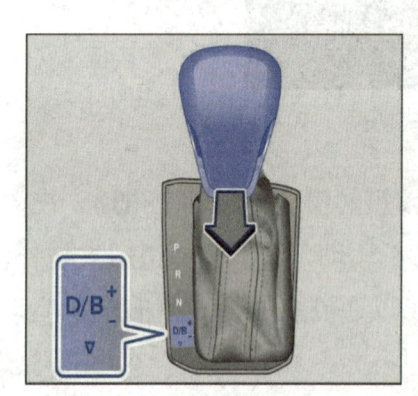

换挡杆位置	名称	含义
P	驻车挡	驱动轮已机械锁死，仅在汽车停住时才可挂入
R	倒车挡	倒挡已接通，仅在汽车停住时才可挂入
N	空挡	变速器处在空挡（怠速挡），此时没有动力传递到车轮上
D/B	前进挡 D=标准模式 B=能量回收	标准模式 D：所有前进挡都可自动换高挡和降挡，换挡时刻取决于发动机或电动机负荷、个人的驾驶风格及行驶速度 能量回收 B：制动、滑行和下坡时
▽	切换在标准模式 D 和能量回收	要在标准模式 D 和能量回收 B 之间切换，从换挡杆位置 D/B 向后短促按压换挡杆一次即可。此时，换挡杆会自动弹回至换挡杆位置 D/B

图 1-78　上汽大众途观 L PHEV 换挡方式

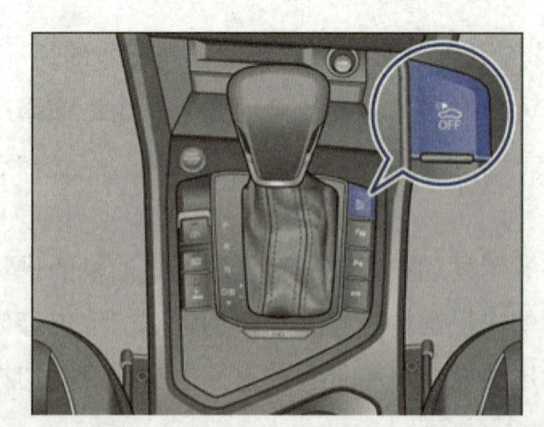

图 1-79　上汽大众途观 L PHEV 的 e-Sound 按钮

3. e-Sound 功能

目前国内外新能源汽车在行驶安全方面加入了 e-Sound 功能（发动机音浪模拟系统）。当车辆在纯电模式下行驶时，通过 e-Sound 功能产生模拟发动机音浪，以对其他交通参与者发出警告。在快速行驶时，e-Sound 模拟的音浪会缓慢消失。如图 1-79 所示是上汽大众途观 L PHEV 的 e-Sound 按钮，按下该按钮可以关闭 e-Sound 功能，在 e-Sound 关闭的情况下行驶时要提高注意力，建议始终激活 e-Sound 系统。

1.3.6.4 车辆充电

1. 充电接口

上汽大众途观 L PHEV 慢充口位置如图 1-80 所示，位于车辆前部大众标志右侧的盖板后面。上汽大众途观 L PHEV 是插电式混合动力汽车，没有快充口。

2. 充电操作

混合动力汽车的充电操作方法与纯电动汽车相同，插入充电枪后，车辆立即充电。此外，客户还可以根据实际需要（例如，出发时间或低谷电价），进行延时充电。

如图 1-81 所示，当车辆正确连接到 220V 交流电源后，可以通过慢充口上的按钮选择立即充电或对充电进行编程（延时充电），在指定时间完成充电过程。

图 1-80　上汽大众途观 L PHEV 慢充口位置

图 1-81　慢充口上的按钮

在信息娱乐系统中的电动管理界面（见图 1-82）勾选出发时间。插上充电枪，按下延时充电按钮，指示灯显示为绿色快闪，进入延时充电模式。这时系统会根据出发时间和当前电池电量两项信息计算开始充电的时间。例如，设置了 7:30 出发，系统计算出需要 2h 能够充满电池，那么系统会在 5:30 开始充电。

选择一个充电地点，进入调整出发时间界面（见图 1-83），可对出发时间进行调整。

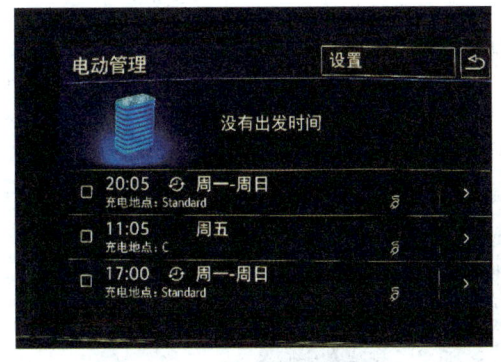

图 1-82　电动管理界面

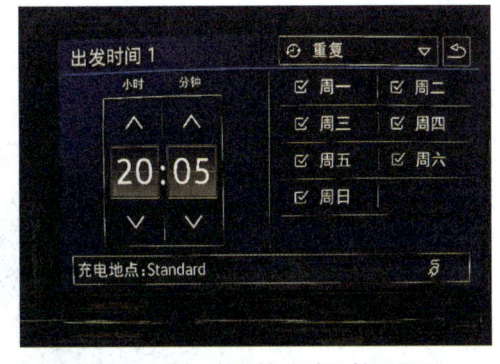

图 1-83　调整出发时间界面

进入充电地点界面（见图 1-84），选择一个充电地点 Standard，进入充电地点设置界面（见图 1-85），可以设置高压电池充电上限和最大充电电流。如果勾选了夜间时段电流，系统会根据设置好的夜间时段进行充电，充分利用电价的优惠时段；如果勾选了空调控制，在距离出发时间还

有 10min 时开启空调，利用驻车空调可以在静止状态下将车辆内部空间加热。到了出发时间，前窗玻璃上的冰和水雾都已除去，进入车内后会有良好的视野和舒适的温度体验。

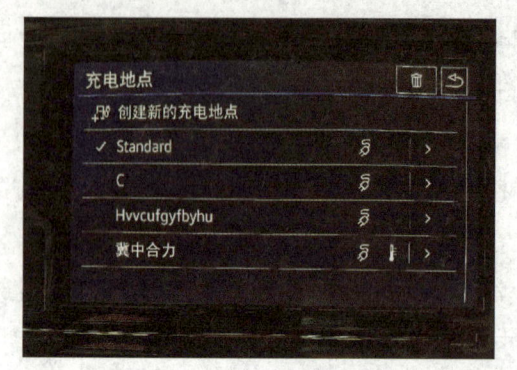

图 1-84　充电地点界面

图 1-85　充电地点设置界面

3．充电显示

上汽大众途观 L PHEV 的充电显示：充电时，充电接口上的状态指示灯会显示不同的颜色。在充电接口保护盖上有充电状态信息标牌（见图 1-86），标明了不同颜色对应当前的充电状态。

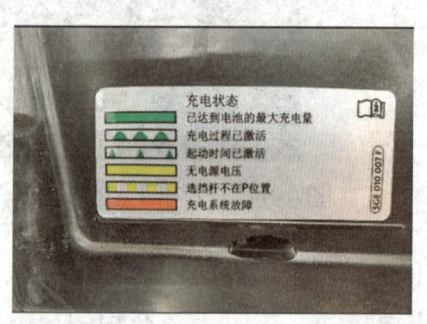

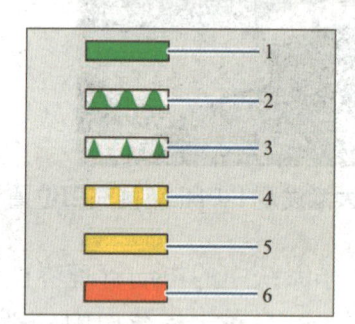

1—已达到电池的最大充电量；2—充电过程已激活；3—启动时间已激活；
4—无电源电压；5—选挡杆不在 P 位置；6—充电系统故障

图 1-86　充电状态信息标牌

1.3.6.5　混合动力汽车操作与使用—工作页

（1）如图 1-87 所示是上汽大众途观 L PHEV 的组合仪表显示，请在空白处写出对应的仪表和指示灯名称。

图 1-87　上汽大众途观 L PHEV 的组合仪表显示

（2）如图1-88所示是电机功率表，请在图上标出各个显示区域的含义。

图1-88　电机功率表

（3）上汽大众途观L PHEV的启动方法：不踩制动踏板，依次按下启动开关，_____；在ON挡时踩下制动踏板，同时再次按下启动开关，组合仪表显示_____，车辆已启动处于_____。

（4）上汽大众途观L PHEV可以通过信息娱乐系统显示屏选择的驾驶模式是_____、_____、_____、_____和_____。

（5）换挡杆侧的E-MODE和GTE按钮的功能分别是_____
_____。

（6）为持续激活能量回收功能，请将换挡杆置于_____处并选择_____挡。

（7）当车辆在纯电模式下行驶时，通过_____功能产生模拟发动机音浪，以对其他交通参与者发出警告。在_____，模拟发动机音浪会缓慢消失。

（8）上汽大众途观L PHEV的慢充接口位于_____。请在下面的表格中写出按钮的名称及作用。

图片	名称	作用

（9）写出交流充电口上的充电状态指示灯在不同颜色时对应的状态。

绿色常亮	
绿色慢闪	
绿色快闪	

续表

黄色常亮	
黄色闪烁	
红色常亮	

（10）在信息娱乐系统中的电动管理界面，勾选一个出发时间。插上充电枪，按下_____按钮，指示灯显示为_____，进入延时充电模式。这时系统会根据_____和_____两项信息计算开始充电的时间。例如，设置了 8:00 出发，计算出需要 3h 能够充满电池，那么系统会在_____点开始充电。

选择充电地点，进入充电地点设置界面，可以设置高压电池_____和_____。如果勾选了夜间时段电流，系统会根据设置好的夜间时段进行充电。如果勾选了空调控制，在距离出发时间还有_____时开启空调。

（11）实操练习。

① 按启动开关到 ON 挡，观察功率表指针位置和仪表中点亮的指示灯，并说明其含义。

_____

② 按启动开关到 ST 挡，观察功率表指针位置和仪表中点亮的指示灯，并说明其含义。

_____

③ 启动车辆至 REDAY，迅速踩下并释放加速踏板，触发强制降挡，记录车辆状态变化。

_____

④ 充电显示：便携式充电器的电源插头不连接 220V 电源，插入充电枪，充电状态指示灯显示_____；取下充电枪，将便携式充电器电源插头连接在 220V 电源上，重新插入充电枪，按下延时充电按钮，充电状态指示灯显示_____；将换挡杆置于非 P 挡，按下延时充电按钮，充电状态指示灯显示_____；将便携式充电器连接在不接地线的 220V 电源上进行充电，充电状态指示灯显示_____。

⑤ 充电设置：在信息娱乐显示系统中设置一个出发时间（当日 23:00），连接充电电缆，按下延时充电按钮，充电状态指示灯显示_____。在信息娱乐显示系统中设置充电电流上限为 10A，充电量为最大，蓄电池充电上限为 80%，夜间充电时段为：23:00 至次日 5:00。

1.3.7 新能源汽车使用注意事项与应急处理

1.3.7.1 使用注意事项

新能源汽车在日常使用过程中按照以下注意事项能够保持车辆处于最佳状态，有效延长动力电池的使用寿命，也可避免危险情况发生。

（1）定期进行车辆保养。

（2）当车辆经过坑洼路面时要小心驾驶，避免动力电池出现磕碰。

（3）非专业维修人员绝对不要自行拆卸、调整、安装、改装车辆。

（4）当车辆被积水浸泡时，不要继续行驶，应迅速断电并离开车内，尽量不要与车身金属接触，以免发生触电。

（5）避免车辆暴晒，建议将车辆停放在阴凉通风处，以防车内温度过高。

（6）严禁使用高压水枪清洗前机舱和动力电池，以防个别部件因密封不严进水短路，造成严重后果。

（7）当车辆组合仪表中的故障指示灯点亮时，应安全停车并与授权经销商联系。

（8）当电量接近20%时，请立即充电。平时充电不需要充满，充电量应控制在90%左右，但每月应使用慢充对电池满充满放1次进行电量修正。

（9）对车辆进行充电应多使用慢充，少使用快充。

（10）冬季车辆续航里程有一定程度的下降，条件允许的情况下，可以在出车前充电30min左右，使电池升温，改善低温对续航里程的影响。

（11）选择ECO模式和最大能量回收强度，可以有效提升车辆的续航里程。

（12）车辆长期停放应保证动力电池有50%~60%的电量，并且应断开12V蓄电池负极。

1.3.7.2　应急处理

1. 车辆起火

新能源汽车起火的主要原因是动力电池内部出现故障导致温度失控起火。当车辆出现起火时，请按照如下步骤冷静处理：

（1）立即关闭启动开关至OFF挡，在条件允许的情况下断开12V蓄电池负极。

（2）立即拨打报警电话。

（3）如果火势较小，请使用灭火器进行灭火。

（4）如果火势较大，请远离车辆等待救援。

（5）持续观察车辆状态。

2. 拖车

新能源汽车与燃油车的传动系统不同，大部分新能源汽车的传动机构都比较简单，驱动电机往往通过一套减速齿轮与车轮直连，二者之间没有离合器。所以如果按照传统方法拖拽新能源汽车，其电机内的部件必然也会跟随车轮旋转而发电，有可能损坏车辆的电机或控制器。

如图1-89所示，当车辆需要被牵引时，如果条件允许，均优先考虑采用专用运输板车/挂车运输或前轮（驱动轮）抬起的牵引方式。

如果没有条件使用规定的牵引方式，那么仅当车辆高压系统无故障时，才可采用四轮着地的牵引方式，此时需要满足以下要求：

（1）牵引时，进入行驶准备就绪状态，挂入换挡杆位置N。

（2）牵引车速不能超过50km/h。

（3）牵引距离不能超过 50 km。

图 1-89 条件允许的牵引方式

四轮着地的牵引方式是在模拟车辆的动能回收模式。在条件允许的情况下不建议尝试这种方法，一旦操作失误，极有可能造成电机过热或电机控制器损坏。

3．托底

车辆行驶在凹凸不平的路面时，应减速通过，尽量避免托底情况发生，一旦发生严重托底，操作如下：

（1）立即靠边停车，检查车辆底部是否发生损坏。

（2）若发生轻微刮碰，则低速行驶到服务站进行检查。

（3）若损坏比较严重，应及时拨打救援电话，待救援人员赶赴现场处理或拖车到服务站进行检查。

4．应急启动

新能源汽车各控制模块的供电都是由低压 12V 蓄电池提供的，一旦 12V 蓄电池亏电，控制模块无法正常工作，导致高压断电。所以 12V 蓄电池是高压系统工作的前提条件。如果纯电动汽车或混合动力汽车的 12V 蓄电池电量低无法启动，则可以进行跨接启动。下面以上汽大众纯电版朗逸（其他车型同样适用）为例，介绍应急启动的操作方法。

（1）明确 12V 蓄电池应急启动的正、负极接点位置。

- 应急启动正极接点：前机舱内的 12V 蓄电池上可以找到用于应急启动的正极接点（+）。
- 应急启动负极接点（接地端）：应急启动负极接点（接地端）如图 1-90 所示，由于车辆的车身接地，原则上前机舱内的车身螺栓连接点（没有绝缘漆面覆盖）均可作为应急启动的负极接点。

如图 1-91 所示是应急启动的电缆连接示意图。其中，1—电量耗尽的 12V 蓄电池（需应急启动的汽车）；2—提供辅助启动的 12V 蓄电池（供电车辆）；3—车身上的接地端。

注意：要确保连接的电极夹有足够大的金属接点。两辆汽车不允许相互接触，否则在连接正极时就可能已经产生电流。

（2）连接应急启动电缆，仅按照顺序 A→B→C→D 连接应急启动电缆。

- 两辆汽车关闭启动开关。
- 正确安装应急启动电缆的导线，确保它们不会被前机舱内的转动部件缠住。

（3）进入行驶准备就绪状态。

• 启动供电汽车的发动机并让其怠速运转或启动电动汽车至 READY 状态（根据供电车辆类型决定）。

• 随后，使 12V 蓄电池电量耗尽的汽车进入行驶准备就绪状态；如果无法进入行驶准备就绪状态，请中断该过程并在大约 1min 后重复。如果仍旧无法进入行驶准备就绪状态，请让专业人员处理。

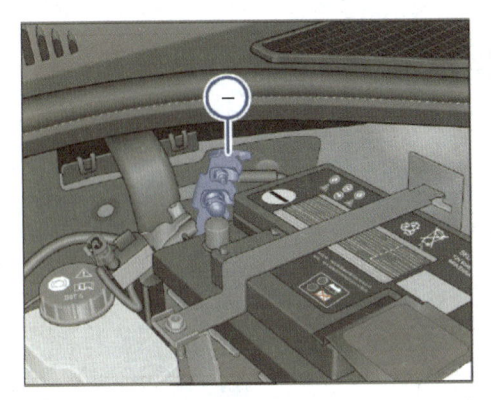

图 1-90　应急启动负极接点（接地端）

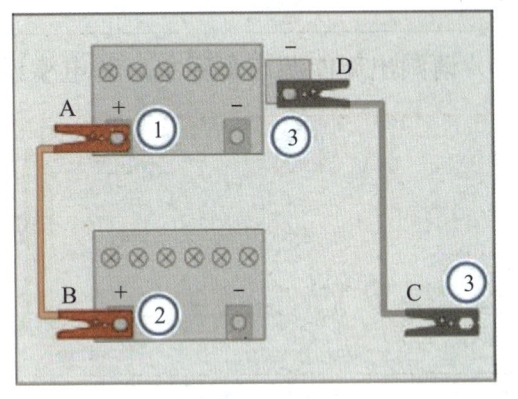

图 1-91　应急启动的电缆连接示意图

（4）取下应急启动电缆。

• 如果车辆灯光等电器处于接通状态，在断开应急启动电缆前要先关闭用电设备。

• 按照顺序 D→C→B→A 断开应急启动电缆。

• 请立即前往经销商处，对 12V 蓄电池进行检查。

1.3.7.3　新能源汽车使用注意事项与应急处理—工作页

（1）简述新能源汽车使用的注意事项。
_____
_____

（2）新能源汽车起火的主要原因是_____。

（3）请写出新能源汽车起火时的处理步骤。
_____
_____

（4）新能源汽车不能按照传统汽车牵引，其原因是_____
_____。

（5）新能源汽车需要被牵引时，如果条件允许，均优先考虑采用_____或驱动轮抬起的方式被牵引。

如果没有条件进行规定的牵引方式，那么仅当车辆_____无故障时，才可采用四轮着地的牵引方式，此时需要满足以下要求：

① _____。
② _____。
③ _____。

（6）新能源汽车发生严重托底时应按如下流程操作：

① _____。
② _____。
③ _____。

（7）请画出新能源汽车应急启动电缆连接示意图并简述操作流程。

1.4 理论测试

一、填空题

（1）新能源汽车是指采用_____，完全或主要依靠_____驱动的汽车。

（2）电动汽车主要包括：_____、_____、_____。

（3）轮毂电机是直接将电机安装在_____上，直接由电机实现_____和_____。

（4）纯电动汽车在车辆后部通常标注_____，普通混合动力汽车在车辆后部通常标注_____，插电式混合动力汽车在车辆后部通常标注_____。

（5）混合动汽车按动力布置形式分为_____、_____、_____三种。

（6）燃料电池汽车的核心部件是_____，通过氢气和氧气的化学作用，产生电能供车辆行驶，同时排出_____。

（7）当混合动力汽车处于能量回收模式时，电机作为_____运行。

（8）便携式充电器的电源插头需使用符合国标的_____A或_____A插座。

（9）插电式混合动力汽车的五种行驶模式为_____、_____、_____、_____和_____。

（10）新能源汽车采用四轮着地的牵引方式时，需要满足的三个条件是：换挡杆位于_____，牵引车速_____，牵引距离_____。

二、选择题

（1）2020年5月12日，工信部组织制定了电动汽车"三项强标"。下列不属于"三项强标"的是（　　）。

　　A．GB 18384—2020《电动汽车安全要求》

　　B．GB 38032—2020《电动客车安全要求》

　　C．GB 38031—2020《电动汽车用动力蓄电池安全要求》

　　D．GB 38775.1—2020《电动汽车无线充电系统》第1部分：通用要求

（2）下列选项中，不属于电动汽车优点的是（　　）。

　　A．续航能力强　　　　　　　B．环保

　　C．噪声小　　　　　　　　　D．能源效率高

（3）下列不属于纯电动汽车高压部件的是（　　）。

　　A．动力电池　　　　　　　　B．电机控制器

　　C．VCU　　　　　　　　　　D．PDU

（4）下列不属于北汽EV160 PDU中所包含的部件是（　　）。

　　A．PTC控制器　　　　　　　B．逆变器

　　C．DC-DC　　　　　　　　　D．车载充电机

（5）纯电动汽车的能量来源是（　　）。

　　A．发动机　　　　　　　　　B．起动机

　　C．发电机　　　　　　　　　D．动力电池

（6）纯电动汽车换挡必须要（　　）。

　　A．踩下加速踏板　　　　　　B．踩下制动踏板

　　C．按下远程开关　　　　　　D．打开显示屏

（7）指示灯的含义是（　　）。

　　A．动力电池故障　　　　　　B．系统故障

　　C．高压断开故障　　　　　　D．绝缘故障

（8）关于混合动力汽车结构形式说法正确的是（　　）。

　　A．串联式混合动力效率低

　　B．混联式混合动力只有一个电机

　　C．并联式混合动力的发动机不能单独驱动车辆

　　D．并联式混合动力的电机作为驱动电机时，能够同时为电池充电

（9）对于PHEV车辆，下列说法错误的是（　　）。

　　A．纯电行驶里程至少50km　　B．可使用外部电源进行充电

　　　　C．发动机不能单独驱动车辆　　　　D．电池电量高于全混合动力

（10）北汽 EV160 纯电动汽车换挡旋钮上的 E 是什么挡位？（　　）

　　　　A．前进挡　　　　　　　　　　　B．倒挡
　　　　C．空挡　　　　　　　　　　　　D．前进挡经济模式

三、判断题

（　　）（1）中度混合动力汽车的电机能够为发动机提供辅助动力，但无法实现纯电行驶。
（　　）（2）DC-DC 转换器是纯电动汽车独有的。
（　　）（3）纯电动汽车通常没有传统的变速器，但是有减速器。
（　　）（4）燃料电池的成本比锂电池低。
（　　）（5）驾驶纯电动汽车时，需要踩住制动踏板，再切换挡位。
（　　）（6）快充桩输出的是 380V 交流电。
（　　）（7）混合动力汽车的电机功率表指针指向绿色区域时，表示正在进行能量回收。
（　　）（8）上汽大众途观 L PHEV 进行预约充电时，充电接口上的指示灯显示绿色快闪。
（　　）（9）电动汽车需要被牵引时，只能采用专用运输板车/挂车运输。
（　　）（10）纯电动汽车的防水性能很好，可以使用高压水枪清洗前机舱。

四、简答题

（1）请写出纯电动汽车的高压部件有哪些，并简述其作用。

_____

_____

（2）请写出使用便携式充电器充电的操作流程。

_____

_____

1.5　计划与决策

（1）分组制订"向客户介绍新能源汽车"工作计划。

工作计划表

品牌		车辆类型	
工作任务			
工作内容			
请根据客户要求制订小组工作计划，确定工作内容。			

续表

小组成员及分工	组长：	记录员：	安全员：	展示员：
	卫生员：	质检员：	联络员：	其他：

计划审核（教师）			年　月　日　签字：
工作中出现的问题		经验总结及改进措施	

（2）学生小组合作按照任务决策的关键要素完成任务决策。

任务决策：与主管明确计划可行性。

工作任务的时间控制和成本控制，工作步骤的正确性、规范性和合理性，工作过程的安全性和环保性，考虑厂商的经济效益和工作效率等，并记录决策结果与主管的建议。

1.6　任务实施

（1）学生按照本组制订的工作计划向客户介绍新能源汽车，将存在的问题记录到工作计划的表格中。

（2）实施过程评价。

向客户介绍新能源汽车评价表

序号	评价内容	评价标准	配分	得分
1	车辆类型	正确介绍新能源汽车的类型、结构特点及工作模式	30	
2	主要参数	正确介绍新能源汽车的续航里程、动力电池电量、电机功率、最高车速、百千米加速时间、充电时间等	10	
3	补贴政策	正确介绍新能源汽车补贴的相关指标：纯电续航里程、车辆带电量、系统能量密度、车辆能耗调整系数、车辆补贴后售价等	10	
4	车辆使用	正确介绍新能源汽车的安全使用流程、仪表指示灯、车辆启动、挡位操作、驾驶方式、充电方法，说明车辆使用注意事项与应急处理	30	
5	团队配合	良好的团队合作意识	10	
6	表达沟通	能够思路清晰地介绍新能源汽车，并准确回答客户提出的问题	10	

1.7 任务评估

小组合作完成任务检查，对工作计划、工作过程、工作结果进行评估，记录优缺点及改进建议。

（1）客户对销售顾问介绍新能源汽车的满意度。

（2）请根据工作的实际情况，改进工作计划。

1.8 任务反思

在"向客户介绍新能源汽车"学习过程中你有哪些收获，总结一下吧！

序号	项目	总结内容
1	单元知识点总结	
2	目标达成情况	
3	达成目标的原因	
4	未达成目标的原因	
5	工作过程反思	
6	在今后学习中要保持的	
7	在今后学习中要杜绝的	
8	在今后学习中要尝试的	

1.9 知识拓展

Px 混动架构类型

通过前面的学习我们知道了混合动力汽车常见的三种分类方式为：能否外接充电、结构形式、电机功率。除此之外，在行业内还有一种按照电机的安装位置来区分混合动力汽车的方式。如图 1-92 所示是混合动力汽车电机的安装位置示意图，按照电机位置的不同可分为 P0、P1、P2、P3、P4 和 PS 架构，统称为 Px 混动架构。

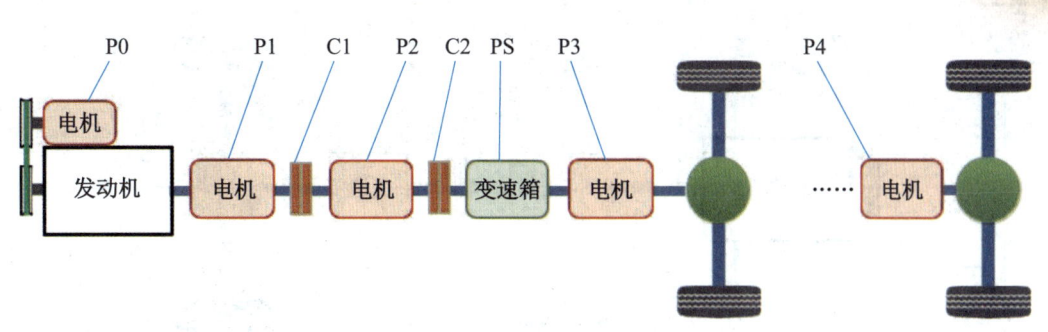

图 1-92 混合动力汽车电机的安装位置示意图

P0：电机位于发动机前端的皮带上；
P1：电机位于发动机的曲轴上；
P2：电机位于发动机与变速器之间；
P3：电机位于变速器输出端；
P4：电机位于另一轴上（如果发动机驱动前轴，则电机在后轴）；
PS：电机位于变速器内部；
C1/C2：离合器。

1．P0 架构

P0 架构的技术和结构比较简单，应用也相对广泛，48V 轻混所使用的电机就是典型的 P0 架构。如图 1-93 所示，P0 架构采用较大功率的皮带传动启动/发电一体化电机（BSG 电机），配备了一块 48V 的锂电池。

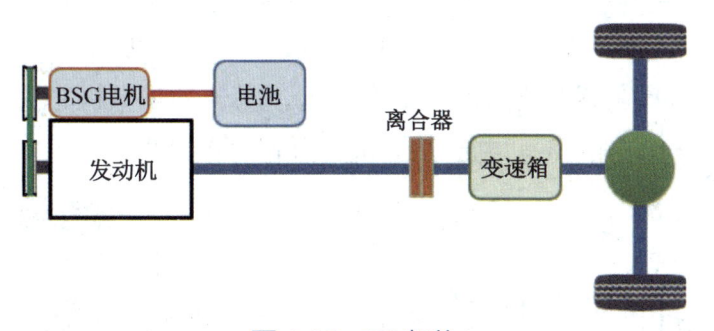

图 1-93 P0 架构

在发动机停机时，P0 电机能够单独带动空调压缩机等大功率车载电器设备工作，减少发动机的怠速时间；车辆起步或加速时，P0 电机能够辅助发动机运转，帮助发动机快速摆脱低效工作区间，节油的同时能有效提升驾乘质感。因为 P0 电机通过串联的方式将动力传递给车轮，所以电机无法单独驱动车轮。另外，由于 P0 电机通过皮带与曲轴柔性连接，所以对发动机的辅助作用和回收动能的功率较低。

2．P1 架构

如图 1-94 所示，P1 架构的电机采用的是集成启动/发电一体化电机（ISG 电机），位于发动机曲轴后端，它取代了传统的飞轮。除了继承飞轮储存发动机做功外的能量和惯性的功能，P1 电机与 P0 电机作用相似，同样支持发动机启停、能量回收、辅助动力输出等功能。

图 1-94　P1 架构

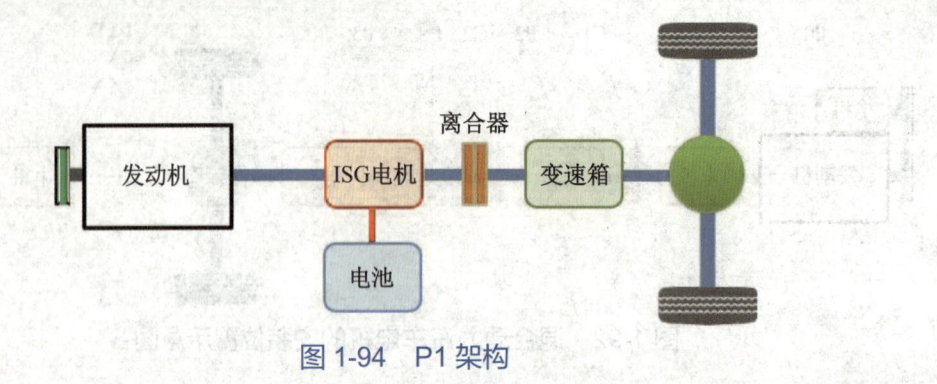

与 P0 架构相比，P1 架构更加紧凑，电机被整合在发动机外壳内，在设计时需要考虑到发动机的体积、机舱内的布局，因变速器不同需要有相应的设计方案，所以 P1 电机的研发和制造成本相对较高。因为发动机曲轴充当了 P1 电机的转子，所以其动力传递效率更高，节油效果更好，对驾驶性能的提升也更加明显。另外，在下坡路段 P1 电机可通过电磁场调节施加辅助制动力矩，以此提升安全性。

虽然电机所处位置不同，但对于 P0 架构和 P1 架构来说，只要电机旋转，发动机曲轴必须旋转，这样电机没办法单独驱动车轮，也就没有办法运行纯电行驶模式。在动能回收和滑行模式下，则会带动曲轴空转而浪费动能，且发动机随动也增加了噪声和振动。目前市场上的中混合动力汽车及部分 48V 轻混合动力汽车使用 P1 架构的电机。

3．P2 架构

如图 1-95 所示，P2 架构的电机位于发动机与变速器之间，因为不必像 P1 电机一样整合在发动机外壳中，所以布置的形式可以更灵活。该架构可在发动机与变速器之间配备 1～2 个离合器，一种是电机布置在离合器后的单离合结构，另一种是电机布置在双离合器中间的结构。P2 电机可单独驱动车辆，还可启动发动机或进行驻车发电。

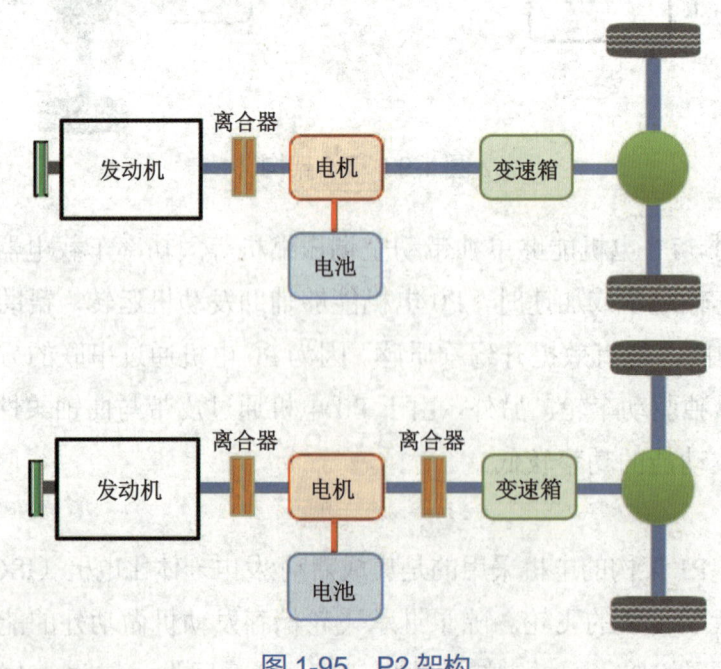

图 1-95　P2 架构

P2 架构的兼容性比较强，能与所有变速器匹配（包括手动变速器），可以在不改变发动机和变速器的情况下将燃油汽车转换成混合动力车型，是目前混合动力车型应用较为广泛的架构。

4．P3 架构

如图 1-96 所示，P3 架构的电机位于变速器输出端，其纯电驱动和动能回收的效率高，急加速的效果非常直接。功能方面，P3 电机可实现制动能量回收、纯电驱动车辆。因为电机无法与变速器或发动机进行整合，需要占用额外的体积，所以 P3 架构比较适合后驱车，有充足的空间予以布置。

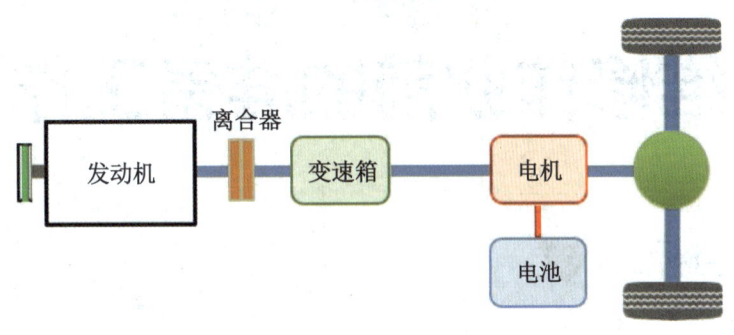

图 1-96　P3 架构

与 P0、P1 和 P2 架构相比，P3 架构的动力传递路径不经过变速器，纯电驱动和制动能量回收的效率更高。

5．P4 架构

P4 架构的电机与发动机不驱动同一根轴，能够使车辆实现四轮驱动。一般 P4 电机不会单独出现，往往以多个电机组合的形式出现。

6．PS 架构

PS 架构全称 Power Split 功率分流，其电机直接整合在变速器内部。PS 架构与 P0～P4 架构最大的不同是取消了传统的变速器，取而代之的是一套动力分配系统（ECVT）。例如，丰田 THS 混动系统的 PS 架构采用一套行星齿轮组对发动机动力和电机动力进行合理分配。

学习单元 2

维修作业前的准备工作

2.1 学习目标

素质目标
1. 能够树立职业安全意识。
2. 能够思路清晰地通过实车、设备、数据、案例等进行展示交流。
3. 能够阅读学习资料,提炼关键内容。
4. 能够合理分配时间,有计划地完成维修作业前的准备工作。

知识目标
1. 掌握新能源汽车维修工位安全设施的用途和检查方法。
2. 掌握新能源汽车维修安全防护用具的用途和检查方法。
3. 掌握新能源汽车维修专用工具及检测设备的使用方法及注意事项。

技能目标
1. 能够正确检查和使用新能源汽车维修工位安全设施。
2. 能够正确检查和使用新能源汽车维修安全防护用具。
3. 能够正确使用新能源汽车维修专用工具及检测设备。
4. 能够规范地完成新能源汽车维修作业前的准备工作。

维修作业前的准备工作 **学习单元 2**

2.2 情境引入

一辆北汽 EV160 纯电动汽车进厂维修，按照操作规范，需要做好维修作业前的准备工作。师傅将这个任务委派给你，你该如何完成。

2.2.1 接受任务

角色扮演：请一名同学扮演实习生，一名同学扮演师傅，完成任务分配。其他同学观察并记录优点及需要改进的地方。

优点	需要改进的地方

2.2.2 任务分析

新能源汽车具有高压电，为了保障维修人员的人身安全，在工作前除了要做好基本的准备工作外，还应该进行如下的检查与安全工作：
（1）新能源汽车维修工位要求与安全设施。
（2）新能源汽车维修安全防护用具的用途与检查。
（3）新能源汽车维修专用工具及检测设备的用途、检查与使用。

2.3 知识与技能

2.3.1 新能源汽车维修工位

2.3.1.1 新能源汽车维修工位要求

新能源汽车维修工位与传统燃油汽车维修工位相比，除了在使用面积、采光、照明、干燥、通风、防火、卫生、安全标志等方面有着更加严格的要求外，还必须有单独的新能源汽车维修专用工位及配套的安全设施。如图 2-1 所示是新能源汽车维修标准工位，包括隔离栏、警戒线，布置有明显的警告和禁止标志牌，工位上铺设绝缘垫并放置灭火器。

2.3.1.2 新能源汽车维修工位安全设施的用途与检查

新能源汽车维修工位安全设施主要有警告标志牌、禁止标志牌、隔离栏、警戒线、绝缘垫、绝缘救援钩及绝缘剪断钳。工位安全设施的用途及检查方法见表 2-1。

061

新能源汽车使用与维护

图 2-1　新能源汽车维修标准工位

表 2-1　工位安全设施的用途及检查方法

名称	用途及检查
警告标志牌	用途：在工位地面或车辆上明显的位置放置，提示此处有高压电，请勿靠近 检查：标志牌种类是否齐全、有无损坏
禁止标志牌	用途：在已经断电的部件上放置禁止标志牌，禁止非操作人员接触 检查：标志牌种类是否齐全、有无损坏
隔离栏、警戒线	用途：防止非操作人员进入工作区域 检查：有无损坏
绝缘垫	用途：当新能源汽车出现漏电故障时，能够防止操作人员、车辆及地面之间形成回路。同时，还可以防止跨步电压对人体产生危害 检查：表面有无损坏，进行绝缘性测试。日常保持干燥清洁，建议每 1 年定期检测 1 次，每 3 年需要更换
灭火器	用途：灭火器是一种可携式灭火工具，主要用于扑灭初期火灾，最大程度降低损失。灭火器根据内置化学物品的不同分为泡沫型、干粉型、水基型及洁净气体型 检查：灭火器压力（指针在绿色区域说明压力合格）、灭火器类型（新能源汽车维修工位必须使用水基或干粉型灭火器） S：水基型　F：干粉型　J：洁净气体

062

续表

名称	用途及检查
绝缘救援钩	用途：绝缘救援钩，又称绝缘救生钩或防触电紧急救援钩，是一款实用性较强的安全救援防护装置。通过拉拽将从事高压设备检修人员、新能源汽车维修人员及状态不佳者脱离危险区域 检查：外观有无损坏，耐压≥1kV
绝缘剪断钳	用途：在发生触电危险时，如果来不及断开电源开关，应迅速用绝缘剪断钳切断线缆 检查：外观有无损坏，耐压≥1kV

2.3.1.3 新能源汽车维修工位—工作页

请写出新能源汽车维修工位安全设施的名称、用途及检查方法，并记录检查结果。

名称	用途及检查
	（1）用途： （2）检查方法： （3）检查结果：
	（1）用途： （2）检查方法： （3）检查结果：
	（1）用途： （2）检查方法： （3）检查结果：
	（1）用途： （2）检查方法： （3）检查结果：
	（1）用途： （2）检查方法： （3）检查结果：
	（1）用途： （2）检查方法： （3）检查结果：
	（1）用途： （2）检查方法： （3）检查结果：

2.3.2 新能源汽车维修安全防护用具

2.3.2.1 安全防护的重要性

通过前面的学习，我们知道新能源汽车带有高压电，工作电压普遍在 300V 以上，已经

远远超过了人体所能承受的范围。因此，新能源汽车的高压安全问题不容忽视。所以，必须把安全工作放在首位，要求操作人员必须做好防止被高压电击伤的安全防护措施。

2.3.2.2 安全防护用具的用途与检查

防止触电的安全防护用具主要有绝缘手套、护目镜、绝缘安全鞋、安全帽和非化纤类的工作服。安全防护用具的用途与检查方法见表2-2。

表2-2 安全防护用具的用途及检查方法

名称	用途及检查
绝缘手套	用途：拆除及安装高压部件时使用。绝缘手套由特殊橡胶制成，具有防电、防水、耐酸碱、防油等功能，广泛应用于电力行业、新能源汽车维修和化工行业等。新能源汽车维修所使用的绝缘手套应能够承受1000V电压 检查：外观有无损坏、油渍水渍，耐压等级达到0级或1000V。对内部充气检查有无泄漏，方法是：侧位放置手套—卷起手套边缘—折叠一半开口封住手套—确认无空气泄漏。注意：不能向绝缘手套内吹气
棉纱手套	用途：拆除及安装零部件 检查：外观有无损坏
绝缘安全鞋	用途：拆除及安装高压部件时使用，使人体与地面保持绝缘，防止电流通过人体、车辆与大地之间构成回路，避免对人体造成电击伤害。同时，绝缘安全鞋还可以防止跨步电压 检查：外观有无损坏
护目镜	用途：拆除及安装高压部件时使用。护目镜应该具有侧面防护功能，防止操作过程中产生的电弧或液体飞溅对眼睛产生伤害 检查：外观有无损坏，镜面干净，视觉清晰
安全帽	用途：拆除及安装高压部件时使用。一是防止落下的物体或车辆底部对头部的伤害，二是防止头部接触高压线束及部件 检查：外观有无损坏、绝缘标识和生产日期是否在保质期内
工作服	用途：维修新能源汽车高压系统时，必须穿非化纤类的工作服，因为化纤类的工作服会产生静电，并且化纤在高温下熔化黏附在人体皮肤上，导致严重的伤害 检查：工作服材料是否符合要求，外观有无损坏

2.3.2.3 新能源汽车维修安全防护工具—工作页

请写出新能源汽车维修安全防护用具的名称、用途及检查方法，并记录检查结果。

名称	用途与检查
	（1）用途： （2）检查方法： （3）检查结果：
	（1）用途： （2）检查方法： （3）检查结果：
	（1）用途： （2）检查方法： （3）检查结果：
	（1）用途： （2）检查方法： （3）检查结果：
	（1）用途： （2）检查方法： （3）检查结果：
	（1）用途： （2）检查方法： （3）检查结果：

2.3.3 新能源汽车维修专用工具及检测设备

新能源汽车维修除通用工具和检测仪器外，还需要专用的维修工具及检测设备，主要有放电工装、数字万用表、绝缘工具、数字毫欧表、数字绝缘电阻测试仪和新能源汽车故障诊断仪。

2.3.3.1 新能源汽车维修专用工具及检测设备的用途与检查

新能源汽车维修专用工具及检测设备的用途与检查方法见表2-3。

表2-3 专用工具及检测设备的用途与检查方法

名称	用途及检查
放电工装	用途：红黑表笔分别连接高压部件的正负极，用于释放高压系统内部电容的残余电压 检查：表笔线束有无损坏、用红黑表笔连接12V蓄电池正负极（红黑表笔对调后再次连接），指示灯点亮，说明放电工装正常
数字万用表	用途：能够测量最高1000V电压 检查：表笔线束有无损坏，测量一个正常的12V蓄电池电压，显示为12V，说明万用表功能正常

名称	用途及检查
绝缘工具	用途：拆除及安装高压部件使用，使用方法与普通工具相同。维修带有高压电的车辆时，必须使用带有绝缘功能的工具，这些工具包括常用的套筒、开口扳手、螺丝刀、钳子、电工刀等 检查：耐压等级（1000V）、表面有无损坏。如发现工具绝缘层损伤或受潮，应及时进行更换或干燥处理。绝缘工具必须按规定，定期进行绝缘性能的试验，不符合试验要求的，禁止使用
数字毫欧表	用途：测量高压部件的接地电阻、电机三相绕组阻值（具体使用方法见"数字毫欧表的使用"） 检查：表笔线束有无损坏，红黑表笔短接进行调零
数字绝缘电阻测试仪	用途：测试高压部件绝缘电阻（具体使用方法见"数字绝缘电阻测试仪的使用"） 检查：表笔线束有无损坏，红黑表笔分开进行开路测试、红黑表笔短接进行短路测试
新能源汽车故障诊断仪	用途：与传统汽车诊断仪功能一致（具体使用方法见"新能源汽车故障诊断仪的使用"） 检查：启动诊断仪，软件正常打开。连接诊断仪到车辆，应能与被检测车辆的控制模块通信

2.3.3.2 数字绝缘电阻测试仪的使用

新能源汽车在使用过程中因为线路老化、部件之间的相互碰撞、摩擦、挤压而导致高压电路与车辆底盘之间的绝缘性能下降。一方面，绝缘性变差可能导致车身带电，造成安全隐患；另一方面，当高压电路和底盘之间发生多点绝缘性能下降时，还会导致漏电回路的热积累效应，从而造成车辆的电气火灾。因此，在车辆进行维护时，需要使用专用的绝缘电阻测试仪器测量高压电缆及零部件对车身的绝缘电阻是否位于规定值范围内。

现在以 Fluke1508 数字绝缘电阻测试仪为例，介绍其使用方法。

（1）显示屏：显示屏指示符如图 2-2 所示，显示屏指示符说明见表 2-4。

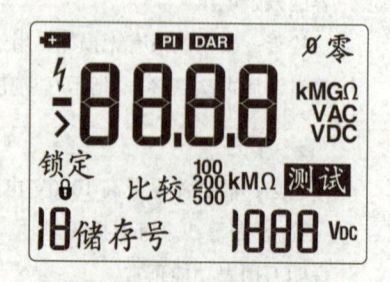

图 2-2　显示屏指示符

表 2-4 显示屏指示符说明

指示符	说明
锁定	表示绝缘测试或电阻测试被锁定
-, >	负号，大于符号
⚡	危险电压警告
🔋	电池电量低，指示何时应更换电池。当显示 🔋 符号时，背光灯按钮被禁用以延长电池的使用寿命
PI DAR	选择极化指数或介电吸收比测试
∅ 零	导线零电阻功能启用
VAC, VDC, Ω, kΩ, MΩ, GΩ	测量单位
888.8	主显示
测试	绝缘测试指示符。当施加绝缘测试电压时，该符号显示
V_{DC}	伏特（V）
1888	辅显示
比较	表示所选的通过/失败比较值
18 储存号	储存位置
batt	出现在主显示位置。表示电池电量过低，不足以可靠运行。更换电池之前测试仪不能使用。当主显示屏出现 🔋 符号时，batt 也会显示
>	表示超出量程范围的值
CAL Err	校准数值无效，请校准测试仪

（2）按钮和指示灯：使用按钮可以增加旋转开关所选的功能。按钮和指示灯如图 2-3 所示，按钮和指示灯说明见表 2-5。

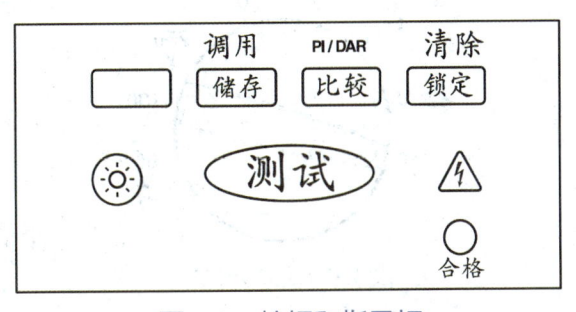

图 2-3 按钮和指示灯

表 2-5 按钮和指示灯说明

指示符	说明
▭	按蓝色按钮来选择其他测量功能

续表

指示符	说明
调用/储存	保存上一次绝缘电阻或耦合电阻测量结果
调用/储存	第二功能：检索保存在内存中的测量值
PI/DAR 比较	给绝缘电阻测试仪设置通过/失败极限
PI/DAR 比较	第二功能：按此按钮来配置测试仪进行极化指数或介电吸收比测试。按 测试 按钮开始测试
清除/锁定	测试锁定。如在按 测试 按钮之前按下此按钮，则再次按下锁定或测试按钮解除锁定之前，测试将保持在活动状态
清除/锁定	第二功能：清除所有内存内容
☼	打开或关闭背光灯。背光灯在2min后熄灭
测试	当旋转开关处于绝缘位置时，启动绝缘测试，使测试仪输出高压电并测量绝缘电阻
⚡	危险电压警告灯：表示在输入端检测到30V或更高电压（交流或直流取决于旋转开关的位置）。当在 ▬V 开关位置上，显示屏中显示0L，以及 batt 显示在显示屏上时，也会出现该指示符。当绝缘测试正在进行时，⚡符号也会出现
○	通过指示灯：表示绝缘电阻测量值大于所选的比较限值

（3）旋转开关：选择任意测量功能挡即可启动测试仪。测试仪为该功能挡提供了一个标准显示屏（量程、测量单位、组合键等）。旋转开关如图2-4所示，旋转开关挡位见表2-6。

警告：为避免触电、人身伤害或损坏仪表，仅可使用符合1000V CAT Ⅲ或者600V CAT Ⅳ等级的附件。

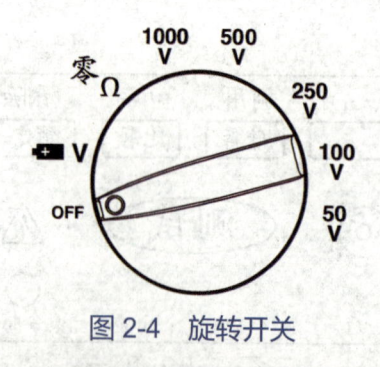

图2-4 旋转开关

表2-6 旋转开关挡位

开关位置	测量功能
▬V	测量AC（交流）或DC（直流）电压，范围为0.1~600.0V

续表

开关位置	测量功能
零Ω	测量电阻，范围为 0.01～20.00Ω
1000V 500V 250V 100V 50V	测量电阻，范围为 0.01MΩ～10.0GΩ。利用 50V、100V、250V、500V 和 1000V 执行绝缘测试

（4）输入端子：输入端子如图 2-5 所示，输入端子说明见表 2-7。

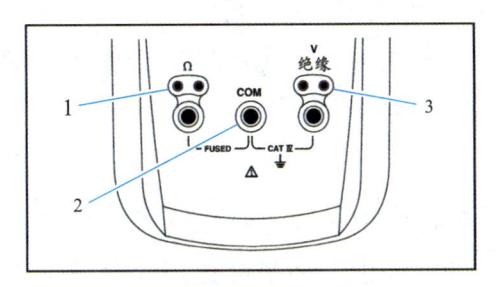

图 2-5　输入端子

表 2-7　输入端子说明

项目	说明	
1	用于电阻测量的输入端子	1 和 3 接红表笔，2 接黑表笔
2	所有测量的公共（返回）端子	
3	用于电压或绝缘测试的输入端子	

（5）开机通电选项：测试仪开机时，同时按住一个按键将激活开机通电选项。开机通电选项可让用户能够使用测试仪的附加特点和功能。要选择开机通电选项，在将测试仪从 OFF（关闭）位置转至任何开关位置时，同时按住所指示的适当按钮。当将测试仪转至 OFF（关闭）位置时，开机通电选项被取消。开机通电选项见表 2-8 所示。

表 2-8　开机通电选项

按钮	说明
▭	开关位置打开所有 LCD 条形段 零Ω 开关位置显示软件的版本号 1000V 开关位置显示测试仪型号
清除锁定	启动（校准）模式。当释放按钮时，测试仪显示 CAL 并进入（校准）模式

（6）为了避免触电或人身伤害，请根据以下安全须知进行操作：

• 请严格按照使用说明书操作，否则可能会破坏测试仪提供的保护措施。
• 如果测试仪或测试导线已经损坏，或者测试仪无法正常操作，则不可使用。

- 在将测试仪与被测电路连接之前,始终记住选用正确的端子、开关位置和量程挡位。
- 用测试仪测量已知电压来验证测试仪操作是否正常。
- 端子之间或任何一个端子与接地点之间施加的电压不能超过测试仪上标明的额定值。
- 电压在 30V AC(交流有效值)、42V AC(交流)峰值或 60V DC(直流)以上时应格外小心,这些电压有造成触电的危险。
- 出现电池低电量指示符(▭)时,应尽快更换电池。
- 测试电阻、连通性、二极管或电容以前,必须先切断电源,并将所有的高压电容器放电。
- 切勿在爆炸性的气体或蒸汽附近使用测试仪。
- 测试导线时,手指应放在保护装置的后面。
- 打开测试仪的机壳或电池盖以前,必须先把测试导线从测试仪上取下。不能在测试仪后盖或电池盖打开的情况下使用测试仪。
- 不要单独工作。
- 仅使用指定的替换熔断器来更换熔断的熔断器,否则测试仪的保护措施可能会遭到破坏。
- 使用前先检查测试导线的连通性。如果读数高或有噪声,则不要使用。

(7)测量电压。

在将测试导线与电路或设备连接时,连接带电导线之前应先连接公共(COM)测试导线;当拆下测试导线时,要先断开带电的测试导线,再断开公共测试导线。

如图 2-6 所示是测量电压示意图,测量电压流程如下:

① 将旋转开关转至电压挡。
② 将测试导线与设备及电路连接。
③ 记录读数。

注:无须按下红表笔上的测试按钮。

(8)测量电阻。

电阻测试只能在不通电的电路上进行。测试之前,先检查熔断器(检查方法详见后面的"测试熔断器"部分)。如果在通电电路上进行测试,则会烧坏熔断器。

如图 2-7 所示是测量电阻示意图,测量电阻流程如下:

① 将红黑测试表笔分别插入 Ω 和 COM(公共)输入端子。
② 将旋转开关转至 零Ω 挡位置。
③ 将红黑表笔短接并按住蓝色按钮直到显示屏出现短划线符号。测试仪进行校零,将表笔之间的电阻值保存在测试仪的内存中,并在后续测量中自动将其从读数中减去。
④ 将表笔与待测电路连接,测试仪会自动检测电路是否通电。

- 按 测试 按钮,此时主显示位置显示一个有效的电阻读数。
- 如果电路中的电压超过 2V(交流或直流),且在主显示位置显示电压超过 2V 警告时,还会显示高压符号(⚡)。在这种情况下,测试被停止。
- 如果在按下 测试 按钮时,测试仪发出声响,则测试将由于表笔上存在电压而被停止。

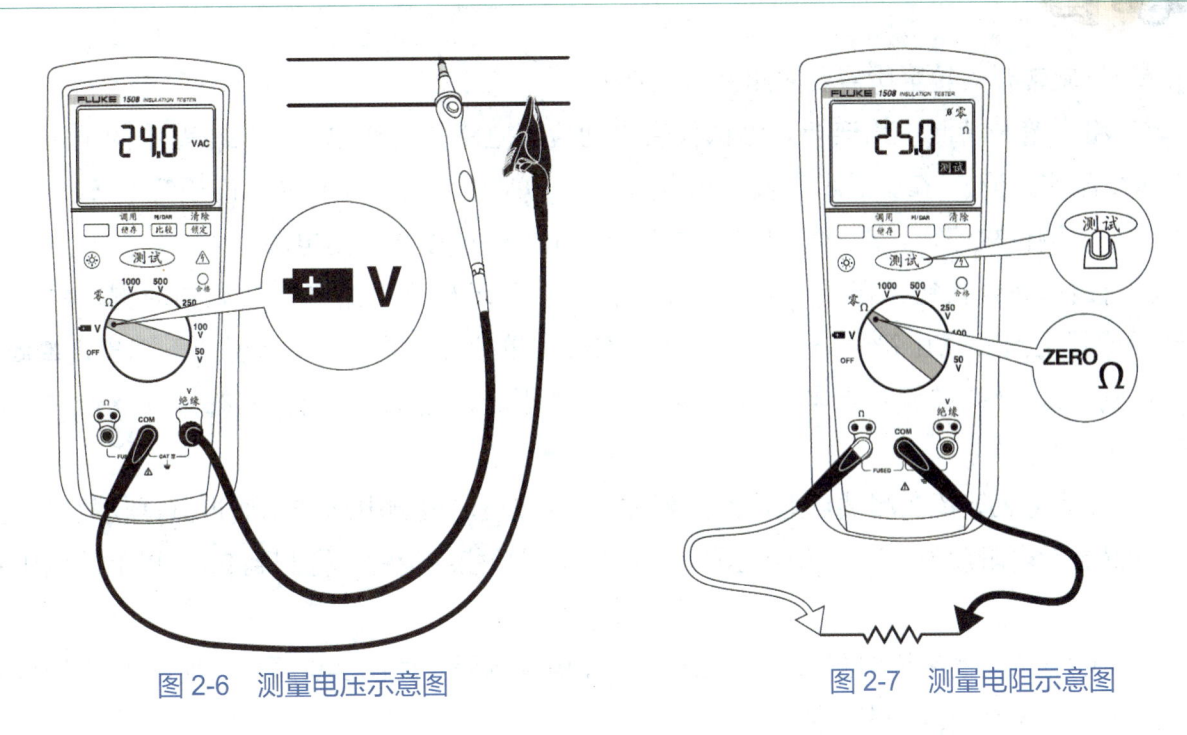

图 2-6　测量电压示意图　　　　　　　　图 2-7　测量电阻示意图

⑤ 按住 测试 按钮开始测试。显示屏的下端位置将出现 测试 图标，直到释放 测试 按钮。主显示位置显示电阻读数，直到开始新的测试或者选择了不同功能或量程。当电阻超过最大显示量程时，测试仪显示 > 符号以及当前量程的最大电阻。

（9）测量绝缘电阻。

如图 2-8 所示是测量绝缘电阻示意图，绝缘测试只能在不通电的电路上进行。要测量绝缘电阻，请按照图 2-8 所示设置测试仪并按照下列步骤操作。

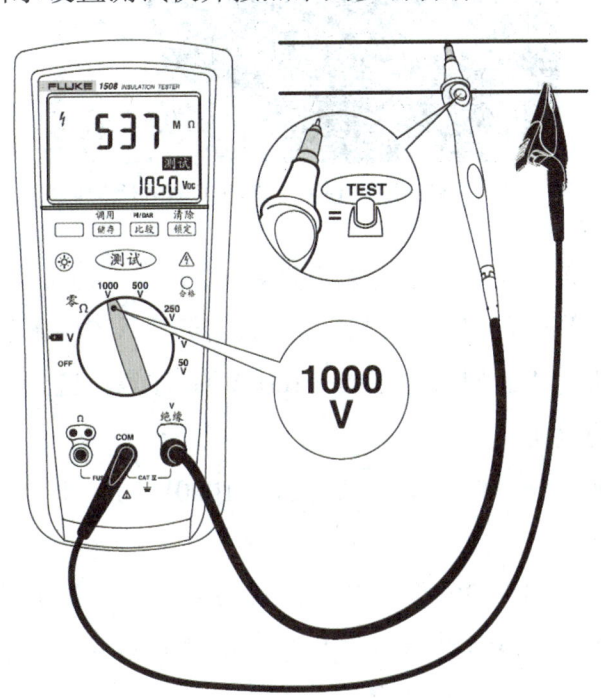

图 2-8　测量绝缘电阻示意图

① 将测试表笔插入 V 和 COM（公共）输入端子。

② 将旋转开关转至所需要的测试电压挡。

③ 将表笔与待测电路连接。测试仪会自动检测电路是否通电。如果电路中的电压超过 30 V（交流或直流），在主显示位置显示电压超过 30 V 警告时，还会显示高压符号(⚡)。在这种情况下，测试被停止。重新测试前，先断开测试仪的连接并关闭电源。

④ 按住 [测试] 按钮，保持 10s。辅显示位置上显示被测电路当前被施加的测试电压。主显示位置上显示高压符号(⚡)并以 MΩ 或 GΩ 为单位显示电阻。显示屏的下端出现 [测试] 图标，直到释放 [测试] 按钮。当电阻超过最大显示量程时，测试仪显示 > 符号以及当前量程的最大电阻。

⑤ 继续将表笔留在测试点上，然后释放 [测试] 按钮，被测电路开始通过测试仪放电。主显示位置显示电阻读数，当开始新的测试、选择不同功能或量程、检测到 30 V 以上的电压时停止。

下面以一个实例来说明测量绝缘电阻的具体操作流程。如图 2-9 所示，使用福禄克 1508 测量耐压 1000V 绝缘工具的绝缘电阻。

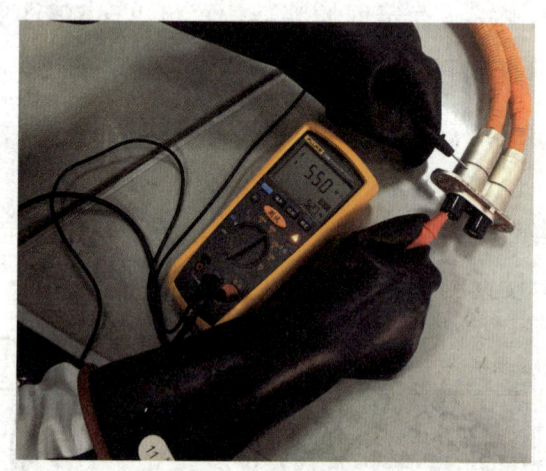

图 2-9 测量耐压 1000V 绝缘工具的绝缘电阻

- 检查红、黑表笔有无损坏，线束有无破损。
- 安装表笔：将红表笔插入 V/绝缘测试孔，黑表笔插入 COM 公共插孔。
- 将旋转开关转至所需要的测试电压挡（1000V）。注意：应选择大于被测物体耐压值或被测电路工作电压最近的电压。
- 佩戴绝缘手套：绝缘电阻测试仪会产生 50～1000V 的高压电，在测量时必须佩戴 0 级或 1000V 的绝缘手套。
- 测量前进行短路检测和开路检测：按下测试按钮（红表笔上的按钮或测试仪上的按钮均可）进行测量，此时"危险高压警告灯"亮起。正常情况下，表笔对接进行短路测试显示 0Ω，表笔分开进行开路测试显示 >11.0GΩ；
- 切断电源：如果测试对象是电气部件，请先切断电源，确保被测物体或线路不通电。
- 将红表笔接被测物体或电路，黑表笔接绝缘部位，测试仪自动检测被测物体或电路是否通电。如果电压超过 30V（交流或直流），高压符号点亮，操作被停止。

• 测量绝缘电阻值：按下测试按钮，此时"危险高压警告灯"亮起。等待至少 10s，待数值显示稳定后读取数值（绝缘电阻会以 MΩ/GΩ 显示，当电阻超过最大显示量程时，测试仪显示 > 符号以及当前量程的最大电阻）。

• 被测电路放电：读取数据后，表笔继续留在测量位置，然后松开测试按钮，被测物体或电路上积累的电量通过绝缘电阻测试仪放电。

• 测量完毕，关闭绝缘电阻测试仪，取下红黑表笔。

（10）保养。

① 清洁：定期用湿布和温和的清洁剂清洁测试仪的外壳；不要使用腐蚀剂或溶剂；端子若弄脏或潮湿可能会影响读数；在使用测试仪之前先等待测试仪干燥。

② 测试电池：测试仪会持续监测电池的电压。显示屏中出现电池低电量图标（）时，表示电池只剩下最短的寿命。测试电池时将旋转开关转至 V 位置，但不插接探头；按蓝色按钮启动满负荷电池测试；电压功能显示消失，所测得的电池电压在主显示位置上显示 2s，然后恢复电压显示。

③ 测试熔断器：依照图 2-10 所示测试熔断器，将旋转开关转至 零Ω 位置，按住 测试 按钮。如果显示屏读数是 22kΩ，代表熔断器正常；如果读数是 FUSE，则表示熔断器已损坏，应予以更换。警告：为了避免触电或人身伤害，在更换熔断器前，请先取下测试导线并断开一切信号输入。

④ 更换电池及熔断器：如图 2-11 所示，用标准螺丝刀转动电池盖锁直到开锁符号对准箭头，然后将电池盖取下，取出并更换电池，将电池盖复位并转动电池盖锁直到锁住符号对准箭头，即表示电池盖已经锁紧。

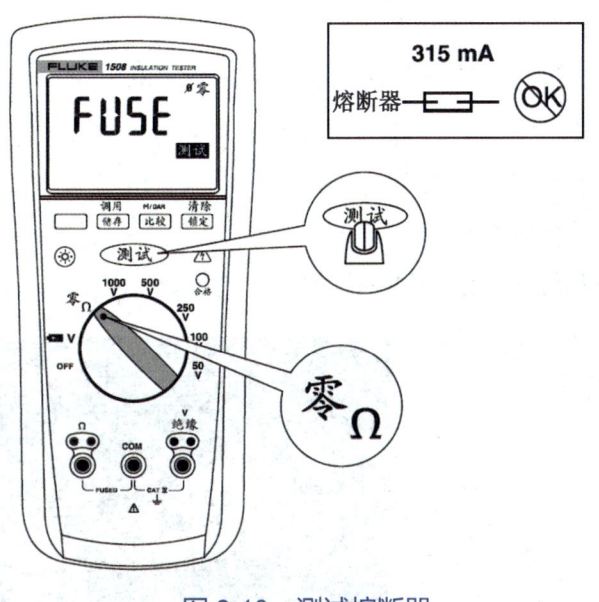

图 2-10　测试熔断器

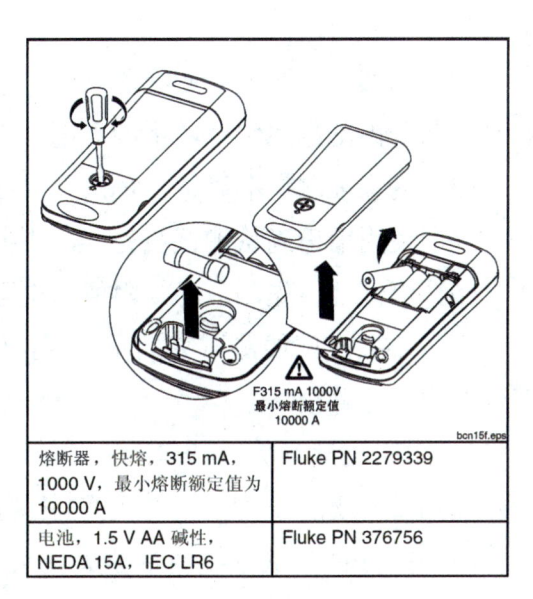

图 2-11　更换电池及熔断器

2.3.3.3 数字毫欧表的使用

如图 2-12 所示是数字毫欧表，可以精确测量 0.01mΩ 以上的电阻值，用于测量各种导体、电发热元件、焊接点接触电阻及新能源汽车高压部件的接地电阻等。

数字毫欧表测量电阻

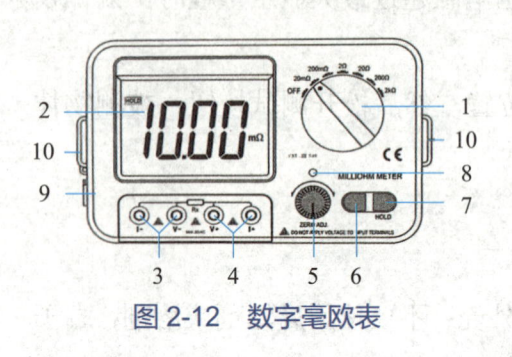

1．外观说明

（1）电源开关/量程选择开关：用于选择所需的量程，以及开机和关机。为了节省电源，仪器不使用时，此开关应置于"OFF"位置。

（2）LCD 显示器：显示测量数据及单位符号。

图 2-12 数字毫欧表

（3）黑色测试导线输入插孔。

（4）红色测试导线输入插孔。

（5）调零旋钮：在 mΩ 量程测量前用于校正零值读数。

（6）"※"键：用于开启/关闭背光。

（7）"HOLD"键：用于保持当前读数。按下该按键，则当前的读数即被保持在屏幕上，同时屏幕出现"HOLD"符号，再按一下该按键，则取消数据保持功能。

（8）电源指示灯：LED 显示。

（9）DC 9V 电源适配器插座：用于连接外部电源，对内部电路进行供电。

（10）背带扣耳：背带固定在两边扣耳，可将仪表挂在脖子上进行测量。

2．操作说明

（1）在首次使用或发现电池能量不足时，请打开电池盒后盖装入 5 号电池 6 节，注意电池极性不要接反。

（2）如使用外接电源适配器供电时，将 9V 电源适配器的输出插头插入仪表的电源插孔，此时会断开内部电池供电，不能对电池进行充电。

（3）为保证测量准确度，每次开机必须预热 10s 以上再进行测量。

（4）使用前请确认测试线完好，不要使用断裂的测试线。

（5）测试前请先测量已知阻值的电阻以确认本仪器能够正常工作。

（6）不要在四线测试夹插座上直接输入电压，以避免对仪器内部电路损坏。

3．电阻测量方法

如图 2-13 所示，使用数字毫欧表测量电阻。

（1）把红色测试导线两个插头分别插入右边两个红色插孔内，黑色测试导线两个插头分别插入左边两个黑色插孔内。

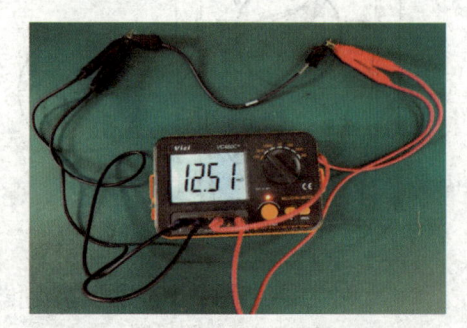

图 2-13 数字毫欧表测量电阻

（2）把旋转开关转到所需挡位。

（3）红、黑两个测试夹短接，然后调节调零钮直到读数为零。

（4）将红、黑两个测试夹接在待测电阻的两端。

（5）被测值显示在液晶显示屏上。

注意：

- 如果电阻值超过 2kΩ 或出现开路状态，则显示"1"。
- 测量电路中的电阻时，要确认被测电阻所在的电路未通电而且所有电容都已完全放电。
- 如果测量时出现较大误差，可能是其他原件对其影响或电阻所在的电路未断电。
- 请勿在数字毫欧表的任何输入端接入电源。
- 每次改变量程之后，都应该重新进行调零。

4．仪表保养

（1）电池更换。

① 用十字螺丝刀拧开电池盖螺丝，取下电池盖。

② 取下电池，换上新的电池，虽然任何标准电池都可使用，但为延长使用时间，最好使用碱性电池。

③ 装上电池盖板，拧紧螺丝。

④ 使用外接电源适配器供电，所使用的直流 9V 电源适配器应与电池相匹配。

（2）熔断器更换。

① 把挡位开关转到"OFF"位置。

② 用十字螺丝刀卸下底壳螺丝，取下底壳。

③ 卸下线路板固定螺丝取下线路板。

④ 找到印刷线路板上标注 FUSE 的自恢复熔断器，用烙铁将其焊下，换上同规格的自恢复熔断器。

⑤ 装上线路板，底壳锁好螺丝。

注意：本仪表使用的是 150mA/60V 自恢复熔断器，一般误操作时会保护内部电路，操作取消后会自动恢复，不需要更换，需要更换时应使用相同规格的熔断器。

2.3.3.4 新能源汽车故障诊断仪的使用

新能源汽车故障检测与传统汽车一样，需要使用故障诊断仪读取故障码及数据流来辅助技师查找故障原因。下面以 TC-EV81 通用型故障诊断仪为例，介绍新能源汽车故障诊断仪的使用方法。

1．故障诊断仪组成

TC-EV81 通用型故障诊断仪如图 2-14 所示，包括平板电脑（故障诊断仪软件）、VCI 故障诊断盒及 OBD 诊断插头。

2. 软件运行

（1）软件安装成功后，单击平板电脑桌面的软件图标进入故障诊断仪启动界面（见图2-15）。此时，屏幕右下角的 VCI 图标显示蓝牙连接成功。

图 2-14　TC-EV81 通用型故障诊断仪　　　　图 2-15　故障诊断仪启动界面

（2）选择故障检测，进入车辆品牌选择界面（见图2-16），选择新能源汽车品牌。

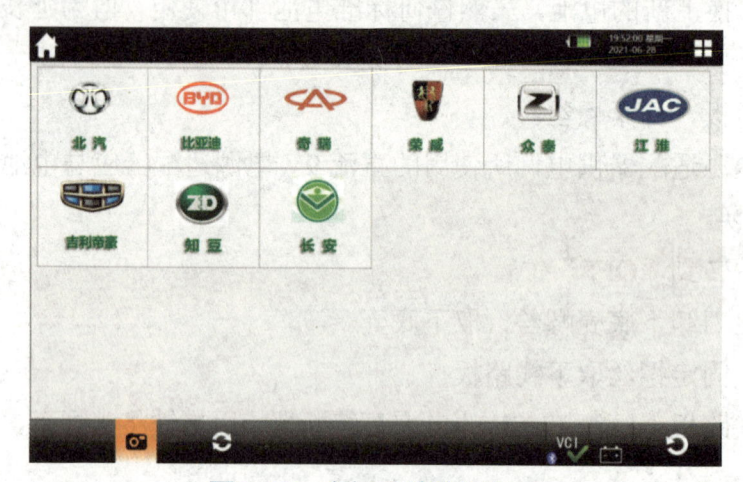

图 2-16　车辆品牌选择界面

（3）选择需要诊断的汽车品牌（例如，北汽新能源），进入车型选择界面（见图2-17）。

图 2-17　车型选择界面

（4）选择北汽 EV160-2016，进入控制单元选择界面（见图 2-18）。

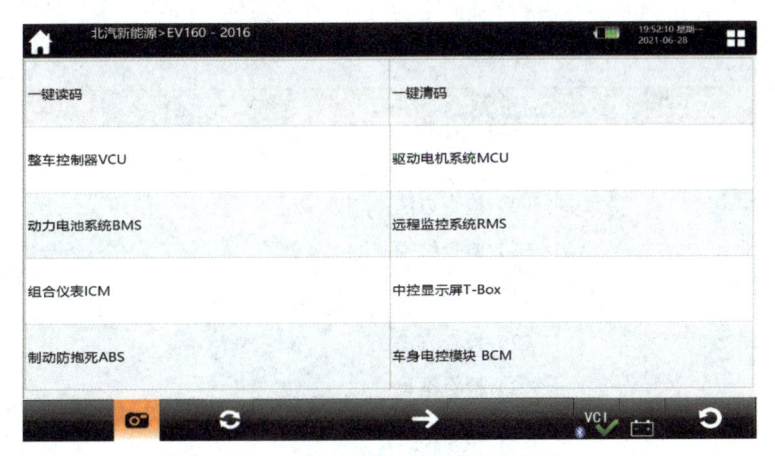

图 2-18　控制单元选择界面

（5）选择整车控制器 VCU，进入功能选择界面（见图 2-19），可以进行读取故障码及数据流等操作。

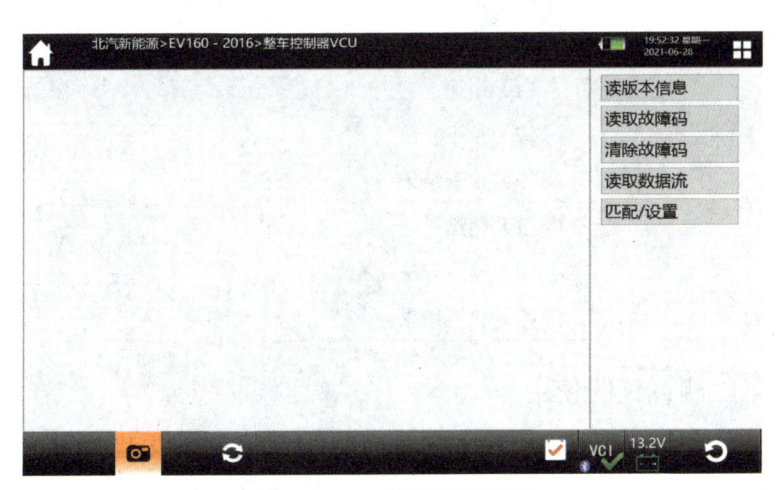

图 2-19　功能选择界面

（6）如图 2-20 所示，读取整车控制器 VCU 故障码。

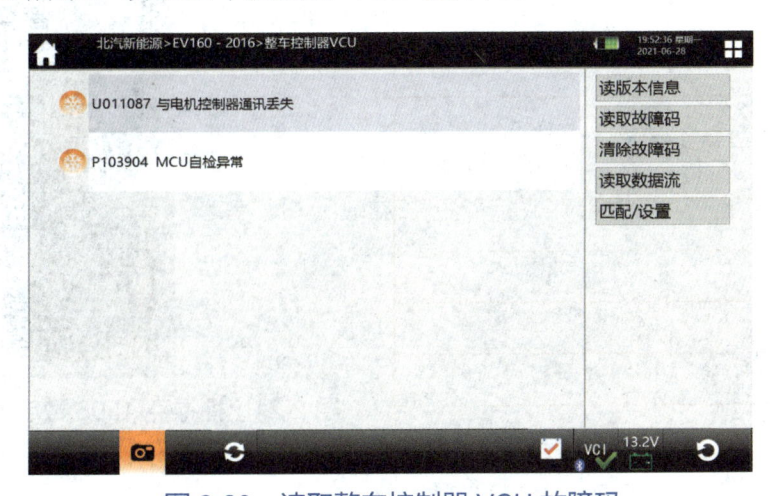

图 2-20　读取整车控制器 VCU 故障码

2.3.3.5 新能源汽车维修专用工具及检测设备—工作页

（1）请写出新能源汽车维修专用工具及检测设备的名称、用途及检查方法，并记录检查结果。

名称	用途与检查
	（1）用途： （2）检查方法： （3）检查结果：
	（1）用途： （2）检查方法： （3）检查结果：
	（1）用途： （2）检查方法： （3）检查结果：
	（1）用途： （2）检查方法： （3）检查结果：
	（1）用途： （2）检查方法： （3）检查结果：
	（1）用途： （2）检查方法： （3）检查结果：

（2）数字绝缘电阻测试仪的使用。

① 如图 2-21 所示是福禄克 1508 数字绝缘电阻测试仪，请写出标号 1～10 的名称。

序号	名称
1	
2	
3	
4	
5	
6	
7	
8	
9	
10	

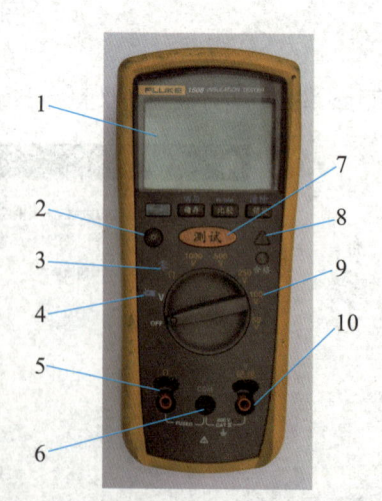

图 2-21　福禄克 1508 数字绝缘电阻测试仪

维修作业前的准备工作 **学习单元 2**

② 写出测量绝缘电阻的操作步骤及注意事项。

序号	操作步骤	注意事项

测量绝缘工具的绝缘电阻：_____ 测量高压线束的绝缘电阻：_____

测量绝缘垫的对地绝缘电阻：_____ 单相断路器 L 与 N 的绝缘电阻：_____

③ 写出数字绝缘电阻测试仪内部电池和熔断器的测试方法并填写测试结果。

序号	测试内容	测试方法	测试结果
1	电池电量		
2	熔断器		

（3）数字毫欧表的使用。

① 请写出 VC480＋数字毫欧表各标号的名称。

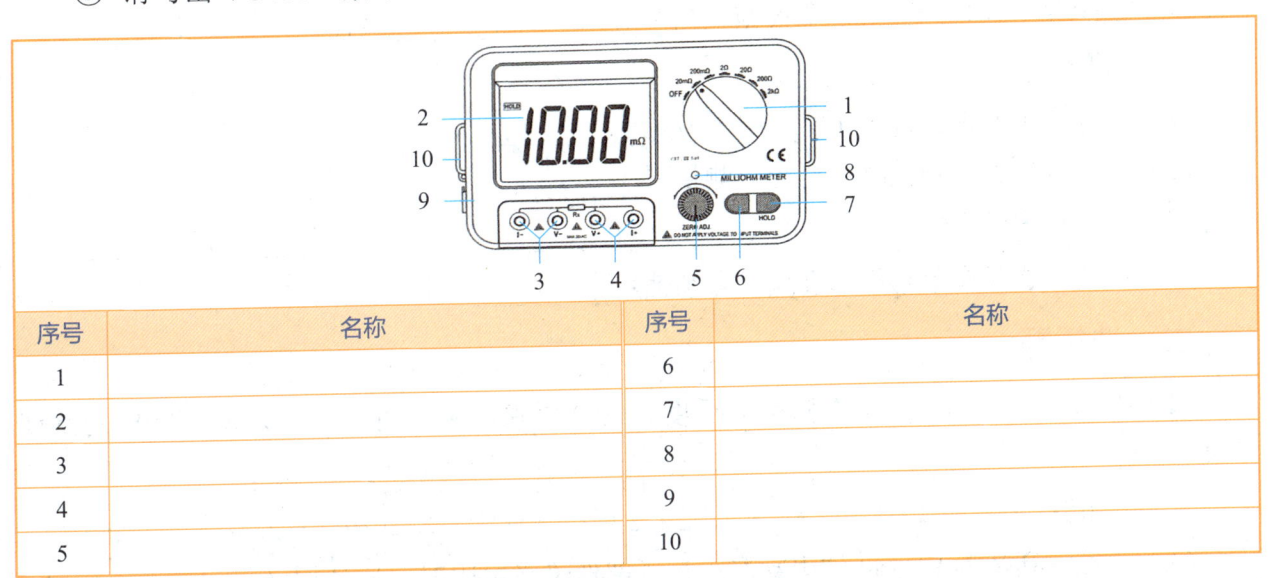

序号	名称	序号	名称
1		6	
2		7	
3		8	
4		9	
5		10	

② 写出 VC480＋数字毫欧表测量电阻的操作步骤及注意事项。

序号	操作步骤	注意事项

测量接地线电阻阻值：_____ mΩ 测量三相绕组阻值：_____ mΩ

079

（4）故障诊断仪的使用。

① 请写出 TC-EV81 通用型故障诊断仪的组成：_____
_____。

② 连接故障诊断仪，蓝牙连接状态_____（正常/不正常）。

③ 使用故障诊断仪进行全车扫描，记录有故障的控制单元及故障代码。

序号	控制单元	故障代码
1		
2		
3		
4		
5		
6		

2.4 理论测试

一、填空题

（1）新能源汽车维修工位安全设施包括_____、_____、_____、_____、_____和_____。

（2）灭火器压力表指针在正常情况下应位于_____。

（3）对绝缘垫进行测试时，至少应测量_____个点。

（4）安全防护用具包括_____、_____、_____、_____和_____。

（5）拆装新能源汽车高压部件时，必须使用_____工具。

二、选择题

（1）维修电动汽车时，考虑佩戴舒适度和安全要求，应选用（　　）或 1000V 的绝缘手套。

　　A. 0 级　　　　B. 1 级　　　　C. 2 级　　　　D. 3 级

（2）测量吉利帝豪 EV450 纯电动汽车高压部件绝缘电阻时，应选用（　　）挡。

　　A. 50V　　　　B. 100V　　　　C. 500V　　　　D. 1000V

（3）测试数字绝缘电阻测试仪内部熔断器时，按住测试按钮，如果显示屏读数是（　　），代表熔断器正常。

　　A. 11　　　　B. 22　　　　C. 33　　　　D. FUSE

（4）数字绝缘电阻测试仪不能测量（　　）。

　　A. 电流　　　　B. 电阻　　　　C. 绝缘电阻　　　　D. 电压

（5）数字毫欧表可以精确测量（　　）mΩ 以上的电阻值。

A．1　　　　　B．0.05　　　　　C．0.01　　　　　D．0.1

三、判断题

（　　）（1）维修高电压系统时，必须穿非化纤类的工作服。

（　　）（2）新能源汽车维修工位的灭火器，需使用水基或干粉型灭火器。

（　　）（3）测量绝缘电阻时，测试的持续时间应不低于 10s，待显示稳定后再读取测量值。

（　　）（4）绝缘测试可以在通电的电路上进行。

（　　）（5）新能源汽车故障诊断仪与传统汽车故障诊断仪的功能基本相同。

四、简答题

（1）以耐压 1000V 的绝缘扳手为例，写出使用数字绝缘电阻测试仪测量绝缘电阻的步骤。

_____

_____

（2）新能源汽车维修作业前的准备工作有哪些？

_____

_____

2.5　计划与决策

（1）分组制订"维修作业前的准备工作"工作计划。

工作计划表

品牌		整车型号		生产日期	
电机型号		电池容量		行驶里程	
工作电压		车辆识别码			
工作任务					
工作内容					

序号	工作步骤	设备工具	注意事项	检查结果
1				
2				
3				
4				
5				
6				
7				
8				

续表

序号	工作步骤	设备工具	注意事项	检查结果
9				
10				
小组成员及分工	组长： 卫生员：	记录员： 质检员：	安全员： 联络员：	展示员： 其他：
计划审核（教师）			年 月 日	签字：
检测中出现的问题		经验总结及改进措施		
结论和维修建议				
预估工时			成本预算	

（2）学生小组合作按照任务决策的关键要素完成任务决策。

任务决策：与师傅明确计划可行性。

> 工作任务的时间控制和成本控制，工作步骤的正确性、规范性和合理性，工作过程的安全性和环保性，考虑厂商的经济效益和工作效率等，并记录决策结果与师傅的建议。

2.6 任务实施

（1）学生按照本组制订的工作计划进行维修作业前的准备工作，将工作过程及检查结果记录到工作计划的表格中。

（2）实施过程评价。

维修作业前的准备工作评价表

序号	评价内容	评价标准	配分	得分
1	工位准备	设置隔离栏、安全警示牌	3	
		放置车轮挡块	3	
		正确检查警告标志牌、禁止标志牌	3	
		正确检查灭火器类型（水基或干粉）及压力值	3	
		正确检查绝缘救援钩和绝缘剪断钳的外观、耐压等级	3	
2	安全防护用具	正确检查安全帽外观、绝缘标识及生产日期是否在保质期内	3	
		正确检查护目镜外观	3	
		正确检查绝缘手套外观、耐压等级及密封性	3	
		穿绝缘安全鞋	3	
		工作服是否符合要求	3	

续表

序号	评价内容	评价标准	配分	得分
3	专用工具及检测设备	正确检查数字万用表电阻量程（校零）	5	
		正确检查数字万用表电压挡（在 12V 蓄电池上）	5	
		正确进行数字绝缘电阻测试仪开路检测并确认电阻无穷大	5	
		正确进行数字绝缘电阻测试仪短路检测并确认电阻<1Ω	5	
		正确检查放电工装（表笔对调）	5	
		正确检查数字毫欧表（正确调零）	5	
		正确检查绝缘工具外观、耐压等级	5	
		选择四个点检测绝缘垫对地绝缘性且佩戴绝缘手套与护目镜	6	
4	车辆准备	检查车身状况	3	
		放置警告标志牌	3	
		车外三件套是否未安装或安装位置不正确	5	
		操作中翼子板布、前格栅布是否自行脱落	3	
		车内三件套是否少铺、未铺或撕裂	5	
		确认挡位在 P 挡	5	
		确认电子驻车制动器处于制动状态	5	

2.7 任务评估

小组合作完成任务检查，对工作计划、工作过程、工作结果进行评估，记录优缺点及改进建议。

（1）检查工单（工位布置、检查结果）。

（2）必要的 5S（车辆、工位、场地等）。

（3）请根据工作的实际情况，改进工作计划。

2.8 任务反思

在"维修作业前的准备工作"学习过程中你有哪些收获，总结一下吧！

序号	项目	总结内容
1	单元知识点总结	
2	目标达成情况	

续表

序号	项目	总结内容
3	达成目标的原因	
4	未达成目标的原因	
5	工作过程反思	
6	在今后学习中要保持的	
7	在今后学习中要杜绝的	
8	在今后学习中要尝试的	

2.9 知识拓展

CAT（类别）安全等级

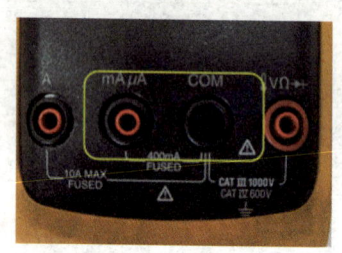

图 2-22 数字万用表 CAT 等级

如图 2-22 所示，通常在数字万用表的面板上看到标有 CAT Ⅱ 600V、CAT Ⅲ 1000V/CAT Ⅳ 600V 这样的字样，它意味着什么呢？根据国际电工委员会（IEC）的规定，万用表制造商的所有产品都必须遵循安全测试准则，以确保每台设备均达到或超过要求的等级。采取这些措施是为了保护用户，使其免受意外电击而导致死亡。

1. 什么是 CAT 等级

根据国际电子电工委员会 IEC1010-1 的定义将电工工作的区域分为四个等级，分别称作 CAT Ⅰ、CAT Ⅱ、CAT Ⅲ 和 CAT Ⅳ，每个等级的定义如表 2-9 电工工作区域说明所示。它严格规定了工作人员在不同类别的电气环境中可能遇到的电气设备类型，以及在这样的区域中工作所使用的电子电气测量仪器使用场所的安全等级规定，它描述了测量仪器在所测量的电路中可执行的测量，划定了测量仪器所属的最高的"安全区域"。

表 2-9 电工工作区域说明

测量类型	简要说明	举例
CAT Ⅰ	电子设备	受保护的电子设备 与进行测量以便将瞬变过电压限制到适宜低水平（电源）电路相连的设备 从高绕组电阻变压器获得的任何高电压、低能量源，如复印机的高电压部分
CAT Ⅱ	单相插座连接的负载	电器、便携式工具以及其他家庭和相似负载 插座和长分支线路 与 CAT Ⅲ 电源的距离超过 10m（30in）的插座 与 CAT Ⅳ 电源的距离超过 20m（60in）的插座
CAT Ⅲ	三相分布式环境，包括单相商业照明用电	固定装置中的设备，如开关柜和多相电机 工厂中的母线和馈线 馈线和短分支线路、配电设备 大型楼宇建筑中的照明系统 带有至进线口的短连接线路的电器插座

续表

测量类型	简要说明	举例
CAT Ⅳ	公用电力连接处的三相线路，任何室外导体	指"装置起点"，即与公用电力进行低压连接的位置 电能表、一次过电流保护设备 外部和电力进线口、从电杆到建筑物的架空引入线、仪表外导体和配电盘之间的线路 至独立建筑物的架空线，至井泵的地下线路

2．CAT 等级对用户意味着什么

CAT 等级意味着对客户的人身安全承诺，它不仅仅是耐高压，CAT 等级严格规定了电气工作人员在不同级别的电气环境中可能遇到的电气设备的类型，以及在这样的区域中工作所使用的测量工具必须要遵循的安全标准。对于万用表、钳型表、过程校准仪表等手持表来说，它们所标注的 CAT 等级表明了其各自所归属的最高"安全区域"，CAT 后面的电压数值则表示了它们能够受到电压冲击的上限。

例如，一个标注有 CAT Ⅲ 600V 的万用表，表示可以在 CAT Ⅰ、CAT Ⅱ 和 CAT Ⅲ 区域安全使用，在这三个区域里如果万用表受到最高 600V 的电压冲击，不会对人体安全产生威胁。但是这款万用表在 CAT Ⅳ 区域使用时，或者说受到 700V 高压冲击时，就不能保证同样的安全了。CAT 等级是向下单向兼容的，也就是说，一块 CAT Ⅳ 的万用表在 CAT Ⅰ、CAT Ⅱ 和 CAT Ⅲ 下使用是完全安全的，但是一块 CAT Ⅰ 的万用表在 CAT Ⅱ、CAT Ⅲ、CAT Ⅳ 的环境下使用就不保证安全了，万用表可能会爆炸、燃烧，威胁人身安全。

学习单元 3

高压断电

3.1 学习目标

素质目标
1. 能够在小组合作制订计划时，发挥团队合作精神。
2. 能够有计划地完成教师布置的任务。
3. 在完成工作任务过程中，提升学生认真负责的职业素养。
4. 在进行新能源汽车高压断电的过程中，强化学生规范操作和安全防护意识。

知识目标
1. 掌握高压电对人体的伤害和急救措施。
2. 理解新能源汽车高压系统安全设计原理。
3. 掌握新能源汽车维修作业规范的相关要求。
4. 掌握高压断电的操作步骤及注意事项。
5. 了解常见车型的高压断电方法。

技能目标
1. 能够正确在新能源汽车上断开高压电。
2. 能够规范地填写工单（高压断电报告）。

3.2 情境引入

一辆北汽 EV160 纯电动汽车需要更换动力电池。由于新能源汽车具有高压电,所以在维修车辆时禁止带电操作,必须按照维修手册中的要求断开高压电,师傅将高压断电任务委派给你来完成。

3.2.1 接受任务

(1)角色扮演:请一名同学扮演实习生,一名同学扮演师傅,完成任务分配。其他同学观察并记录优点及需要改进的地方。

优点	需要改进的地方

(2)在实习车上,填写工单(高压断电报告)。

车主姓名		日　　期	
车　　型		车牌号	
电机型号		VIN 号	
联系电话			
通信地址			
动力电池端正负极之间电压	测量值:_____V		
动力电池端正极与电池壳体之间电压	测量值:_____V		
动力电池端负极与电池壳体之间电压	测量值:_____V		
负载端正负极之间电压(放电前)	测量值:_____V		
负载端正负极之间电压(放电后)	测量值:_____V		
在检测报告上签名并将其存放在任务文件夹中			
		签名:_____	

3.2.2 任务分析

由于新能源汽车具有高压电,因此在新能源汽车维修或保养前,必须先按照规范流程断开高压电,从而保证维护人员的安全。正确且安全地断开高压电需要掌握以下知识和技能。

(1)高压电的危害与急救(高压电概念、高压电危害、新能源汽车上的触电情形、急救流程)。

（2）新能源汽车高压系统的组成与安全设计。

（3）新能源汽车维修作业规范（维修资质、维修流程、安全防护及工具、维修时的注意事项）。

（4）高压断电的流程，常见新能源车型高压断电方法。

3.3 知识与技能

3.3.1 高压电的危害与急救

3.3.1.1 什么是高压电

1. 电压等级

依据国家标准 GB 18384—2020《电动汽车安全要求》第 3 部分：人员触电防护标准，根据不同电压等级可能对人体产生的伤害和危险程度不同，将电压分为 A、B 两个等级（见表 3-1）。

- A 级电压：不要求提供触电防护。
- B 级电压：对于任何 B 级电路的带电部件，必须为人员提供触电防护。

表 3-1 电压等级分类

电压等级	最大工作电压（V）	
	直流	交流
A	$0 < U \leq 60$	$0 < U \leq 30$
B	$60 < U \leq 1500$	$30 < U \leq 1000$

A 级是较为安全的电压。在直流电小于或等于 60V，交流电小于或等于 30V 的情况下，维护人员不需要采取特殊的防电保护。

B 级对人体会产生伤害。在直流电大于 60V 小于或等于 1500V，交流电大于 30V 小于或等于 1000V 的情况下，必须采取必要的防护设备对维护人员进行保护。电动汽车的工作电压都在 B 级电压范围内，所以在工作时需要采取相应的安全防护措施。

2. 新能源汽车高压电特征

在新能源汽车中，低压通常指的是 12V 电源电压，而高压指的是动力电池输出的电压。新能源汽车的高压电具有如下特点：

（1）大多数新能源汽车的动力电池电压一般都设计在 300V 以上。

（2）高压存在的形式既有直流，也有交流。例如，动力电池的直流电、充电时的 220V 电网交流电、电机工作时的三相交流电。

（3）大多数传统汽车上的绝缘材料，当电压超过 200V 时可能就变成了导体，因此在新能源汽车上的绝缘材料需要具有更高的绝缘性能。

3.3.1.2 高压电的危害

1. 电击

人体的电阻大小取决于皮肤的状况（干燥或受潮，未受伤或受伤）、电压高低及电流通过人体的路径等因素。如果皮肤上有水或雪，那么身体电阻就会下降。有电流流过的身体部位衣服越厚、越干，电阻值越大。高于100V的电压会导致皮肤被完全击穿，这时皮肤的电阻会接近0。如果身体内电流经过的路径较短，那么电阻比电流流过较长路径时更小。如图3-1所示是人体电阻的近似值，这些数值会受到上述因素的影响。

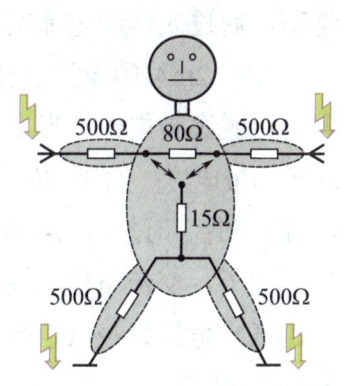

图 3-1 人体电阻的近似值

电击也称触电，是指如果接触了带电部件，则电流会流过人体内部，影响人的心脏、肺部及神经系统的正常工作。当电流强度较大时，人体将无法再控制肌肉运动，这可能会导致无法松开带电部件。如果电流超过摆脱限值，就会产生危险。此外，电流流过人体的时间越长，其危害性也越大。如图3-2所示表明了电流对人的作用，相关说明见表3-2。

图 3-2 电流对人的作用（持续时间和电流强度）

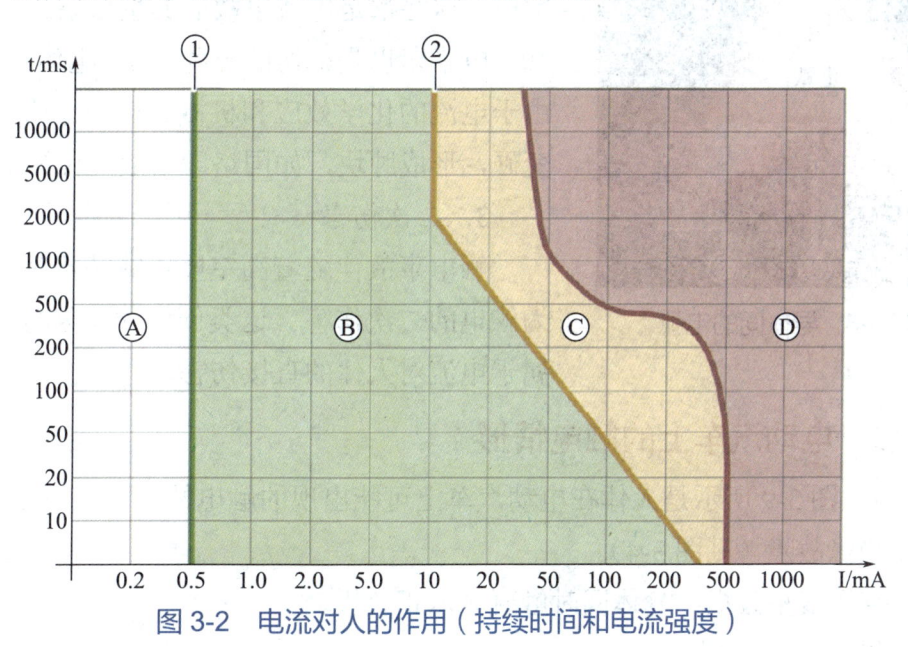

表 3-2 相关说明

序号	说明
1	感觉限值
2	摆脱限值
A	作用无感觉
B	作用有感觉，直至肌肉收缩
C	肌肉收缩，呼吸困难
D	心室颤动，呼吸停止，心脏停止跳动

一般情况下，人体能够承受的安全电流为 10mA。当人体电阻一定时，人体接触的电压

越高，通过人体的电流就越大，对人体的伤害也就越严重。

0.5～2mA 的电流会使人体产生感觉；当 3～5mA 的电流流过人体时，人体会有刺痛感，但仍可脱离带电体；当 10mA 以上的电流流过人体时，即超过容许电流阈值，人体开始收缩，无法脱离带电体；如果 30～50mA 的电流持续流过人体较长时间，将会导致呼吸骤停和心室纤维性颤动；超过 80mA 的电流穿过人体即被称为"致命阈值"。

此外，交流电比直流电更危险。因为交流电会更早地引发心室纤维性颤动，交流电的频率越低，危险性越大，如果不立即采取急救措施，将危及生命。

2．电伤

电伤是指电流的热效应对人体表面的伤害，电伤与电击相比危险程度较低，常见的电伤是由电弧引起的。导体间的电弧如图 3-3 所示，在高压系统中，由于错误操作（例如，带电断开线路），会产生强烈的电弧。如果人体过分接近带电体，会导致严重的皮肤表面烧伤。此外，电弧还会产生强烈的紫外线辐射，引起眼睛眩晕及灼伤，电弧飞向四周的高温微粒（熔化的金属）易造成烫伤，这些都是电弧事故的典型后果。

电烙印也是电伤的一种。当带电体长期接触人体时，由于电流的化学效应和机械效应的作用，接触部位皮肤变硬，形成肿块，如同烙印一般，称为电烙印。

3．二次伤害

触电事故伴随着高空坠落或摔倒等机械性创伤，称为触电的二次伤害。这类创伤的起因与触电有关，但不属于电流对人体的直接伤害。

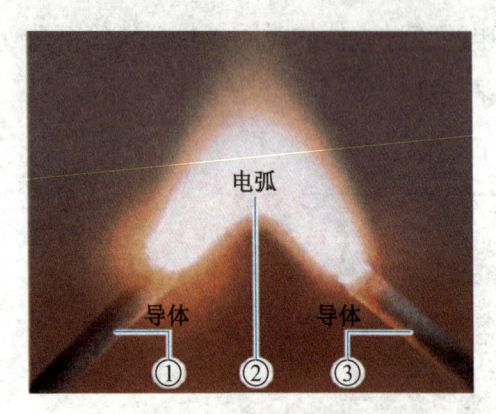

图 3-3　导体间的电弧

3.3.1.3　电动汽车上的触电情形

如图 3-4～图 3-9 所示是人体在电动汽车上可能出现的触电情况。

（1）无绝缘故障（见图 3-4）。

原因：高压线束破损；身体同时触碰高压正负极。

（2）有绝缘故障。

① 负极绝缘故障（见图 3-5）。

原因：身体同时触碰高压正极和车身。

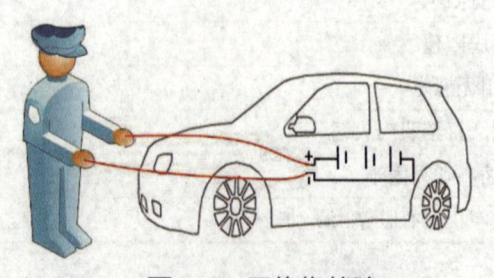

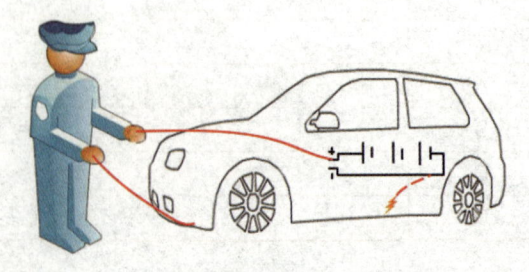

图 3-4　无绝缘故障　　　　　图 3-5　负极绝缘故障

② 正极绝缘故障（见图3-6）。

原因：身体同时触碰高压负极和车身。

③ 正极绝缘故障且车身与大地连接（见图3-7）。

原因：脚与大地导通，身体触碰高压负极。

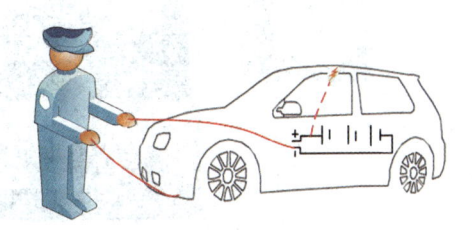

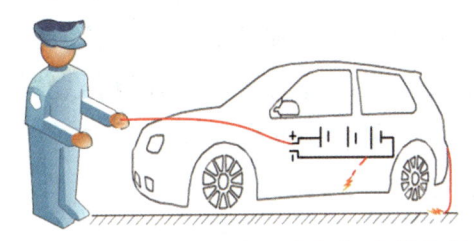

图3-6　正极绝缘故障　　　　图3-7　正极绝缘故障且车身与大地连接

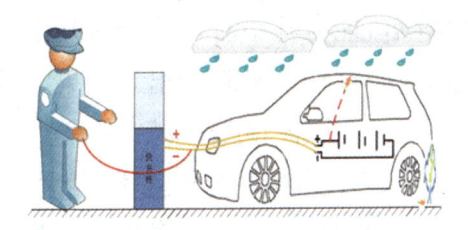

④ 负极绝缘故障且车身与大地连接（见图3-8）。

原因：脚与大地导通，身体触碰高压正极。

⑤ 雨天正极/负极绝缘故障（见图3-9）。

原因：雨天导致车身与大地连接，身体触碰快充负极/正极。

图3-8　负极绝缘故障且车身与大地连接　　　　图3-9　雨天正极/负极绝缘故障

3.3.1.4　发生危险时的急救流程

工作人员对电动汽车进行操作时，如果出现触电事故，应按照如下流程进行急救：切断事故回路→拨打紧急电话→采取急救措施→通过救援服务机构救援→后期医疗护理。

对受伤害的人员进行急救时，应遵循以下操作方法及注意事项：

（1）当营救遭遇电气事故的人员时：

- 发现触电事故，首先保持冷静，确保自己的安全是最重要的。
- 切勿直接接触触电人员。
- 在可能的情况下，立即将电气系统断电。对于电动汽车，应立即关闭启动开关，拔出维护开关，从而断开高压电。用不导电的物体，如一块板、扫把或专用绝缘救援钩，将受害者与导电体迅速分离。

（2）在发生电气事故实施急救措施时：

① 如果事故受害者没有任何反应，应实施以下急救措施。

- 首先确定生命机能，如脉搏和呼吸。
- 立即拨打紧急电话（见图3-10），呼叫或请他人呼叫急诊医生。

图3-10　拨打紧急电话

- 如图3-11所示，进行人工呼吸和心肺复苏（心肺复苏频率为30∶2）。
- 如果停止呼吸，请使用体外除颤器（见图3-12）。

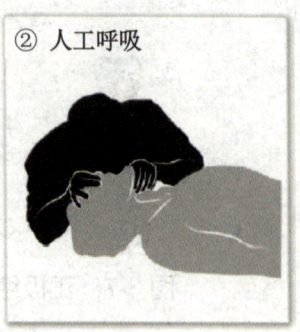

图3-11 人工呼吸和心肺复苏

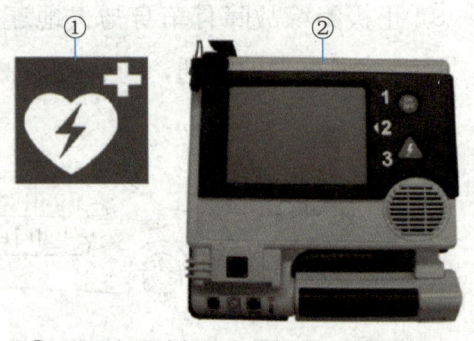

① 用于表示除颤器存放箱或运输袋的符号
② 自动除颤器

图3-12 体外除颤器

② 如果事故受害者有反应，应实施以下急救措施。
- 冷却灼伤处，并用无菌的无绒布盖住。
- 事故受害者无论状态好坏必须立即就医，其原因是电流不仅有短期危害健康的作用，而且影响可能在几小时、几天或几个星期后才出现。例如：电流流过人体时产生蛋白质，这些蛋白质必须通过肾脏排出。如果降解量过大，则发生事故几天后可能导致肾衰竭。因此，受伤者必须到医院检查，只有这样才能避免出现并发症和造成永久性损害。

（3）在发生蓄电池事故时（蓄电池内容物泄漏）：
- 如果接触到皮肤，需用大量的水冲洗。
- 如果吸入气体，需要呼吸大量新鲜空气。
- 如果接触到眼睛，需用大量水冲洗（至少10min）。
- 如果误食蓄电池内容物，需饮用大量水，但避免呕吐。
- 立即就医。

3.3.1.5 高压电的危害与急救—工作页

（1）依据国家标准GB 18384—2020《电动汽车安全要求》第3部分：人员触电防护标准，完成下表。

电压等级	最大工作电压（V）

（2）新能源汽车高压系统的电压通常在_____以上，属于电压等级_____，必须进行触电防护。

（3）高压电的危害主要有_____、_____和_____。

（4）影响人体电阻的因素有：_____。

（5）根据电流对人体的作用，写出①—②、Ⓐ—Ⓓ区域的含义。

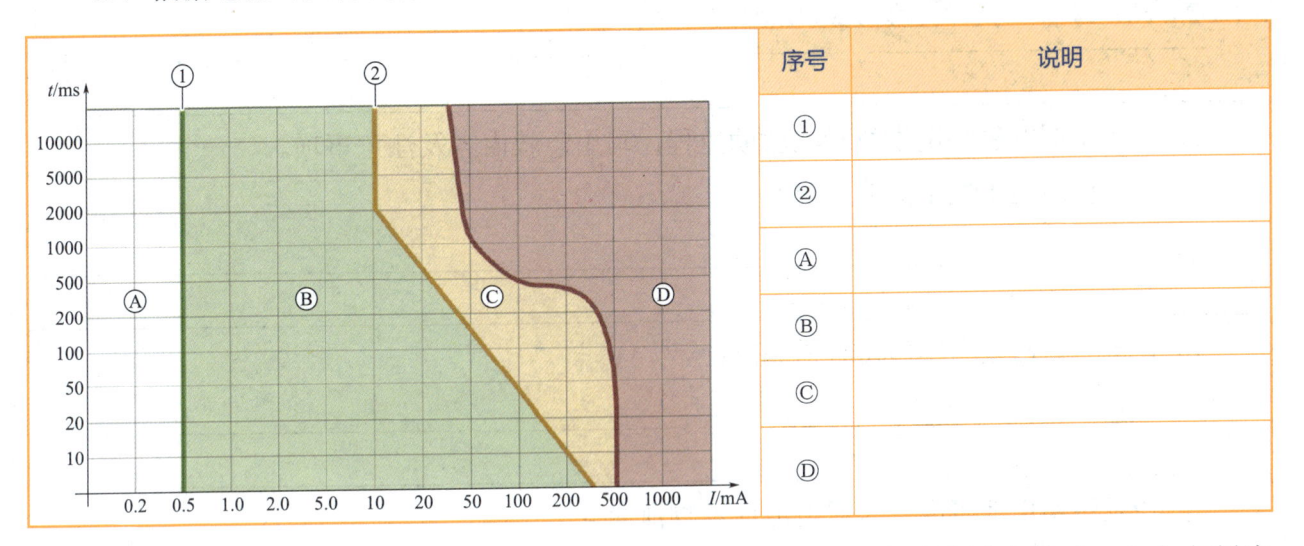

序号	说明
①	
②	
Ⓐ	
Ⓑ	
Ⓒ	
Ⓓ	

（6）_____mA 的电流会使人体产生感觉。当_____mA 的电流流过人体时，人会有刺痛感，但仍可脱离带电体。

（7）当_____mA 以上的电流流过人体时，即超过容许电流阈值，人体开始收缩，无法脱离带电体。

（8）_____mA 的电流持续流过人体较长时间会导致呼吸骤停和心室纤维性颤动。

（9）超过_____mA 的电流穿过人体即被称为"致命阈值"。

（10）如图 3-13 所示，当 320V 直流电压穿过人体，计算出通过人体的电流，根据计算结果判断伤害程度。

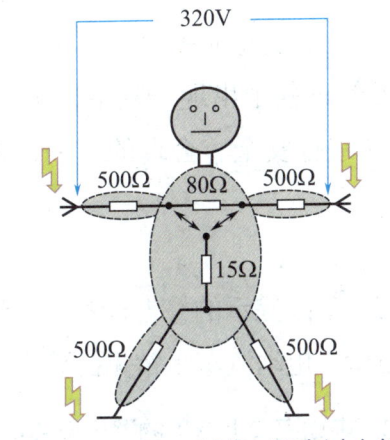

_____

_____

图 3-13　320V 直流电压穿过人体

（11）判断：直流电比交流电更危险，且交流电的频率越高，危险性越大。（　　）

（12）电弧对人体产生的危害有_____

_____。

（13）请写出6种在电动汽车上的触电情况，并思考各种触电情况是如何构成电流回路的。
_____

（14）请根据发生触电事故时的救助流程，写出急救内容及注意事项。
① 当营救遭遇电气事故的人员时：
_____
_____

② 在电气事故之后实施急救措施时：
_____
_____

③ 在发生蓄电池事故时（蓄电池内容物泄漏）：
_____
_____

3.3.2　新能源汽车高压系统安全设计

3.3.2.1　高压系统组成

电动汽车的高压系统包括：动力电池、车载充电机、充电口、高压配电盒、DC-DC转换器、驱动电机、电机控制器、电动压缩机、PTC加热器、高压线及接插件。各高压部件之间是并联关系，工作电压等于动力电池输出电压。高压部件的作用及位置在前述课程中已经详细介绍，这里不再重复讲解。

3.3.2.2　高压系统安全设计

电动汽车存在高压电，车辆如果出现碰撞等事故，可能会造成高压系统的短路、漏电、燃烧、爆炸等。此外，在使用和维修过程中出现一些错误操作，也可能导致危险情况的发生。基于以上情况，必须对高压电系统进行安全、合理的规划、设计和监控，这是电动汽车安全运行的必要保障。

1. 警告标签

电动汽车高压部件的壳体上带有危险提示的警告标签，售后服务人员或车主可以通过警告标签直观地了解高压电可能带来的危险。电动汽车上常见的警告标签及说明如表3-3所示。

表3-3　电动汽车上常见的警告标签及说明

标签	说明
	危险电压警告，遵守操作说明，禁止触摸高压部件

高压断电 学习单元 3

续表

 (DANGER 标签图)	电压危险！接触可能造成电击或烧伤！遵守操作说明
 (电机磁性警示图)	电机有强磁性，携带生命辅助设备的人员禁止在高压车辆上作业

如图 3-14 所示是动力电池上的警告标签，表 3-4 是动力电池警告标签的说明。

表 3-4 动力电池警告标签的说明

序号	说明
①	高压电可导致严重伤害乃至死亡
②	高压蓄电池含有危险的液体和固体物质
③	高压蓄电池可能发生燃烧
④	务必让儿童远离高压蓄电池
⑤	更多信息和警告请参阅用户手册和维修站手册
⑥	高压蓄电池使用不当可能会导致重伤乃至死亡。切勿拆下高压蓄电池盖，切勿拆解高压蓄电池
⑦	高压蓄电池使用不当可能会导致重伤乃至死亡。对于高压蓄电池的保养作业只能由具有相应资质，并经过培训的专业人员进行

图 3-14 动力电池上的警告标签

2．橙色高压线及接插件

电动汽车上布置着很多的高压导线，因为导线长度可能为几米，所以警告标记的意义不大，取而代之的是用橙色来标记出所有的高压导线。高压导线的接插件也采用橙色规格，这些接插件既可防止操作人员接触到高压电，还可防水、防尘。如图 3-15 所示是北汽 EV160 纯电动汽车的橙色高压线及接插件。

3．线路绝缘

如图 3-16 所示，高压导线带有绝缘保护层，可以防止人体接触内部高压电缆。电动汽车高压系统工作时，在高压导线周围可能产生较大的电磁干扰。为避免这种电磁干扰影响车辆上其他电子设备的正常工作，高压导线都带有屏蔽层（电磁兼容保护层）。

4．绝缘监测

绝缘就是使用不导电的物质将带电体本身或不同电压等级带电体之间相互隔离或包裹起来。在强电作用下，绝缘物质可能被击穿而丧失其绝缘性能。绝缘性能的好坏用绝缘电阻来表示，通常以"MΩ"作为阻值单位。绝缘电阻是衡量电气设备安全性能的一项指标，它不是一个固定值，不同设备、不同环境、不同电压都会对绝缘电阻产生影响。在其他条件不变的情况下，温度越高绝缘电阻越低，湿度越大绝缘电阻越低。

095

图 3-15　橙色高压线及插件

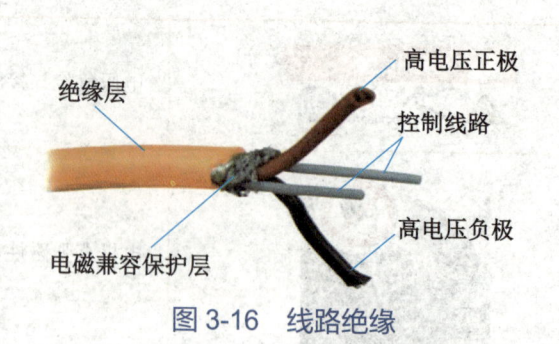

图 3-16　线路绝缘

GB 18384—2020 规定：直流电路绝缘阻值的最小值应至少大于 100Ω/V，交流电路应至少大于 500Ω/V；组合电路应至少满足 500Ω/V 的要求。例如：北汽 EV160 纯电动汽车动力电池当前电压为 320V，绝缘电阻的阻值是 20MΩ，20MΩ/320V=62500Ω/V，远大于 500Ω/V 的标准。

电动汽车在高压上电后，电池管理系统会进行绝缘测试。如果由于外部损坏使导线绝缘层破损，绝缘电阻会降低，电池管理系统能够识别到绝缘电阻的变化。当绝缘电阻低于安全值时，组合仪表内会出现"绝缘故障"的文字提示，同时断开高压电输出。

5. 高低压电路相互隔离

如图 3-17 所示，在电动汽车中，高压系统是双回路结构，与车身接地没有连接。通过这种双回路结构，高压系统与 12V 电源系统相互隔开。

6. 接触器

如图 3-18 所示，动力电池内部有正、负极接触器。接触器与普通继电器的原理基本相同，二者的线圈都是由 12V 低压电控制的，区别是普通继电器输出低压电，而接触器输出高压电。

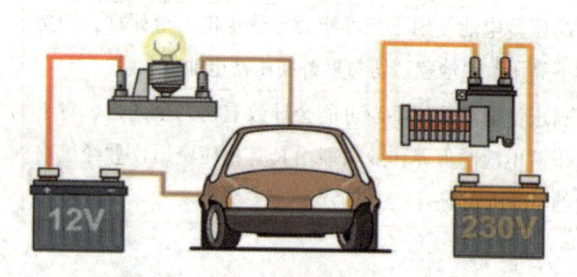

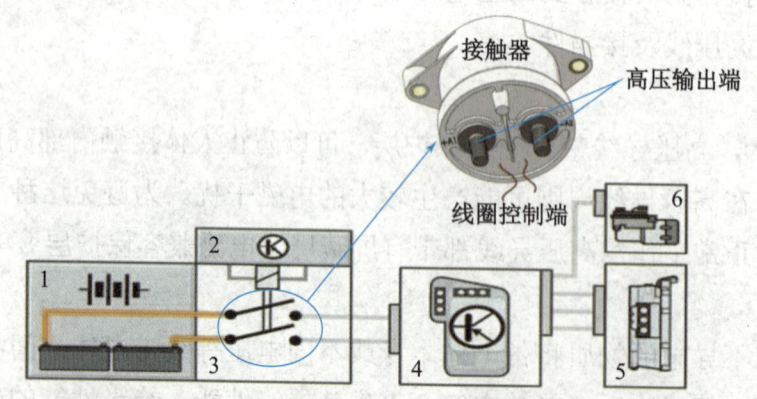

图 3-17　高低压电路相互隔离

1—动力电池；2—电池管理系统；3—正负极接触器；4—电机控制器；5—驱动电机；6—电动压缩机

图 3-18　动力电池接触器

当车辆启动时，接触器线圈的 12V 低压电路接通产生磁力，使触点闭合输出高压电。当关闭启动开关、车辆发生故障或出现碰撞时，电池管理系统会断开接触器的12V供电，使接触器断开。

7．高压互锁

车上的高压部件应具有高压互锁装置（Hazardous Voltage Interlock，HVIL），如图3-19所示是高压插件内部的互锁端子。

从图3-20中可以看出高压插件的内部结构：高压电源的正负极端子和中间互锁端子的长度不一样，当要连接高压插头时，高压正负极端子先于中间互锁端子连接好；当要断开高压插头时，高压插头的中间互锁端子先于高压正负极端子脱开。

图3-19　高压插件内部的互锁端子

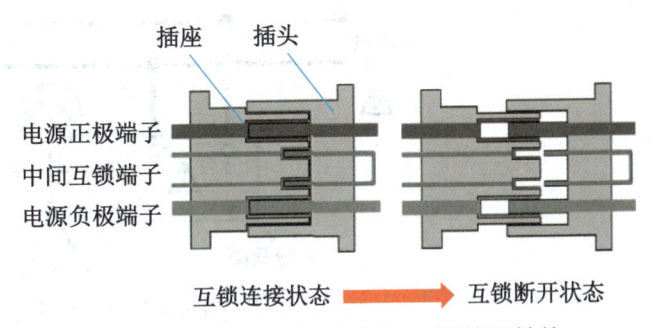

图3-20　高压插件内部互锁装置结构

高压互锁设计的目的（作用）：通过使用电气小信号来确认高压部件、导线、接插件及护盖的连接是否完好。如果高压系统回路断开或连接处受到破坏，需要启动安全防护（断开高压电）。

如图3-21所示是电动汽车高压互锁原理图，高压互锁线路连接在每个高压部件中。当任何一个部件的高压插头断开后，VCU能够检测到互锁线路异常，随后控制动力电池断开高压正、负极接触器，同时点亮仪表中的高压断开指示灯。

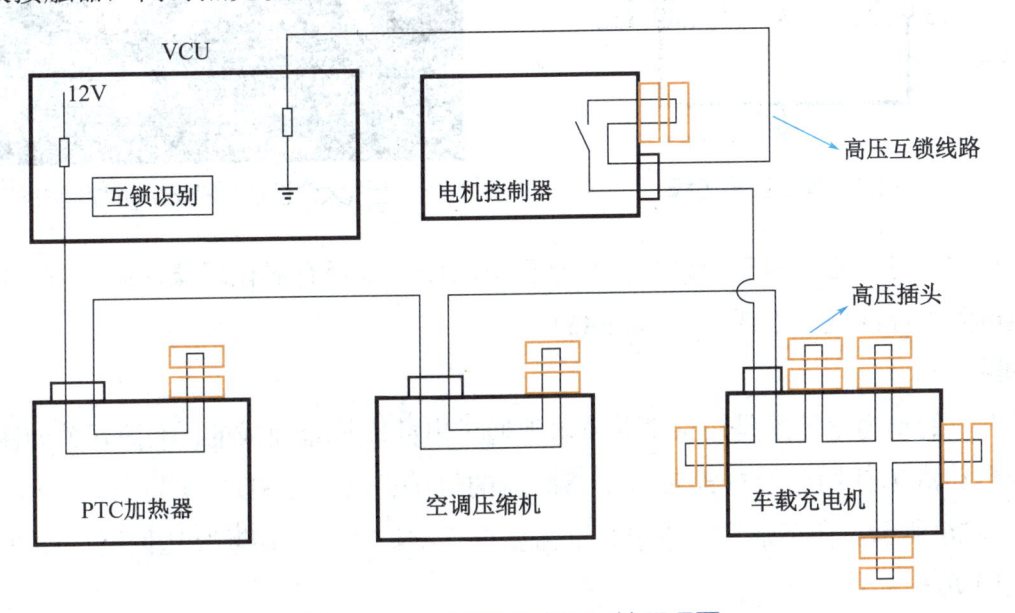

图3-21　电动汽车高压互锁原理图

此外，一些较新的新能源车型，如比亚迪汉、上汽大众 ID.4 X，已经取消了大部分的互锁线路，取而代之的是采用软件互锁。软件互锁的原理是各高压部件判断高压插件后端的直流母线电压，如果低于动力电池总电压的 50%，则执行互锁功能，断开整车高压电输出。

8．电位平衡

无电位平衡线如图 3-22 所示，当高压部件内部有损坏或潮湿时，可将电位传输至外壳。如果影响到两个高压部件，那么两个高压部件的外壳之间会产生危险电压。此时，如果触摸高压部件的外壳，则可能有触电的危险。

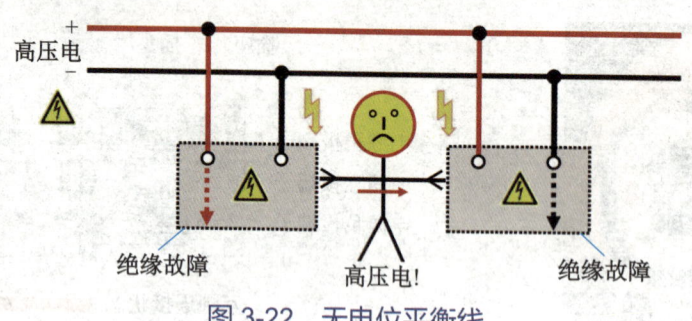

图 3-22 无电位平衡线

有电位平衡线如图 3-23 所示，为避免上述危险情况的发生，所有高压部件的外壳都通过一条电位平衡线共同连接至车辆接地。这时两个高压部件的电位相同，即使接触了带电高压部件，也不会有触电的危险。如图 3-24 所示是上汽大众途观 L PHEV 动力电池的电位平衡线。

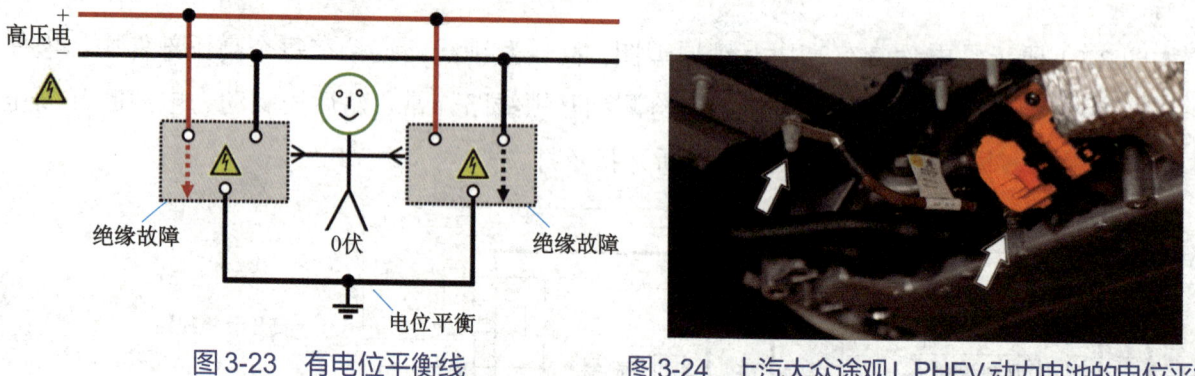

图 3-23 有电位平衡线　　图 3-24 上汽大众途观 L PHEV 动力电池的电位平衡线

在车辆维护时，必须检查电位平衡线是否牢固以及是否有氧化现象，同时测量电位平衡线的接地电阻（标准值小于或等于 100mΩ）。

9．维护开关

电动汽车的动力电池组是由很多单节电池通过串并联组合而成的。维护开关如图 3-25 所示，部分电动汽车使用一个内部带有主熔断器的维护开关（MSD）安装在动力电池的回路中。如图 3-26 所示，在车辆进行维修时，需要拆下维护开关，切断高压回路。图 3-26 中各标号的说明见表 3-5。

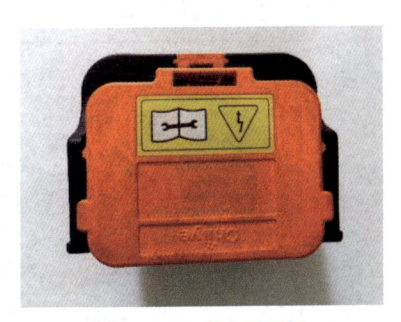

图 3-25 维护开关

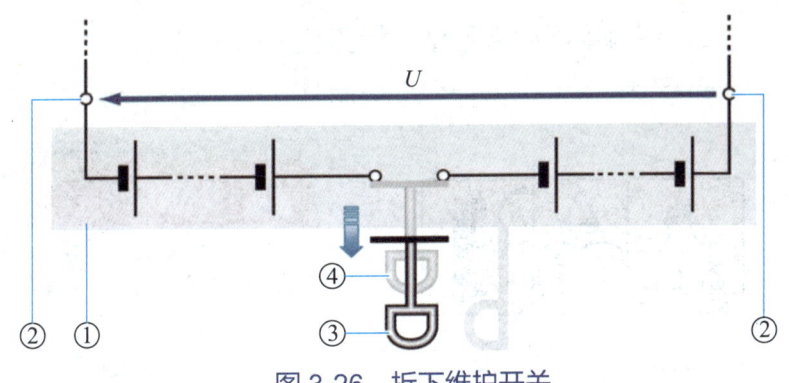

图 3-26 拆下维护开关

表 3-5 拆下维护开关标号说明

序号	说明
①	动力电池壳体
②	动力电池输出接口
③	处于拉起状态的维护开关
④	处于插上状态的维护开关

大众、奥迪和宝马等新能源车型普遍采用图 3-27 所示的维护开关，这种维护开关又称维护插头或 TW。该方式是将维护开关连接在高压互锁回路中，当断开维护开关时，互锁回路信号中断，动力电池自动切断高压电输出。带有黄色标签的熔断器是正负极接触器线圈的低压供电，救援时可以拔下该熔断器快速切断高压电。

10．高压部件接触防护

为保护高压系统的可靠工作，电气设备外壳防护等级被分成很多种。根据不同的号码，能够迅速方便地确定产品的防护等级。防护等级以 IP 代码的形式来定义，IP 后面数字的含义请查阅 GB/T 4208—2017。

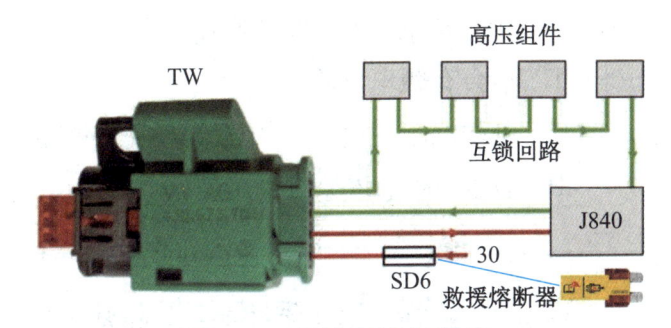

图 3-27 维护开关（TW）

例如：电机控制器的外壳防护等级为 IP54，IP 表明型号为标准型；5 表明完全防止外物侵入，虽不能完全防止灰尘侵入，但灰尘的侵入量不会影响电器的正常运行；4 表明防止各个方向飞溅而来的水侵入电器而造成损坏。

3.3.2.3 新能源汽车高压系统安全设计—工作页

（1）电动汽车的高压系统包括_____

_____。各高压部件之间是_____，工作电压等于_____。

（2）请写出下列常见警告标签代表的含义。

（3）电动汽车高压线和接插件的颜色是_____。

（4）高压导线带有_____，可以防止人体接触高压线束内部电缆。为避免这种电磁干扰影响车辆上其他电子设备的正常工作，高压导线都带有_____。

（5）整车上电后，电池管理系统会对高压系统进行_____。

（6）在电动汽车中，高压系统与低压系统是_____。

（7）断开高压部件上的插头时，动力电池会断开高压电输出，这是因为电动汽车上设计了_____。

（8）当两个高压部件的外壳之间产生危险电压时，如同时触摸高压部件，则可能有触电的危险。因此所有高压部件都通过一条_____连接至车辆接地点，这时两个高压部件的电位相同，不会有触电危险。

（9）电动汽车使用一个内部含有主熔断器的_____安装在动力电池的回路中。

（10）防护等级 IP67 的含义是_____

_____。

3.3.3 新能源汽车维修作业规范

新能源汽车具有高压电，在维修过程中必须按照规范的工作流程进行，同时还要做好高压安全防护并遵守相关的注意事项，以免发生危险。

3.3.3.1 新能源汽车维修资质

国家规定新能源汽车维修操作人员必须具备下列条件才能正式上岗。

（1）具备应急管理部门授予的低压电工操作证（见图 3-28）。

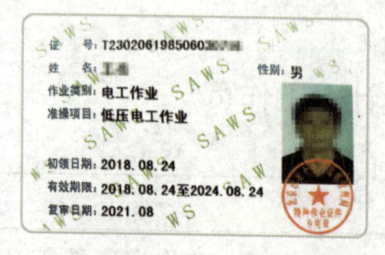

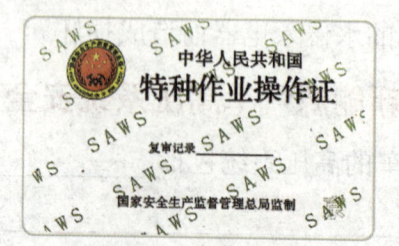

图 3-28 低压电工操作证

（2）参加汽车厂家的高压电技师培训并通过认证。

不满足上述资格的人员，禁止对新能源汽车进行操作（包括跟高压系统无关的一般维护工作）。

3.3.3.2 新能源汽车维修流程

新能源汽车维修的一般流程如下所示：

> 管理人员：引导车辆进入专用维修工位。
> 维修人员：在工位设置隔离栏、警戒线和高压警示标志。

⬇

> 管理人员：委派具有资质的维修人员对车辆进行维修。
> 维修人员：检查并佩戴安全防护用具。

⬇

> 管理人员：监督维修人员按照规范操作。
> 维修人员：维修高压系统前，必须先进行高压断电。

3.3.3.3 新能源汽车维修安全防护及工具

如图 3-29 所示，对新能源汽车进行维修时，操作人员必须佩戴安全防护用具，使用专用工具及检测设备。安全防护用具、专用工具及检测设备的检查及使用在前面的课程中已经介绍过，此处不再重复说明。

图 3-29 安全防护用具和专用工具

3.3.3.4 新能源汽车维修注意事项

（1）新能源汽车在维修过程中，必须设置禁止标志牌（见图 3-30），同时禁止将带有高压电的部件放置在无人看管的环境下。

（2）维修人员禁止佩戴金属物品（见图 3-31），如手表、金属笔等。

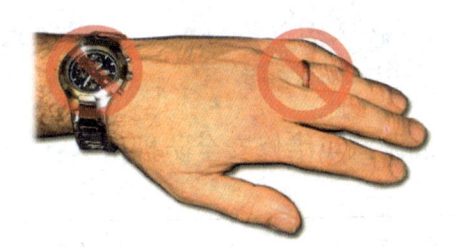

图 3-30 禁止标志牌　　图 3-31 禁止佩戴金属物品

（3）严禁非专业人员对高压部件进行拆装。

（4）携带电子生命辅助设备（身体内置的镇痛泵、植入心脏起搏器、脑起搏器、胰岛素泵、助听器等）的人员禁止在新能源车辆上进行操作。

（5）必须同时有两名持有上岗证的人员进行工作，其中一名人员作为专职监护人（见图3-32），工作职责是监督维修的全过程。如果发生触电事故，监护人应该立即采取有效的急救措施。

（6）错误操作会损坏高压导线，有触电危险。

① 切勿使用工具或其他设备直接支撑/按压在高压导线、高压插头上。

图 3-32 专职监护人

② 切勿剧烈弯曲或弯折高压导线，高压导线弯曲弧度是有极限的。
③ 在高压部件周围工作时，切勿使用会产生金属屑、变形或边缘锋利的工具。
④ 在高压部件周围工作时，切勿使用焊接、铅焊、热粘接工具或使用热风枪。

（7）对高压部件进行操作或靠近高压部件附近操作时，必须切断高压电。
（8）更换高压部件后，要测量电位平衡线是否良好。
（9）在车辆高压上电之前，确认无人操作。
（10）必须防止灰尘和湿气进入已经断开的高压连接装置。
（11）不要让润滑油、油脂、触点喷剂等接触高压接插件。
（12）必须更换已经损坏的高压导线。
（13）所使用的测量仪器符合工作要求且须经有关部门批准。

3.3.3.5 新能源汽车维修作业规范—工作页

（1）国家规定新能源汽车维修操作人员必须具备的条件是：_____

_____。

（2）根据新能源汽车维修流程，填写管理人员和维修人员的任务内容。

管理人员：	→	管理人员：	→	管理人员：
维修人员：		维修人员：		维修人员：

（3）新能源汽车维修安全防护用具有_____

_____。

（4）新能源汽车维修专用工具及检测设备有_____

_____。

（5）画出新能源汽车维修注意事项思维导图。

3.3.4 高压断电

电动汽车具有高压电，在维修车辆时禁止带电操作，必须按照维修手册中的要求断开高压电。断开高压电以后，可以使除动力电池以外的高压部件不再具有高压电，从而保证了维护人员的安全。

3.3.4.1 高压断电的流程

如表 3-6 所示，电动汽车高压断电流程通常分为五个步骤：准备工作、高压电中止、高压部件管理、高压验电、维护工作区域安全。

表 3-6 电动汽车高压断电流程

操作步骤	操作内容
	第一步，准备工作 ①检查维修工位、工具设备，佩戴有效的安全防护用具 ②阅读车辆维修手册，获取高压断电方法
	第二步，高压电中止 ①关闭启动开关（如果正在充电，请拔掉充电枪） ②断开 12V 蓄电池的负极搭铁线 ③拆下动力电池上的维护开关（如果有的话），注意：必须按要求操作维护开关的锁止机构以免造成损坏
	第三步，高压部件管理 ①汽车钥匙由维修人员随身携带保管，或移至安全区域并由相关负责人管理 ②拆下的维护开关由相关负责人进行管理
	第四步，高压验电 ①等待一段时间后再进行验电，让电机控制器内的高压电容充分放电，放电时间通常在 5min 左右，具体以维修手册为准 ②断开动力电池高压插件（不同车型会有差异），测量输出端和线束端的电压，确认无电压后方可继续操作

操作步骤	操作内容
	第五步，维护工位安全 ①将断开的高压插件及线路进行绝缘防护（使用专用锁或绝缘胶带包裹） ②在车辆顶部或明显位置放置警示标志牌，说明当前车辆状态 ③将维修工位用警戒线和隔离栏围起来，非维修人员不得进入该区域

注意：按上述流程断开高压电以后，除动力电池之外的高压部件就不再具有高压电了。但是，动力电池内部会一直存在高压电。因此在维修动力电池时，无论何时都需要穿戴安全防护用具。

3.3.4.2 电动汽车高压断电实例

以上是电动汽车高压断电的一般操作流程，涉及具体品牌的车型时在操作方法上会略有不同，需要以实际为准。现以北汽 EV160 纯电动汽车为例，介绍其高压断电的操作步骤及注意事项。

1. 准备工作

进行维修作业前的准备工作，检查工位、安全防护用具、专用工具及检测设备。检查车辆外观并实施内、外防护。

2. 高压中止

（1）关闭启动开关，确认车辆低压下电。注意：取下车钥匙后，随身携带或放在安全区域（建议锁起来）。

（2）断开 12V 蓄电池负极（见图 3-33），用保护盖或绝缘胶带盖住负极桩头（见图 3-34）。

图 3-33　断开 12V 蓄电池负极　　　　图 3-34　盖住负极桩头

（3）在 12V 蓄电池上设置禁止标志牌（见图 3-35）。

（4）12V 蓄电池负极断开后等待 5min，使高压部件中的电容器充分放电。

（5）拆下 PDU 低压插件（见图 3-36）。这样做是因为当关闭启动开关后，系统每间隔 90h 检测一次 12V 蓄电池电压，如果电压过低就会自动启动 DC-DC 转换器为 12V 蓄电池充电。所以，在检修高压系统时除了要断开 12V 蓄电池负极外，还要断开 PDU 低压插件。

图 3-35　设置禁止标志牌

图 3-36　拆下 PDU 低压插件

操作到此时，已经中止高压电的输出，但不代表没电。这是因为电容器存储的电能有可能未完全放尽，也有可能动力电池正负母线接触器存在粘连（烧结）故障，因此需要进行高压验电。

3．高压验电

（1）举升车辆（见图 3-37），注意车辆支撑点位置，同时确保支撑垫高度基本相同。根据操作人员身高举升到合适位置。

（2）按箭头方向逆时针旋转并拆下动力电池低压插件（见图 3-38）。

图 3-37　举升车辆

图 3-38　拆下动力电池低压插件

（3）按顺序解开动力电池高压插件的三处锁止机构，拆下高压插件（见图 3-39）。

第2步：按箭头方向，向内按压锁止销，向外拉出棕色外壳到中间位置

第1步：按箭头方向，拉出蓝色锁止销

第3步：按箭头方向，向上按压锁止销，再次向外拉出棕色外壳到极限位置，拔出高压插件

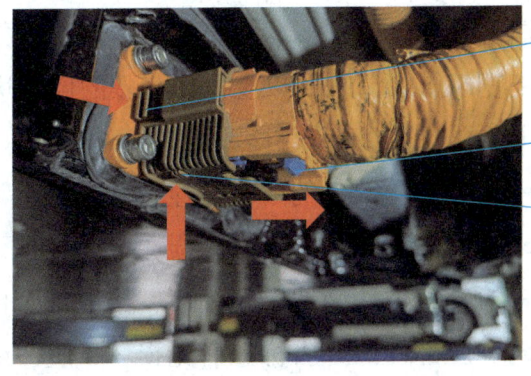

图 3-39　拆下高压插件

注意：动力电池低、高压插件拆卸步骤不能互换。

（4）如图 3-40 所示进行动力电池端验电，使用万用表分别测量动力电池端正负极之间的电压、正极与电池壳体之间的电压、负极与电池壳体之间的电压，确认在安全范围内（小于 1V）。

（5）如图 3-41 所示进行负载端验电—放电—再验电。先对负载端进行验电，测量正负极之间的电压；再对负载端进行放电，直到放电工装上的指示灯熄灭为止。最后，再次对负载端进行验电，确认在安全范围内（小于 1V）。

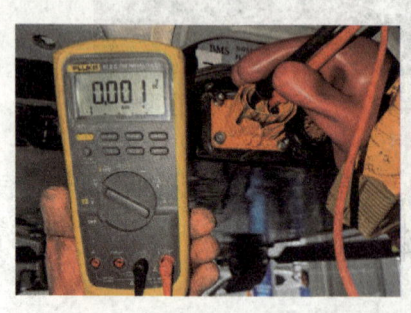

图 3-40　动力电池端验电

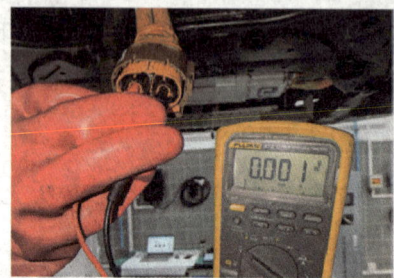

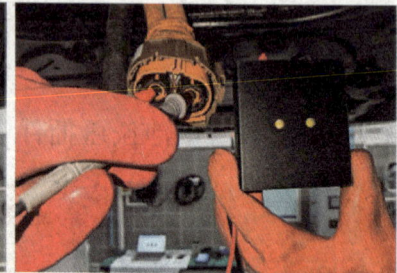

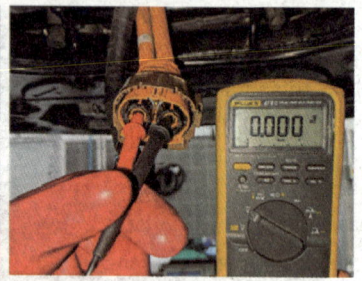

图 3-41　负载端验电—放电—再验电

上述验电和放电操作应遵守以下注意事项：

- 表笔应接触插件内部高压正负极的导电环，表笔不得短接，不能接触其他非高压金属部分。
- 不能用放电工装对动力电池端直接进行放电。
- 验电时如果出现危险电压，应及时停止操作。

（6）如图 3-42 所示进行高压接插件绝缘防护，使用绝缘胶带或专用锁具对动力电池端和负载端进行绝缘防护。

图 3-42　高压接插件绝缘防护

恢复高压电请按照以上操作步骤的倒序进行。注意：重新上电前要检查以下项目。

- 检查高压部件的所有螺栓连接是否正常。
- 检查高压导线外部有无损坏、连接是否良好。
- 检查电位均衡线有无损坏、接地是否良好。
- 高压部件的警告标签有无损坏、脏污或缺失。
- 12V 蓄电池正负极是否已经安装牢固。

以上检查正常后，进行高压上电操作，确认 READY 指示灯点亮。使用故障诊断仪读取控制单元，确认没有故障代码。

3.3.4.3　高压断电—工作页

请将电动汽车高压断电的操作步骤和操作内容补充完整。

操作步骤	操作内容

3.4　理论测试

一、填空题

（1）GB 18384—2020《电动汽车安全要求》第 3 部分，人员触电防护标准的 B 级电压范围：直流电压范围是_____，交流电压范围是_____。

（2）电弧对人体的伤害主要有_____、_____和_____。

（3）大众新能源汽车上带有_____的熔断器是正负极接触器线圈的低压供电，救援时可将其拔下快速切断高压电。

（4）高压部件的壳体上带有危险提示的_____。

（5）高压部件的外壳通过一条_____连接至车辆接地点。

（6）通常将一个内部含有主熔断器的_____安装在动力电池的回路中。在车辆进行维修时，需要拆下维护开关，切断_____。

（7）新能源汽车维修人员禁止佩戴_____。

（8）能够从事新能源汽车售后服务工作的条件之一是必须具备应急管理部门授予的_____。

（9）北汽EV160纯电动汽车动力电池的高压插件有_____处锁止机构。

（10）正常情况下，切断高压电后，动力电池端正负极之间的电压应_____。

二、选择题

（1）下列不是新能源汽车高压电特征的选项为（　　）。

　　A．动力电池电压一般都设计在300V以上

　　B．高压存在的形式既有直流，也有交流

　　C．绝缘材料需要具有更高的绝缘性能

　　D．所有高压部件串联在一起

（2）发生危险时的正确急救流程是（　　）。

　　A．拨打紧急电话→切断事故回路→急救措施→通过救援服务机构救援→后期医疗护理

　　B．切断事故回路→拨打紧急电话→急救措施→通过救援服务机构救援→后期医疗护理

　　C．切断事故回路→急救措施→拨打紧急电话→通过救援服务机构救援→后期医疗护理

　　D．切断事故回路→拨打紧急电话→通过救援服务机构救援→急救措施→后期医疗护理

（3）上汽大众途观L PHEV的维护开关连接在（　　）。

　　A．高压供电回路中　　　　B．高压互锁回路中

　　C．低压供电回路中　　　　D．动力电池内部

（4）下列关于新能源汽车维修注意事项描述错误的是（　　）。

　　A．严禁非专业人员对高压部件进行拆装

　　B．更换高压部件后，要测量电位平衡线是否良好

　　C．切勿剧烈弯曲或弯折高压导线

　　D．如果高压导线损坏不严重，可以修复后继续使用

（5）电动汽车高压线束的颜色是（　　）。

　　A．橙色　　　　　　　　　B．黑色

　　C．蓝色　　　　　　　　　D．红色

（6）以下对高压断电的流程描述正确的是（　　）。

　　A．准备工作→高压中止→高压验电→部件管理→维护工位安全

　　B．准备工作→高压中止→高压验电→维护工位安全→部件管理

C．准备工作→高压中止→部件管理→高压验电→维护工位安全

D．准备工作→维护工位安全→高压中止→高压验电→部件管理

（7）GB 18384—2020 规定：直流电路绝缘阻值的最小值应至少大于（　　）Ω/V，交流电路应至少大于（　　）Ω/V；组合电路应至少满足（　　）Ω/V 的要求。

A．500，100，500　　　　　　B．100，500，500

C．500，500，100　　　　　　D．100，200，500

（8）断开高压电后，仍然具有高压电的部件是（　　）。

A．电机控制器　　　　　　B．高压配电盒

C．动力电池　　　　　　　D．驱动电机

（9）车辆维护开关被拆下后（　　）。

A．放在车上　　　　　　　B．放在零件车上

C．交给另外一名维修技师　D．交给相关负责人管理

（10）断开 12V 蓄电池负极后至少等待（　　）min，再进行后续操作。

A．5　　　　B．4　　　　C．3　　　　D．2

三、判断题

（　　）（1）电流流过人体的时间越长，其危害性越大。

（　　）（2）高压系统部件是串联关系。

（　　）（3）高压验电时发现了危险电压，其原因可能是接触器粘连。

（　　）（4）携带生命辅助设备人员禁止在新能源汽车上作业。

（　　）（5）高压系统绝缘电阻要大于或等于 500Ω/V。

（　　）（6）维修新能源汽车时，可以单独操作，也可以两人操作。

（　　）（7）进行与高压系统无关的一般维护工作时，可以不进行高压断电。

（　　）（8）大众新能源汽车的维护开关安装在动力电池上。

（　　）（9）不允许使用放电工装直接对动力电池端放电。

（　　）（10）交流电比直流电更危险，且交流电的频率越低，危险性越大。

四、简答题

（1）新能源汽车高压系统安全设计有哪些？

_____

_____

（2）简述北汽 EV160 纯电动汽车的高压断电流程。

_____

_____

3.5 计划与决策

（1）分组制订"高压断电"工作计划。

工作计划表

品牌		整车型号		生产日期	
电机型号		电池容量		行驶里程	
工作电压		车辆识别码			
工作任务					
工作内容					
1					
2					
3					
4					
5					
6					
7					
8					
9					
10					
小组成员及分工		组　长： 卫生员：	记录员： 质检员：	安全员： 联络员：	展示员： 其　他：
计划审核（教师）				年　月　日　签字：	
检测中出现的问题		经验总结及改进措施			
结论和维修建议					
预估工时		成本预算			

（2）学生小组合作按照任务决策的关键要素完成任务决策。

任务决策：与师傅明确计划可行性。

工作任务的时间控制和成本控制，工作步骤的正确性、规范性和合理性，工作过程的安全性和环保性，考虑厂商的经济效益和工作效率等，并记录决策结果与师傅的建议。

3.6 任务实施

（1）学生按照本组制订的工作计划进行高压断电，将检测过程及结果记录到工作计划的表格中。

（2）查询工厂信息管理系统，进行备件和人员工资测算，将其记录在工作计划表中相应位置。

（3）实施过程评价。

高压断电评价表

序号	评价内容	评价标准	配分	得分
1	工位准备	设置隔离栏、安全警示牌	1	
		放置车轮挡块	1	
		正确检查警告标志牌、禁止标志牌	1	
		正确检查灭火器类型（水基或干粉）及压力值	1	
		正确检查绝缘救援钩和绝缘剪断钳外观、耐压等级	1	
2	安全防护用具	正确检查安全帽外观、绝缘标识及生产日期是否在保质期内	1	
		正确检查护目镜外观	1	
		正确检查绝缘手套外观、耐压等级及密封性	1	
		穿绝缘安全鞋	1	
		工作服是否符合要求	1	
		是否未佩戴金属饰品	1	
3	专用工具及检测设备	正确检查数字万用表电阻量程（校零）	1	
		正确检查数字万用表电压挡（在12V蓄电池上）	1	
		正确进行数字绝缘电阻测试仪开路检测并确认电阻无穷大	1	
		正确进行数字绝缘电阻测试仪短路检测并确认电阻小于1Ω	1	
		正确检查放电工装（表笔对调）	1	
		正确检查数字毫欧表（正确调零）	1	
		正确检查绝缘工具外观、耐压等级	1	
		选择四个点检测绝缘垫对地绝缘性且佩戴绝缘手套与护目镜	2	
4	车辆准备	检查车身状况	1	
		放置警告标志牌	1	
		车外三件套是否未安装或安装位置不正确	1	
		操作中翼子板布、前格栅布是否自行脱落	1	
		车内三件套是否少铺、未铺或撕裂	1	
		确认挡位在P挡	1	
		确认电子驻车制动器处于制动状态	1	
5	高压电中止	关闭启动开关，将钥匙装到口袋或锁入工具柜	2	
		断开12V蓄电池负极	2	
		使用绝缘胶布或保护盖做好负极保护	2	
		在12V蓄电池上放置禁止标志牌	2	
		正确断开PDU低压插件或维护开关	2	

续表

序号	评价内容	评价标准	配分	得分
6	举升车辆	支撑位置是否正确	3	
		正确操作举升机	3	
		锁止举升机	3	
7	高压验电（动力电池端）	正确拆卸低压控制线束插件	2	
		正确拆卸高压线束插件	2	
		对动力电池端进行验电，未接触非目标金属	3	
		正确使用万用表测量动力电池端正负极之间的电压	3	
		正确使用万用表测量动力电池端正极与壳体之间的电压	3	
		正确使用万用表测量动力电池端负极与壳体之间的电压	3	
8	高压验电（负载端）	对负载端进行验电—放电—验电，未接触非目标金属	3	
		正确使用万用表测量负载端正负极之间的电压	3	
		正确使用放电工装对负载端进行放电	3	
		正确使用万用表测量负载端正负极之间的电压	3	
9	绝缘防护处理	按标准安装专用锁具或用绝缘胶带包裹	5	
10	安全事故	未按正确安全操作程序，损伤、损毁车辆，造成人员伤害，视情节扣1~5分，特别严重安全事故的终止操作，成绩记0分	5	
11	过程记录	对工作过程进行记录，记录完整、翔实，漏一项扣1分，不完整的酌情扣分，扣完为止	5	
12	工作过程	工作态度积极，文明操作，轻拿轻放，言行举止等合乎要求。动作规范，有野蛮操作扣2分，不文明语言扣2分，扣完为止	6	
13	5S管理	工具恢复，保持工作场地干净整洁，漏1项扣1分	5	

评分人：_____

3.7 任务评估

（1）小组合作完成任务检查，对工作计划、工作过程、工作结果进行评估，记录优缺点及改进建议。

① 检查工单（检测结果、签名）。

② 必要的5S（车辆、工位、场地等）。

③ 请根据工作的实际情况，改进工作计划。

（2）高压断电结束后，向师傅递交工单（高压断电报告），说明高压断电的情况。

3.8 任务反思

在"高压断电"学习过程中你有哪些收获，总结一下吧！

序号	项目	总结内容
1	单元知识点总结	
2	目标达成情况	
3	达成目标的原因	
4	未达成目标的原因	
5	工作过程反思	
6	在今后学习中要保持的	
7	在今后学习中要杜绝的	
8	在今后学习中要尝试的	

3.9 知识拓展

常见电动汽车高压断电操作方法

1. 吉利帝豪 EV450 高压断电流程

1）高压电中止

（1）关闭启动开关，打开前机舱盖，断开 12V 蓄电池的负极电缆（见图 3-43），用绝缘胶带缠绕负极桩头和电缆，放置警告标志牌，等待至少 5min。

（2）找到车载充电机端直流母线插件。佩戴绝缘手套，向上推动直流母线插件卡扣保险（见图 3-44）。

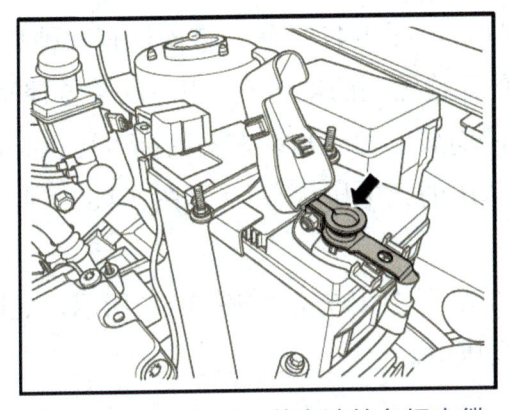

图 3-43　断开 12V 蓄电池的负极电缆

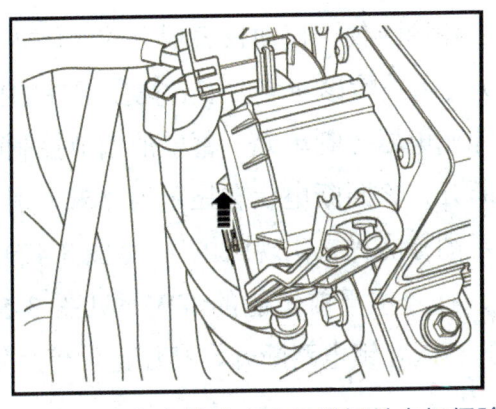

图 3-44　向上推动直流母线插件卡扣保险

(3)向上扳动直流母线插件卡扣，插件会松开，最后完全拔出直流母线插件（见图 3-45）。

2）高压验电

拔出直流母线插件后，使用万用表测量直流母线端正负极之间的电压，应低于 1V。用绝缘胶带缠绕直流母线插件。

3）高压电恢复

(1)安装直流母线插件（见图 3-46），将直流母线插件垂直对准插座并用手预紧，然后向下轻按插件卡扣。卡扣到位后会听到轻微的"咔嚓"声。

(2)直流母线插件安装完毕，安装 12V 蓄电池负极。

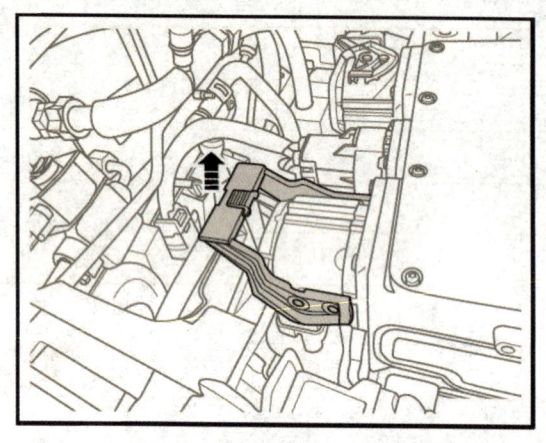

图 3-45 拔出直流母线插件

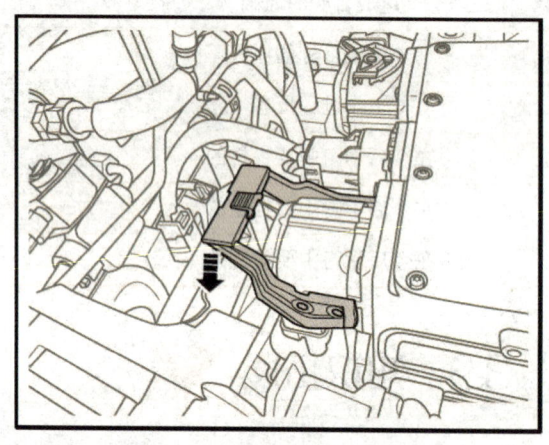

图 3-46 安装直流母线插件

2. 上汽大众途观 L PHEV 高压断电流程

上汽大众途观 L PHEV 的高压断电程序包括诊断断电和手动验电。在手动验电环节，需要使用厂家的专用工具 VAS6558A、VAS6558-9/6 及 VAS6558-9/4，考虑到成本及普遍性的问题，这种方式并不实用。因此，在这里我们介绍一种通用的方式。

1）诊断断电

(1)连接上汽大众故障诊断仪 VAS6150。按照故障诊断仪提示操作，选择诊断断电。继续操作故障诊断仪，接通仪表板上的高压状态图标，如图 3-47 所示，该图标有三种状态。

(2)使用故障诊断仪读取各高压部件的控制单元检测到的电压值：电驱动装置控制单元、高压电池充电器控制单元、蓄电池调节控制单元，均显示为 390V 左右的高电压状态，说明高压未断开，诊断断电状态显示为"未识别到高电压的无电压状态"（见图 3-48）。此时，仪表板显示图标 A "未实现断电"（见图 3-49）。

(3)打开位于前机舱的 TW（见图 3-50）。TW 的打开方法如图 3-51 所示，这时由于 TW 中的高压互锁电路断开，高压电池停止输出高压电。

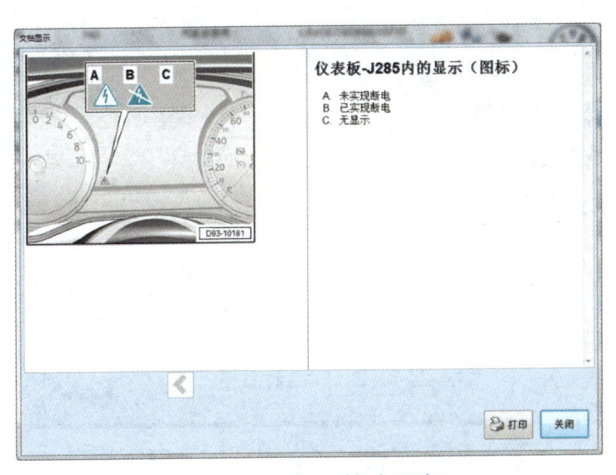

图 3-47　高压状态图标

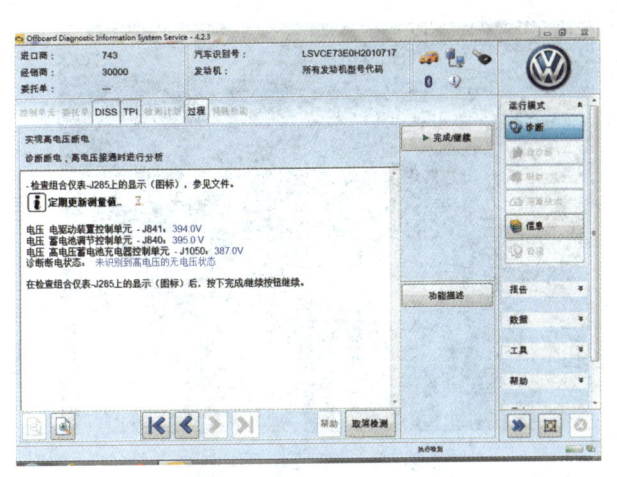

图 3-48　未识别到高电压的无电压状态

图 3-49　仪表板显示图标 A "未实现断电"

图 3-50　TW

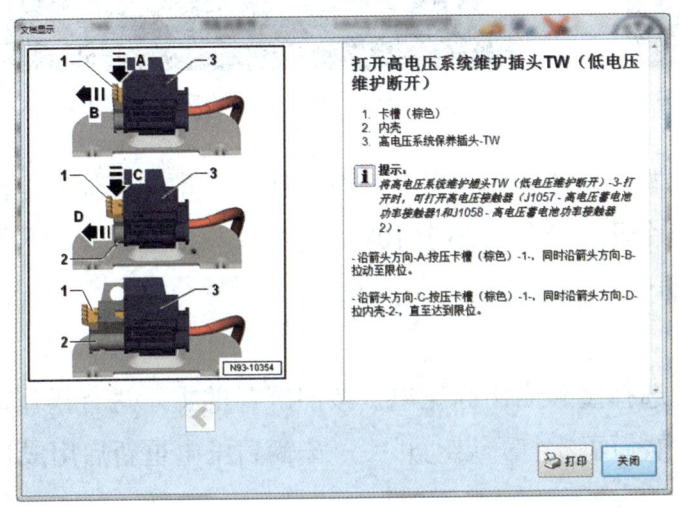

图 3-51　TW 的打开方法

途观 L PHEV
高压断电

（4）安装专用锁（见图 3-52）防止 TW 被重新接通，维修人员保管好钥匙。

（5）按照诊断仪提示操作，再次读取各高压部件检测到的电压值，均小于 10V。诊断断电状态显示为"识别到了高电压的无电状态"（见图 3-53），说明高压已经断开。

115

图 3-52 安装专用锁

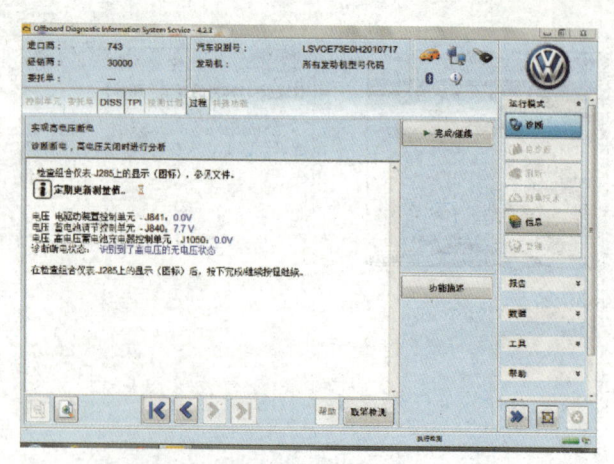

图 3-53 识别到了高电压的无电压状态

（6）继续按照诊断仪提示操作，此时仪表板显示图标 B "已实现断电"（见图 3-54）。

2）手动验电

（1）举升车辆至合适位置。

（2）拆下动力电池的高压接插件（见图 3-55）。

图 3-54 仪表板显示图标 B "已实现断电"

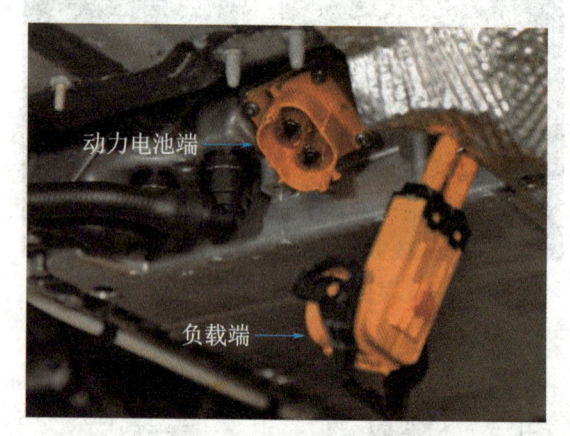

图 3-55 动力电池的高压接插件

（3）使用万用表分别测量动力电池端 HV+ 和 HV- 之间的电压、HV+ 对电池壳体对电池壳体的电压和 HV- 对电池壳体的电压，三个测量值均应小于 10V。

（4）测量负载端 HV+ 和 HV- 之间的电压，测量值应小于 10V。

3）重新启用高压电

维修工作结束后，在故障诊断仪上选择重新启用高压电，按照屏幕的提示进行操作，执行"打开→关闭启动开关"两个循环，然后再次打开启动开关，车辆高压电重新启用成功。

学习单元 4

新能源汽车维护

4.1 学习目标

素质目标

1. 能够从学习资料、维修手册、网络中提取所需信息。
2. 能够规范、有计划地完成教师布置的任务。
3. 能够与小组成员一同高效工作并合理分配时间和任务。
4. 在进行新能源汽车检查与维护过程中,提升质量意识、环保意识、安全意识、规范意识。

知识目标

1. 掌握新能源汽车各系统的作用与组成。
2. 掌握新能源汽车各系统检查与维护的操作内容与注意事项。
3. 掌握新能源汽车各举升位置检查与维护的作业项目与注意事项。

技能目标

1. 能够双人配合完成新能源汽车检查与维护。
2. 能够在进行新能源汽车检查与维护的过程中发现故障点。
3. 能够按教师要求更换指定的高压部件或高压线束。

4.2 情境引入

一辆 2018 款吉利帝豪 EV450 纯电动汽车需要进行定期维护，师傅将这个任务交给你来完成。

4.2.1 接受任务

（1）角色扮演：请一名同学扮演前台接待员，一名同学扮演客户，完成接待任务。其他同学观察并记录优点及需要改进的地方。

优点	需要改进的地方

（2）在实习车上，填写任务工单，明确工作任务。

车主姓名		日　期	
车　　型		车牌号	
电机型号		VIN 号	
联系电话			
通信地址			
故障现象描述：			
检查维修建议：			
故障结论：（更换或维修的零件记录）			
取车付款：		维修人：	
现金　　　　　　　银行卡		收款人：	

4.2.2 任务分析

传统燃油汽车主要针对的是发动机系统的保养，需要定期更换机油、机滤等，而纯电动汽车是依靠电力进行驱动的，主要是对三电系统（电池、电机、电控）进行维护。例如，车辆经过长期的行驶、颠簸、暴晒等，会对高压线束的导电性和绝缘性产生一定的影响，同时车辆底部动力电池的磕碰可能会造成内部的损坏，必须通过专业的检测来发现这些问题并及时排除安全隐患。否则一旦出现故障，后果是非常严重的，所以纯电动汽车的定期维护同样是十分重要的。此外，纯电动汽车对于 12V 电气设备、空调、制动及转向等系统的维护与传统燃油汽车基本一致。

纯电动汽车的定期维护以检查、检测和调整为主，其作业范围包括动力电池系统、驱动电机系统、冷却系统、充电系统、12V 低压电气系统、空调系统及底盘。

4.3 知识与技能

4.3.1 认识动力电池

动力电池是新能源汽车的核心部件，也是新能源汽车上价格最高的部件之一，其性能好坏直接决定了这辆车的实际价值。动力电池的主要作用就是为新能源汽车提供动力来源，以及为整车的电控系统、娱乐舒适系统、安全系统等提供电源。

4.3.1.1 电池分类

电池的种类较多，按工作性质和使用特征可分为：一次电池、二次电池、燃料电池。一次电池指的是原电池，放电后不能通过充电使其复原，如锌锰干电池、锌汞电池和银锌电池。二次电池是放电后可以再次充电使活性物质复原的电池，这类电池是一个化学能量储存装置，用直流电充电使电能转化为化学能的形式储存在电池中。放电时，化学能再转化为电能，如铅酸蓄电池、镍镉电池、镍氢电池、锂离子电池、锂聚合物电池。

燃料电池只要有活性物质连续注入，就能长期不断地工作，它自身只是一个载体，需要工作时反应物会从外部送入，如氢燃料电池。

目前，电动汽车普遍采用锂离子电池作为动力电池。

4.3.1.2 锂离子电池

1. 锂离子电池结构

如图 4-1 所示，锂离子电池的结构主要包括正极、负极、隔膜、电解质、绝缘片和铝塑包装膜等。正极板、隔膜、负极板缠绕或层叠，包装后灌注电解质，封装后引出正极耳和负极耳制成电芯。

正极：含有锂的化合物，导电集流体使用厚度为 10～20μm 的电解铝箔。

隔膜：特殊成型的高分子薄膜，薄膜有微孔结构，可以让锂离子自由通过，而电子不能通过。

负极：活性物质为石墨，或近似石墨结构的碳，导电集流体使用厚度为 7～15μm 的电解铜箔。

有机电解质：溶解有六氟磷酸锂的碳酸酯类溶剂，聚合物则使用凝胶状电解质。

电池外壳：分为钢壳、铝壳、镀镍铁壳（圆柱电池使用）、铝塑膜（软包装）等，还有电池的盖帽，也是电池的正负极引出端。

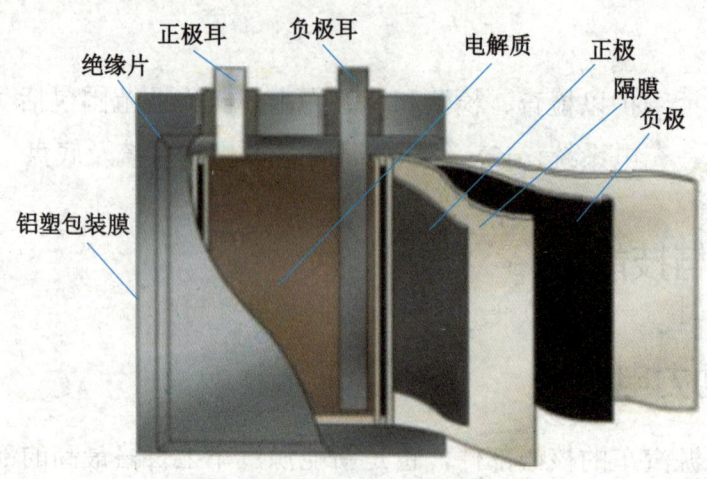

图 4-1 锂离子电池的结构

2．锂离子电池类型

锂离子电池通常按照正极材料、电解质材料及产品外观来分类。

（1）如表 4-1 所示，锂离子电池按照正极材料的不同分为磷酸铁锂（LFP）电池、钴酸锂（LCO）电池、锰酸锂（LMO）电池、钛酸锂（LTO）电池、三元锂电池〔镍钴锰酸锂（NCM）电池、镍钴铝酸锂（NCA）电池〕，负极均包含石墨，工作原理也基本一致。

表 4-1 不同锂离子电池参数对照表

锂离子电池类型	最高电压	最低电压	电压平台	安全性	能量密度	用途
钴酸锂电池	4.2V	2.6V	3.7V	一般	200Wh/kg	便携式设备
三元锂电池	4.2V	3.0V	3.7V	一般	240Wh/kg	EV 动力电池
锰酸锂电池	4.2V	2.5V	3.8V	较好	150Wh/kg	EV 动力电池
磷酸铁锂电池	3.7V	2.65V	3.2V	好	140Wh/kg	EV 动力电池
钛酸锂电池	2.75V	1.5V	2.3V	很好	80Wh/kg	客车动力电池

钛酸锂电池将钛酸锂作为负极材料，它的能量密度很低，应用在电动车上显然不合适。钴酸锂电池则相反，钴酸锂的能量密度相对较高，但是寿命和耐高温性能相对较差，大多用在手机等数码设备和便携式设备当中。锰酸锂成本低而且稳定，但能量密度也比较低。

综上所述，从能量密度和安全性综合来看，磷酸铁锂电池和三元锂电池成为动力电池的主流，不过这两种电池在自身特点上也存在显著差异。磷酸铁锂电池和三元锂电池主要性能对比如表 4-2 所示。

表 4-2 磷酸铁锂电池和三元锂电池主要性能对比

主要性能	磷酸铁锂电池	三元锂电池
能量密度	低	高
安全性（耐高温性能）	高	低
低温性能	低	高
循环寿命	长	短
成本	低	高

为改善磷酸铁锂电池能量密度低的缺点，比亚迪和宁德时代都发布了自己的电池集成化技术，分别推出了刀片电池和无模组动力电池包（CTP）技术，显著提升了动力电池包的能量密度。此外，随着广汽弹匣电池和长城大禹电池的推出，以及上汽集团动力电池新技术专利的公布，三元锂电池的安全性有极大的提升。

（2）根据锂离子电池所用电解质材料的不同，锂离子电池分为液态锂离子电池和聚合物锂离子电池。聚合物锂离子电池所用的正负极材料与液态锂离子电池相同，它们的主要区别在于电解质的不同；液态锂离子电池使用液体电解质；聚合物锂离子电池则以固体聚合物电解质来代替。

（3）如图4-2所示，锂离子电池按形状可分为圆柱形、方形和软包锂离子电池。圆柱形和方形锂离子电池的外包装多为钢壳或铝壳。对于圆柱形锂离子电池，其型号一般为5位数字，前两位数字为电池的直径，后两位数字为电池的高度，最后一位数字0表示圆柱形。如特斯拉采用的21700锂电池，直径为21mm，高度为70mm。软包锂离子电池的外包装为铝塑膜，质量轻且安全性能好，聚合物锂离子电池就是采用这种包装的锂离子电池。

图 4-2 锂离子电池形状

4.3.1.3 动力电池安装位置

纯电动汽车的动力电池安装在车辆底部前、后桥及两侧纵梁之间，混合动力汽车的动力电池通常安装在后桥前方中间位置或后排座椅后方位置（部分车型在车辆底部）。安装在这些位置能使其具有较高的碰撞安全性，可以降低车辆重心，车辆操控性更好。

北汽 EV160 的动力电池使用的是磷酸铁锂电池，安装在车辆底部位置（见图4-3），动力电池参数见表4-3。

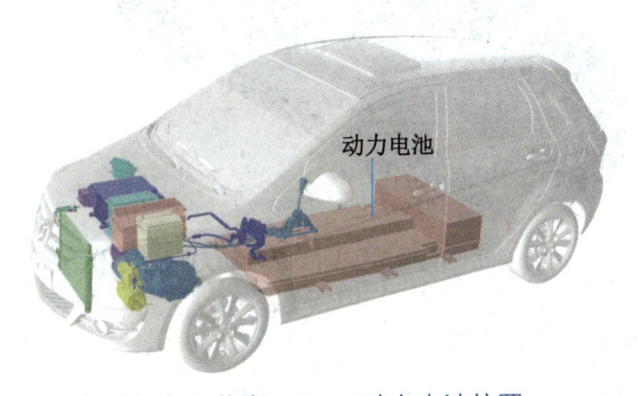

图 4-3 北汽 EV160 动力电池位置

表 4-3 北汽 EV160 动力电池参数

标称电压	320 V
电量	25.6 kW·h
容量	80 A·h

上汽大众途观 L PHEV 的动力电池使用的是三元锂电池，安装在车辆后桥前方中间位置（见图 4-4），动力电池参数见表 4-4。

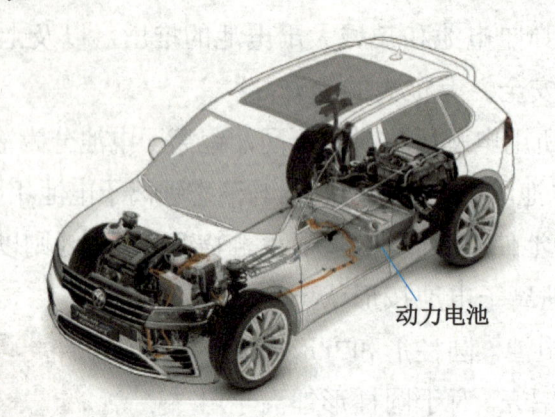

图 4-4 上汽大众途观 L PHEV 动力电池位置

表 4-4 上汽大众途观 L PHEV 动力电池参数

总能量	13.0 kW·h
标称电压	352 V
容量	37 A·h
质量	125 kg

丰田普锐斯 HEV 的动力电池使用的是镍氢电池，安装在后排座椅后方位置（见图 4-5）。这块镍氢电池的质量为 53.3kg，由 168 个 1.2V 的镍氢电芯组成，总电压为 201.6V，电池容量为 1.3kW·h。

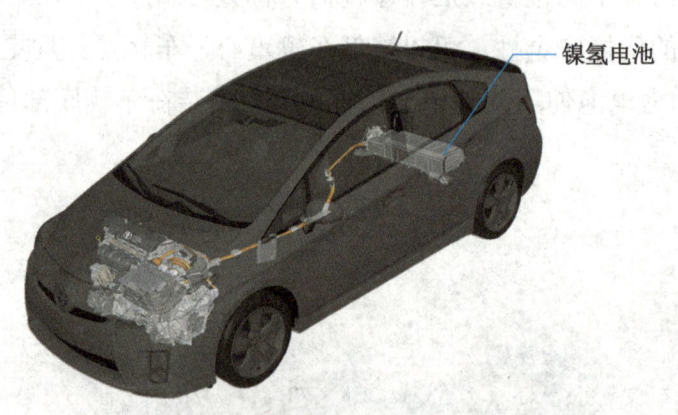

图 4-5 丰田普锐斯 HEV 动力电池位置

4.3.1.4 动力电池基本结构

动力电池结构组成如图 4-6 所示。它不是一整块电池，而是由一节一节的电芯通过串并联的方式组合而成的。这么多的电芯不是随意放在动力电池箱里，而是按照电池单体、电池模块和电池模组的形式有序放置的，由电池管理系统（BMS）进行安全和有效的管理。

如图 4-7 所示是动力电池组的形成过程示意图，是按照电池单体→电池模块→电池模组→动力电池组的顺序组合而成的。首先由多个电池单体并联形成 1 个电池模块，由多个电池模块串联形成 1 个电池模组，再把所有电池模组串联起来形成动力电池组。

（1）电池单体：又称单体电芯（cell），电池单体是电能存储单元，必须有较高的能量密度，尽可能多地存储电能。电池单体由正极、负极、电解质及外壳等构成。

（2）电池模块：由若干个电池单体并联组合而成，其额定电压与电池单体的额定电压相等，

图 4-6　动力电池结构组成

其容量等于并联单体容量之和（也可使用 1 个容量较大的单体作为 1 个模块）。电池模块是电池单体在物理结构和电路上进行连接的最小单元，可作为 1 个单元替换。

（3）电池模组：由多个电池模块或电池单体串联形成的一个组合，用一个外壳框架封装在一起，且有一对正负极输出端子。

动力电池组的连接形式通常用×P×S 来表示。例如，北汽 EV200 纯电动汽车的动力电池是 3P91S，代表了共有 273 个电芯，3 个单体电芯并联成 1 个模块，共 91 个模块进行串联，形成动力电池组。1 个电芯的电压是 3.65V，容量是 30.5A·h，则动力电池组的总容量是 30.5×3=91.5A·h，总电压是 91×3.65=332.15V。

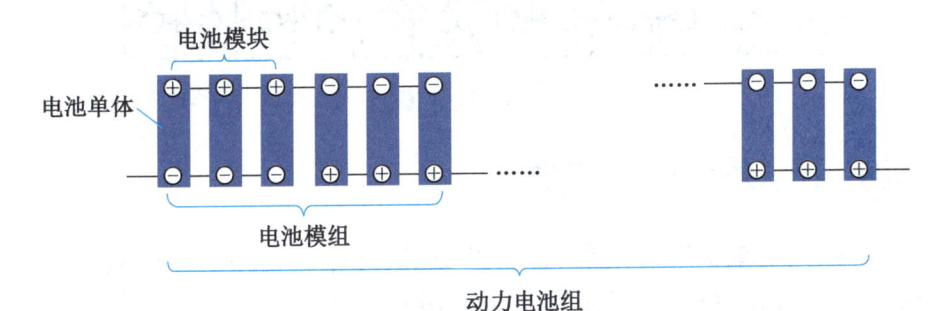

图 4-7　动力电池组的形成过程示意图

4.3.1.5　认识动力电池—工作页

（1）电池按其工作性质和使用特征可分为：_____、二次电池和_____。其中常用二次电池有 4 种，分别是_____、_____、_____和_____。目前，普遍采用_____作为动力电池。

（2）锂离子电池的结构组成包括：_____
_____。

（3）锂离子电池按正极材料分为：_____
_____。

从电池的综合性能考虑，目前主流的锂离子电池包括_____和_____。

（4）锂离子电池按电解质不同分为：_____
_____。

（5）锂离子电池按产品外观分为：_____
_____。

（6）请解释 18650 电池的数字含义：_____
_____。

（7）写出以下 3 种类型的新能源汽车动力电池安装位置。

新能源汽车类型	动力电池安装位置
纯电动汽车	
插电式混合动力汽车	
油电混合动力汽车	

（8）动力电池组是按照_____→_____→_____→_____顺序组合而成的，通过_____进行安全和有效的管理。

（9）如图 4-8 所示是某动力电池的 1 个电池模组，其中 1 个单体电芯的电压是 3.7V，容量是 25A·h。这个电池模组的电压是_____，容量是_____。

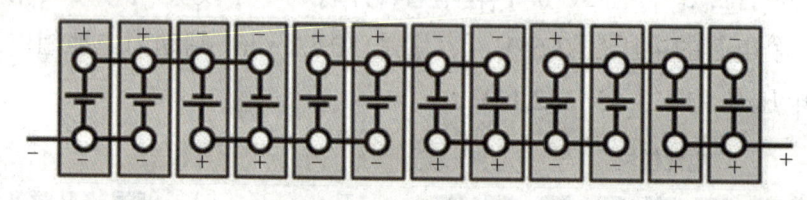

图 4-8 电池模组

4.3.2 动力电池系统检查与维护

动力电池系统检查与维护项目主要有动力电池数据流、动力电池外观、安装情况、高低压线束、接插件、动力电池供电和充电线束绝缘电阻检测。

4.3.2.1 读取并记录动力电池的主要数据流

（1）连接好故障诊断仪，依次选择故障检测→吉利→EV450→电池管理系统（BMS）→基本诊断→读取数据流。

（2）读取动力电池最小电芯电压、最大电芯电压（见图 4-9）。吉利帝豪 EV450 的动力电池使用三元锂电池，单体电芯额定电压是 3.6V，数据流中可显示出最大和最小电压的单体电芯对应的编号。正常情况下，所有单体电芯中最大电压与最小电压之间的电压差不能超过 300mV。

（3）读取动力电池模组（电池包）最低温度、最高温度（见图 4-10）。动力电池的正常工作温度范围是 -20℃～+55℃，最高温度与最低温度之间的温度差不能超过 15℃。

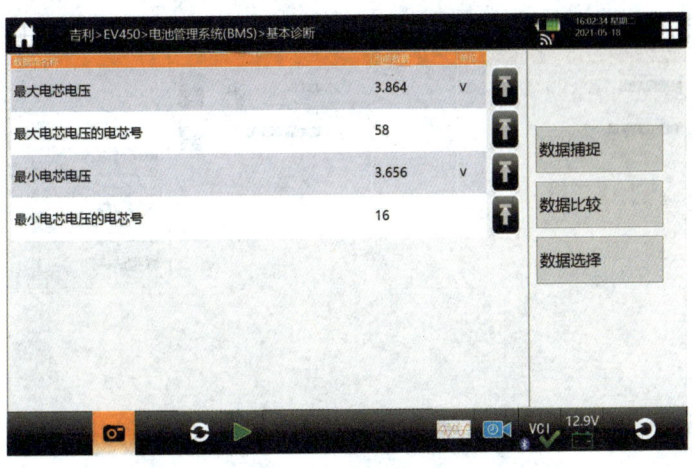

图 4-9　读取动力电池单体电芯电压

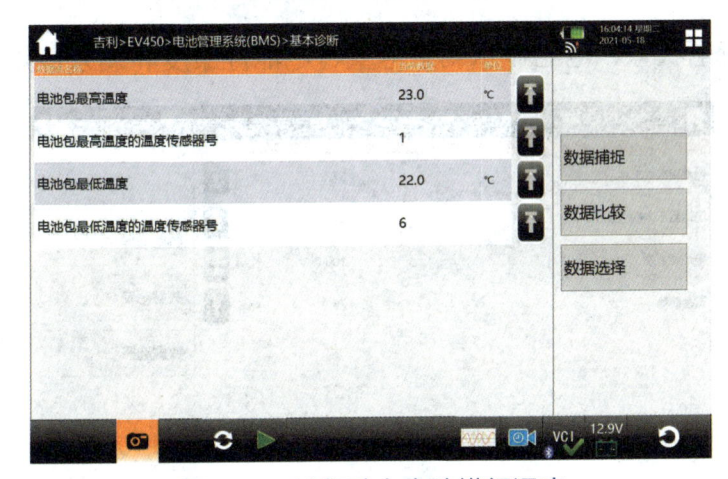

图 4-10　读取动力电池模组温度

（4）读取动力电池总电压（见图 4-11）。吉利帝豪 EV450 动力电池标称电压是 346V，动力电池（电池包）总电压范围是 266～408.5V。

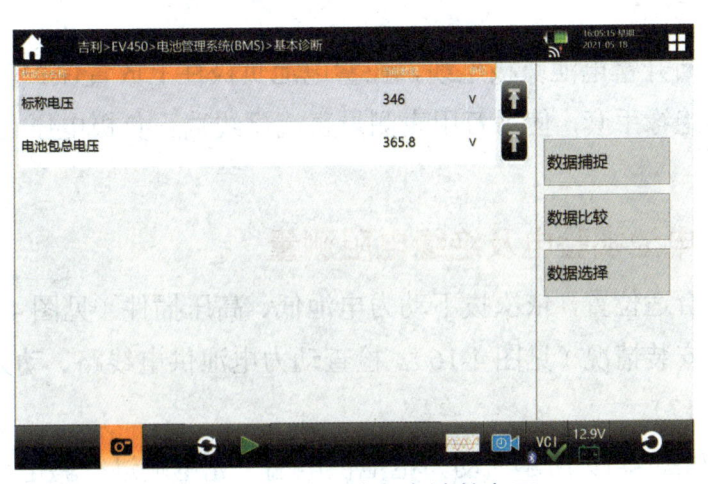

图 4-11　读取动力电池总电压

（5）读取动力电池绝缘电阻及绝缘监测状态（见图 4-12）。绝缘电阻值应不小于 500Ω/V，绝缘监控状态显示正常。

图4-12　读取动力电池绝缘电阻及绝缘监测状态

（6）读取电池荷电状态、电池显示剩余电量、电池健康度和剩余能量（见图4-13）。

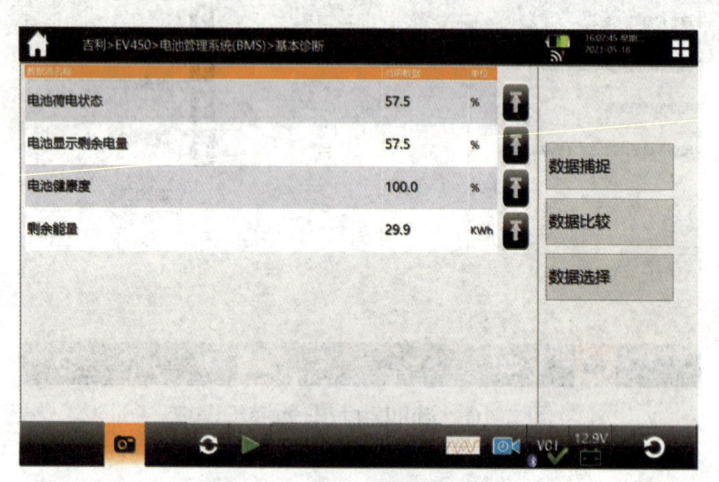

图4-13　读取动力电池状态

4.3.2.2　高压断电

关闭启动开关，断开蓄电池负极电缆，在蓄电池负极柱上放置保护盖，等待5min。拆卸直流母线插件，佩戴绝缘手套，使用万用表测量直流母线端正负极电压（见图4-14），电压应低于1V。

4.3.2.3　动力电池端验电及绝缘电阻测量

（1）举升车辆至合适位置，依次拔下动力电池低、高压插件（见图4-15）。检查动力电池插件的腐蚀、破损和安装情况（见图4-16）。检查动力电池供电线路、动力电池充电线路有无损坏、烧蚀（见图4-17）。

（2）如图4-18和图4-19所示在动力电池供电端、充电端进行验电，确认供电端、充电端高压正、负极之间的电压小于1V。

（3）如图4-20和图4-21所示，测量动力电池供电线路、充电线路对车身之间的绝缘电阻，标准值要求大于或等于20MΩ。

图 4-14　测量直流母线端正负极电压

图 4-15　依次拔下动力电池低、高压插件

图 4-16　检查动力电池高低压插件

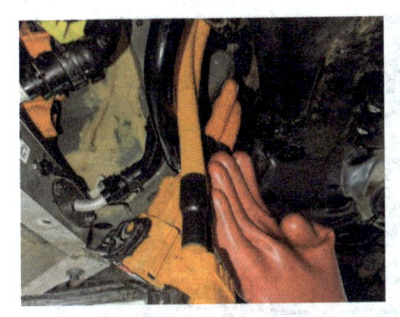

图 4-17　检查高压线束状态

图 4-18　动力电池供电端验电

图 4-19　动力电池充电端验电

图 4-20　测量动力电池供电线路绝缘电阻

图 4-21　测量动力电池充电线路绝缘电阻

动力电池系统检查与维护

4.3.2.4　动力电池外观检查及紧固作业

（1）检查动力电池周围是否有刺激和烧焦等异味，检查动力电池底部有无裂纹、凹陷及破损，防撞梁有无损坏（见图 4-22）。

（2）检查动力电池总成固定螺栓是否锈蚀及紧固情况。吉利帝豪 EV450 的动力电池总成后部有 3 个固定螺栓，动力电池总成前部有 2 个固定螺栓，动力电池总成左右各有 7 个固定螺栓，拧紧力矩为 78N·m（见图 4-23）。

（3）检查动力电池接地线紧固情况，拧紧力矩为 9N·m（见图 4-24）。使用数字毫欧表测量接地电阻（见图 4-25），标准值要求小于或等于 100mΩ。

（4）操作结束后，按要求恢复车辆高压电。启动车辆，确认 READY 指示灯正常点亮。

图 4-22　检查动力电池底部及防撞梁

图 4-23　检查动力电池总成固定螺栓

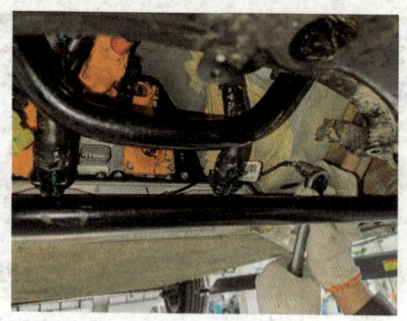

图 4-24　检查动力电池接地线紧固情况

图 4-25　测量接地电阻

4.3.2.5　动力电池系统检查与维护—工作页

（1）写出动力电池系统检查与维护的操作步骤、技术要点/注意事项。

序号	操作步骤	技术要点/注意事项

（2）工作记录单。

工作项目	工作内容及检查结果
准备工作	检查工位、安全防护用具、工具、检测设备、车辆防护
读取并记录动力电池数据流	最小电芯电压：_____　　　　　　　最大电芯电压：_____ 模组最低温度：_____　　　　　　　模组最高温度：_____ 动力电池总电压：_____　　　　　　动力电池绝缘电阻：_____ 电池荷电状态 SOC：_____　　　　　电池健康度 SOH：_____ 电池显示剩余电量：_____　　　　　电池显示剩余能量：_____
高压断电	车载充电机端直流母线高压插件 HV+ 与 HV- 之间电压：实测值_____
动力电池端验电及绝缘电阻测量	1. 动力电池插件及高压线束状态 □正常　　　　　　　　□异常： 2. 动力电池端验电 动力电池供电端 HV+ 与 HV- 之间电压：实测值_____ 动力电池充电端 DC+ 与 DC- 之间电压：实测值_____ 3. 绝缘电阻测量 （1）数字绝缘电阻测试仪选择电压：_____ （2）动力电池供电线路 ①HV+ 与车身之间 实测值：_____　　　标准值：_____ ②HV- 与车身之间 实测值：_____　　　标准值：_____ （3）动力电池充电线路 ①DC+ 与车身之间 实测值：_____　　　标准值：_____ ②DC- 与车身之间 实测值：_____　　　标准值：_____
动力电池外观检查及紧固作业	1. 检查动力电池底部及防撞梁有无损坏，动力电池周围是否有刺激和烧焦等异味 2. 动力电池铭牌信息 标称电压：_____　电池容量：_____　电池类型：_____ 3. 动力电池总成固定螺栓拧紧力矩：_____ 4. 动力电池接地线紧固情况 （1）力矩：_____ （2）接地电阻 实测值：_____　　　标准值：_____
整理工位	恢复车辆及场地、整理工具、清洁工位

（3）动力电池检查与维护评价表。

序号	评价内容	评价标准	配分	得分
1	准备工作	正确检查维修工位、安全防护用具、工具及检测设备，进行车辆外观及安全检查，铺设车辆内外防护	10	
2	读取并记录动力电池数据流	读取数据流：单体电芯电压、模组温度、动力电池总电压、绝缘电阻及绝缘监测状态、电池荷电状态 SOC、电池健康度 SOH、电池显示剩余电量和剩余能量	10	

续表

序号	评价内容	评价标准	配分	得分
3	高压断电	正确执行高压断电：关闭启动开关→断开12V蓄电池负极→等待5min→断开车载充电机端直流母线→验电 佩戴安全防护用具、12V蓄电池负极做安全防护	15	
4	动力电池端验电及绝缘电阻测量	正确检查动力电池插件及高压线束状态，正确进行动力电池供电端和充电端验电，正确进行绝缘电阻测量	15	
5	动力电池外观检查及紧固作业	正确检查动力电池周围是否有刺激和烧焦等异味；动力电池底部和防撞梁有无损坏；动力电池总成固定螺栓是否锈蚀及紧固情况；接地线紧固情况及接地电阻	15	
6	高压上电	正确执行高压上电，确认READY指示灯正常点亮	10	
7	安全事故	未按正确安全操作程序，损伤、损毁车辆，造成人员伤害，视情节扣2~10分，特别严重安全事故的终止操作，成绩记0分	10	
8	过程记录	对工作过程进行记录，记录完整、翔实	5	
9	工作过程	工作态度积极，文明操作，轻拿轻放，言行举止等合乎要求。野蛮操作扣2分，有不文明语言扣2分，扣完为止	5	
10	5S管理	工具恢复，保持工作场地干净整洁	5	

4.3.3 认识驱动电机系统

4.3.3.1 驱动电机系统组成

驱动电机系统是新能源汽车三大核心部件之一，其主要功能是实现电能与机械能的相互转化。作为车辆行驶的执行机构，驱动电机系统的特性决定了车辆的主要性能指标，直接影响车辆动力性、经济性和舒适性。

如图4-26所示，驱动电机系统主要由驱动电机（DM）、电机控制器（MCU）、减速器、旋变传感器和温度传感器组成，通过高低压线束、冷却管路和其他车载设备进行电气和散热连接。

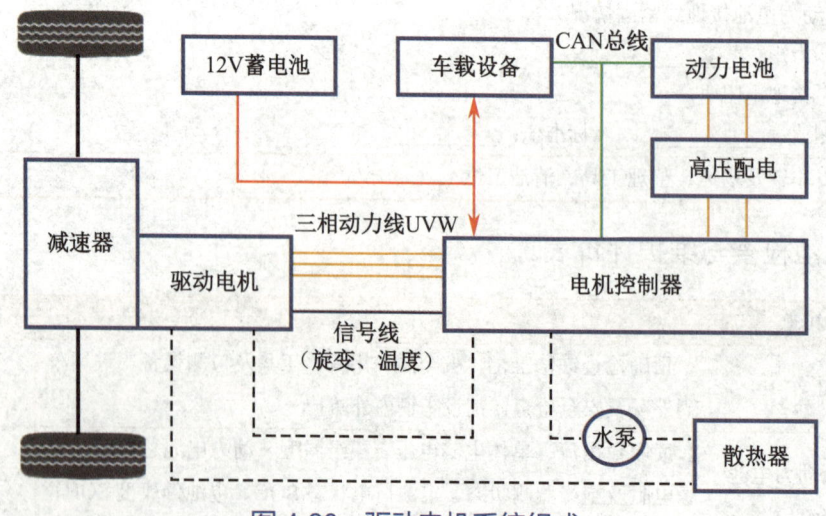

图4-26 驱动电机系统组成

4.3.3.2 驱动电机系统主要部件

1. 驱动电机

如图 4-27 所示，驱动电机是一种将电能转化成机械能并用来驱动其他装置的电气设备。驱动电机在驱动车辆行驶时作为电动机，通过减速器输送到半轴，最后传递到驱动轮；在车辆制动或减速时作为发电机，向电机控制器输入三相交流电。此外，在驱动电机上安装有旋变传感器，用来检测转子的位置、方向和转速。驱动电机还装有温度传感器，用来检测驱动电机的温度。

车用驱动电机的类型主要有直流电机、异步电机、永磁同步电机及开关磁阻电机。新能源汽车的驱动电机通常使用三相交流永磁同步电动机。如图 4-28 所示为驱动电机铭牌。

图 4-27 驱动电机

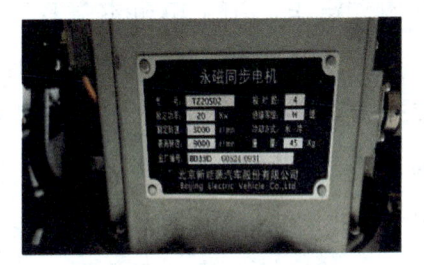

图 4-28 驱动电机铭牌

2. 电机控制器

电机控制器就是一个带有特定功能的逆变器。电机控制器根据 VCU 的指令，实时调整驱动电机的输出。当正常行驶时，将动力电池的直流电转变为三相交流电后，输送给驱动电机；当车辆处于动能回收时，将三相交流电转变为直流电为动力电池充电。通过调整输出电流来控制电机转速、转向及扭矩，以实现整车的怠速、前行、倒车、加减速、能量回收及驻车等功能。

电机控制器另一个重要功能是通信和保护，实时进行运行状态监测和故障检测，保护驱动电机系统和整车安全可靠运行。

目前，常用的电机控制器主要有三种类型：一种是仅用于控制驱动电机的单一功能电机控制器（MCU），如北汽 EV160 电机控制器（见图 4-29）；第二种是具有集成控制功能的电机控制器，即 MCU 与 DC-DC 转换器的组合，这类电机控制器被称为 PEU，如吉利帝豪 EV450 电机控制器（见图 4-30）；第三种是将电机控制器、驱动电机和减速器整合在一起的三合一电驱动总成，外部只有正负高压线束，没有三相高压线束。集成化是目前纯电动汽车与混合动力汽车电机控制系统发展的一个趋势，集成度更高的系统既节省了成本，又利于系统之间信息的共享与车辆部件位置的布置设计。

图 4-29　北汽 EV160 电机控制器 　　　图 4-30　吉利帝豪 EV450 电机控制器

（DC-DC）输出端

3．减速器

对于纯电动汽车，由于电机本身具有较好的调速特性，其变速机构被大大简化，较多的是仅采用一种固定速比的减速器（见图4-31），省去了变速器、离合器等部件。当采用轮毂式电机时，又可以省去驱动桥、差速器、半轴等传动部件。对于混合动力汽车而言，不同的电机布置对应不同的机械传动装置。例如，P1、P2 架构的电机需要经过变速器再连接减速器，而 P3 架构的电机与纯电动汽车一样，直接与减速器连接。

减速器装在前机舱动力总成支架下方，其内部结构如图4-32 所示（1—中间轴输入齿轮；2—输入轴齿轮；3—驻车棘爪；4—中间轴输出齿轮；5—输出轴齿轮；6—差速器；7—驻车电机）。

图 4-31　减速器 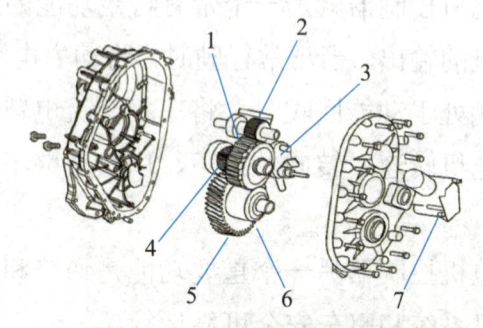　　　图 4-32　减速器内部结构

减速器位于驱动电机和半轴之间，驱动电机的动力输出轴通过花键直接与减速器输入轴齿轮连接：一方面减速器将驱动电机的动力传给驱动半轴，起到降低转速、增大扭矩的作用；另一方面满足汽车转弯及在不平路面上行驶时，左右轮以不同的转速旋转，保证车辆的平稳运行。

4.3.3.3　驱动电机系统工作过程

1．驱动控制

如图 4-33 所示是驱动电机系统工作过程示意图。整车控制器（VCU）根据驾驶员的操作信息（挡位、加速、制动）、车辆状态、道路及环境状况，经分析和处理向电机控制器发出指令。电机控制器快速响应并反馈，将动力电池的直流电转化成所需要的三相交流电输入给驱动电机，控制驱动电机的转动方向并输出指定的扭矩、转速，通过减速器、半轴的机械传输来驱动车辆。车辆运行过程中，驱动电机通过旋变传感器和温度传感器将实时的驱动电机运行情况反馈给电机控制器，形成闭环控制。

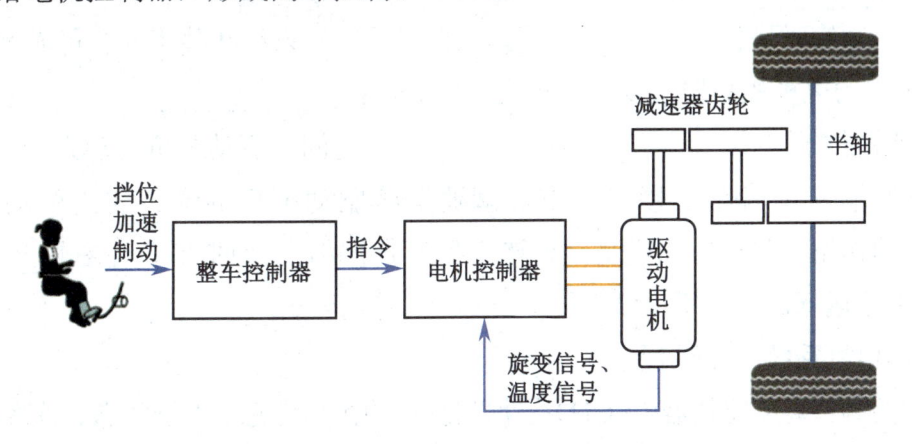

图 4-33 驱动电机系统工作过程示意图

2．能量回收控制

进行能量回收时，驱动电机作为发电机为动力电池充电，其控制过程如下：整车控制器根据加速踏板和制动踏板的开度、车辆行驶状态信息及动力电池的状态信息（如 SOC 值）来判断某一时刻能否进行制动能量回收。在满足安全性能、制动性能及驾驶员舒适性的前提下，回收部分能量。

根据加速踏板和制动踏板信号，制动能量回收可以简单分为两个阶段：阶段一从车辆行驶过程中驾驶员松开加速踏板但没有踩下制动踏板开始；阶段二从驾驶员踩下了制动踏板后开始。

制动能量回收遵守以下原则：制动能量回收不应该干预 ABS 的工作，当 ABS 进行制动力调节时，制动能量回收不应该工作；当 ABS 报警时，制动能量回收不应该工作；当驱动电机系统有故障时，制动能量回收不应该工作。

4.3.3.4　认识驱动电机系统—工作页

（1）驱动电机系统的功能是＿＿＿＿＿＿＿＿＿＿＿＿＿＿。驱动电机系统的特性能够影响车辆的＿＿＿＿＿、＿＿＿＿＿和＿＿＿＿＿。

（2）驱动电机系统主要由＿＿＿＿＿、＿＿＿＿＿和＿＿＿＿＿组成。通过＿＿＿＿＿、＿＿＿＿＿和＿＿＿＿＿进行电气和散热连接。

（3）电机是一种将电能转化成＿＿＿＿＿用来驱动其他装置的电气设备。电机在驱动车辆行驶时作为电动机产生扭矩，通过减速器输送到半轴和驱动轮。在车辆制动或减速时作为＿＿＿＿＿，向电机控制器输入三相交流电。新能源汽车通常使用的电机是＿＿＿＿＿。

（4）电机控制器就是一个带有特定功能的＿＿＿＿＿。电机控制器根据 VCU 的指令，实时调整驱动电机的输出。当正常行驶时，将动力电池的直流电转变为＿＿＿＿＿后，输送给驱动电机；当车辆处于动能回收时，将三相交流电转变为直流电为动力电池充电。通过调整输出电流来控制电动机＿＿＿＿＿＿、＿＿＿＿＿＿及＿＿＿＿＿＿，以实现整车的怠速、前行、倒车、加减速、能量回收及驻车等功能。电机控制器另一个重要功能是＿＿＿＿＿＿，实时进行＿＿＿＿＿＿，保护驱动电机系统和整车安全可靠运行。

目前，常用的电机控制器主要有三种类型，分别是＿＿＿＿＿＿、＿＿＿＿＿＿及＿＿＿＿＿＿。

（5）减速器位于＿＿＿＿＿＿和＿＿＿＿＿＿之间，驱动电机的动力输出轴通过花键直接与减速器输入轴齿轮连接。一方面减速器将驱动电机的动力传给驱动半轴，起到＿＿＿＿＿＿的作用。另一方面满足汽车转弯及在不平路面上行驶时，左右轮＿＿＿＿＿＿，保证车辆的平稳运行。

（6）驱动电机系统工作过程。

① 驱动控制：整车控制器（VCU）根据驾驶员的操作信息、车辆状态、道路及环境状况，经分析和处理向电机控制器（MCU）发出指令，控制驱动电机的＿＿＿＿＿＿并输出指定的＿＿＿＿＿＿、＿＿＿＿＿＿，通过减速器、半轴的机械传输来驱动车辆。车辆运行过程中，驱动电机通过＿＿＿＿＿＿和＿＿＿＿＿＿将实时的驱动电机运行情况反馈给电机控制器，形成闭环控制。

② 能量回收控制：整车控制器根据＿＿＿＿＿＿和＿＿＿＿＿＿的开度、车辆行驶状态信息及动力电池的状态信息来判断某一时刻能否进行制动能量回收，在满足＿＿＿＿＿＿、＿＿＿＿＿＿及＿＿＿＿＿＿的前提下，回收能部分能量，包括＿＿＿＿＿＿和＿＿＿＿＿＿。

③ 制动能量回收遵守以下原则：制动能量回收不应该干预 ABS 的工作，请写出不进行能量回收的三种情况：＿＿＿＿＿＿＿＿＿＿＿＿＿＿＿＿＿＿＿＿＿＿＿＿＿＿＿＿＿＿。

4.3.4　驱动电机系统检查与维护

驱动电机系统检查与维护包括：电机控制器的检查与维护、驱动电机的检查与维护及减速器的检查与维护。

操作前，先断开车辆高压电。

4.3.4.1　电机控制器的检查与维护

（1）检查电机控制器外观（见图 4-34），电机控制器表面是否有油渍污垢，警示标签有无破损脏污，高低线束有无烧蚀、老化、损坏现象，接插件是否松动。

（2）测量电机控制器接地电阻（见图 4-35），接地电阻标准值小于或等于 100mΩ。

（3）拆下电机控制器上盖（见图 4-36）和电机控制器高压线束固定螺栓（见图 4-37），取出高压线束。

（4）将数字绝缘电阻测试仪挡位调至 500V，测量 HV+ 和 HV- 对车身的绝缘电阻（见图 4-38），阻值应大于或等于 20MΩ。

图 4-34　检查电机控制器外观 　　图 4-35　测量电机控制器接地电阻 　　图 4-36　拆下电机控制器上盖

图 4-37　拆下电机控制器高压线束固定螺栓 　　图 4-38　测量 HV+ 和 HV− 对车身的绝缘电阻

驱动电机系统检查与维护

4.3.4.2　驱动电机的检查与维护

（1）检查动力总成外观（见图 4-39）有无涉水痕迹及磕碰，驱动电机安装支架有无损坏，检查旋变传感器线束插头安装情况有无虚接或损坏（见图 4-40）。

图 4-39　检查动力总成外观 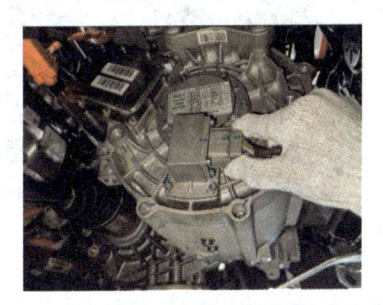　　图 4-40　检查旋变传感器线束插头安装情况

（2）如图 4-41 和图 4-42 所示，检查动力总成与左右悬置、左右悬置与车身以及驱动电机与减速器的固定螺栓是否锈蚀及紧固情况。注意：如果螺栓漆标位置有移动或没有漆标，都应紧固至规定力矩。

（3）检查接地线束紧固情况（见图 4-43），拧紧力矩为 9N·m。测量驱动电机接地电阻（见图 4-44），阻值小于或等于 100mΩ。

（4）测量驱动电机三相绕组阻值（见图 4-45）。拆下电机控制器上盖后，拆下电机控制器上的三相线束固定螺栓，取出驱动电机三相线束，使用数字毫欧表分别测量驱动电机 U-V、U-W、V-W 之间的电阻，标准阻值范围为 11.786～13.027mΩ（阻值因温度不同略有偏差）。注意：如果其中一组测量值远大于其他两组或趋于无穷大，说明电机绕组断路；如果其中一组测量值明显小于其他两组，说明绕组间存在短路。

（5）测量驱动电机绝缘电阻（见图4-46）。将数字绝缘电阻测试仪挡位调至500V，依次测量三相绕组（U、V、W）对车身的绝缘电阻，阻值应大于或等于20MΩ。

图4-41 检查动力总成与悬置固定螺栓 　　图4-42 检查驱动电机与减速器固定螺栓

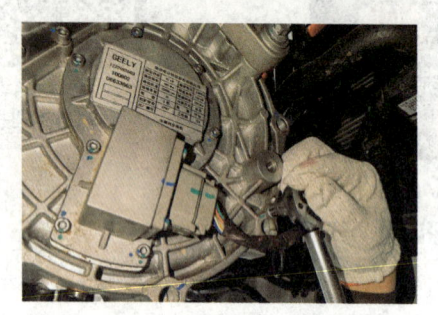

图4-43 检查接地线束紧固情况 　　图4-44 测量驱动电机接地电阻

图4-45 测量驱动电机三相绕组阻值 　　图4-46 测量驱动电机绝缘电阻

（6）安装驱动电机高压线束固定螺栓1和电机控制器高压线束固定螺栓3，拧紧力矩为23N·m。安装两个高压线束插件固定螺栓2和4，拧紧力矩为7N·m（见图4-47）。

（7）安装电机控制器上盖，螺栓拧紧力矩为8N·m（见图4-48）。

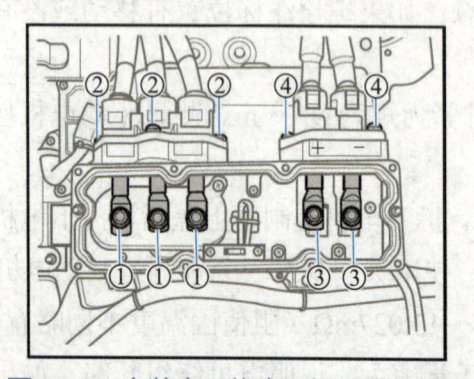

图4-47 安装高压线束及插件固定螺栓 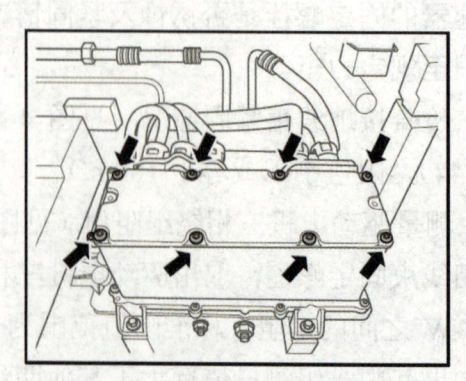　　图4-48 安装电机控制器上盖

4.3.4.3 减速器的检查与维护

（1）检查减速器油位。

① 举升车辆，保持车辆水平放置，并让减速器内部的油冷却。

② 拆卸加油螺塞并检查油位，加油螺塞及放油螺塞位置如图4-49所示。

图4-49 加油螺塞及放油螺塞位置

③ 检查油位，减速器油面应与加注孔下边缘平齐。注意：检查油位时需佩戴防酸碱橡胶手套，如果液面过低，需添加专用减速器油。

④ 重新安装并紧固加油螺塞，拧紧力矩为19～30N·m。

（2）更换减速器油。

① 举升车辆，保持车辆水平放置，并让减速器内部的油冷却。

② 拆卸减速器加油螺塞。

③ 佩戴防酸碱橡胶手套和护目镜，拆卸减速器放油螺塞，用回收容器接住放出的减速器油（见图4-50）。

④ 清洁放油孔，安装减速器放油螺塞，拧紧力矩为19～30N·m。

⑤ 使用油液加注机加注专用减速器油（见图4-51），直到油液开始流出，参考用量为1.7±0.1L。

图4-50 回收减速器油

图4-51 加注专用减速器油

⑥ 重新安装并紧固加油螺塞，拧紧力矩为19～30N·m。

（3）操作结束后，按要求恢复车辆高压电。启动车辆，确认READY指示灯正常点亮。

4.3.4.4 驱动电机系统检查与维护—工作页

（1）写出驱动电机系统检查与维护的操作步骤、技术要点/注意事项。

序号	操作步骤	技术要点/注意事项

续表

序号	操作步骤	技术要点/注意事项

（2）工作记录单。

工作项目	工作内容及检查结果
准备工作	检查工位、安全防护用具、工具、检测设备、车辆防护
高压断电	车载充电机端直流母线高压插件 HV+ 与 HV- 之间的电压：实测值_____
电机控制器	1. 检查电机控制器表面是否有油渍污垢，警示标签有无破损脏污，高低线束有无烧蚀、老化、损坏现象，插接件是否松动 □正常　　　　　　　　□异常： 2. 测量电机控制器接地电阻 实测值：_____　　标准值：_____ 3. 测量电机控制器高压线束的绝缘电阻 HV+对车身的绝缘电阻 实测值：_____　　标准值：_____ HV-对车身的绝缘电阻 实测值：_____　　标准值：_____
驱动电机	1. 驱动电机外观检查 检查驱动电机有无涉水痕迹及磕碰，后悬置有无损坏，旋变传感器线束插头安装情况 □正常　　　　　　　　□异常： 2. 检查动力总成与左右悬置、左右悬置与车身以及驱动电机与减速器固定螺栓是否锈蚀及紧固情况 □正常　　　　　　　　□异常： 3. 检查接地线束紧固情况，检测驱动电机接地电阻 实测值：_____　　标准值：_____ 4. 测量驱动电机 U、V、W 三相绕组阻值 U-V　实测值：_____　　标准值：_____ U-W　实测值：_____　　标准值：_____ V-W　实测值：_____　　标准值：_____

续表

工作项目	工作内容及检查结果
驱动电机	5．测量驱动电机绝缘电阻 U 相对车身，实测值：_____ 标准值：_____ V 相对车身，实测值：_____ 标准值：_____ W 相对车身，实测值：_____ 标准值：_____
减速器	1．检查减速器油位 □正常　　　　　　　　　　□异常： 2．更换减速器油 减速器油型号：_____　　标准加注量：_____
整理工位	恢复车辆及场地、整理工具、清洁工位

（3）驱动电机系统检查与维护评价表。

序号	评价内容	评价标准	配分	得分
1	准备工作	正确检查维修工位、安全防护用具、工具及检测设备 进行车辆外观及安全检查，铺设车辆内外防护	10	
2	高压断电	正确执行高压断电：关闭启动开关→断开 12V 蓄电池负极→等待 5min→断开车载充电机端直流母线→验电 佩戴安全防护用具、12V 蓄电池负极做安全防护	10	
3	电机控制器	正确检查电机控制器外观 正确测量电机控制器接地电阻、高压线束 HV+和 HV-对车身的绝缘电阻	15	
4	驱动电机	正确检查动力总成外观及固定螺栓、接地线束紧固情况 正确测量驱动电机接地电阻、电机三相绕组阻值和驱动电机绝缘电阻	15	
5	减速器	正确检查减速器油位和更换减速器油	15	
6	高压上电	正确执行高压上电，确认 READY 指示灯正常点亮	10	
7	安全事故	未按正确安全操作程序，损伤、损毁车辆，造成人员伤害，视情节扣 2～10 分，特别严重安全事故的终止操作，成绩记 0 分	10	
8	过程记录	对工作过程进行记录，记录完整、翔实	5	
9	工作过程	工作态度积极，文明操作，轻拿轻放，言行举止等合乎要求	5	
10	5S 管理	野蛮操作扣 2 分，有不文明语言扣 2 分，扣完为止	5	

4.3.5　认识冷却系统

驱动电机转子在高速旋转时会产生高温，热量通过机体传递，如果不进行降温，驱动电机无法正常工作。车载充电机工作时将高压交流电转化成高压直流电，其转化过程中会产生大量的热量。电机控制器不但控制驱动电机的高压三相供电，还要将动力电池的高压直流电转化成低压直流电为12V铅酸蓄电池充电，在此过程中也会产生热量。动力电池处于一个相对封闭的环境，其充放电电流大，产热量大，会导致电池的温度上升，如果无法及时散热，将有自燃的风险。所以，冷却系统对于车辆的正常运行是十分重要的。

4.3.5.1 冷却系统的作用

电动汽车冷却系统主要指两部分：一是动力电池冷却系统，主要负责动力电池的冷却，改善其工作效率并延长动力电池的寿命；二是驱动电机冷却系统，主要负责驱动电机、电机控制器、车载充电机的冷却，保障其功能的正常运行。

4.3.5.2 冷却系统的类型

1. 驱动电机冷却系统的类型

（1）电机自然冷却系统：如图 4-52 所示，电机自然冷却系统依靠电机自身的热传递，散去工作时所产生的热量，热量通过密封的机壳表面传递给周围介质，为增加散热面积，机壳表面通常设计成散热筋片。

（2）电机水冷系统：如图 4-53 所示，电机水冷系统是通过冷却液的流动，将电机及电机控制器产生的热量带走从而达到冷却效果。目前大多数电动汽车的驱动电机都采用此种冷却方式。

图 4-52　电机自然冷却系统　　　图 4-53　电机水冷系统

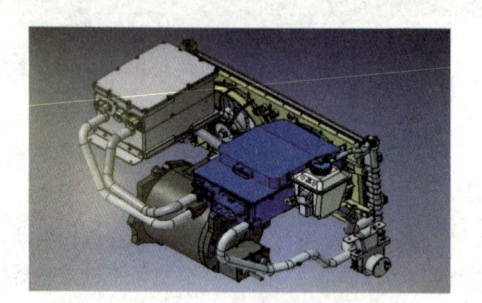

2. 动力电池冷却系统的类型

（1）空调制冷剂冷却系统：如图 4-54 所示，动力电池直接通过制冷剂进行冷却。因此，空调系统制冷剂循环回路由两个并联支路构成，一个用于车内制冷，一个用于冷却动力电池。采用这种冷却形式的代表车型有宝马 i3。

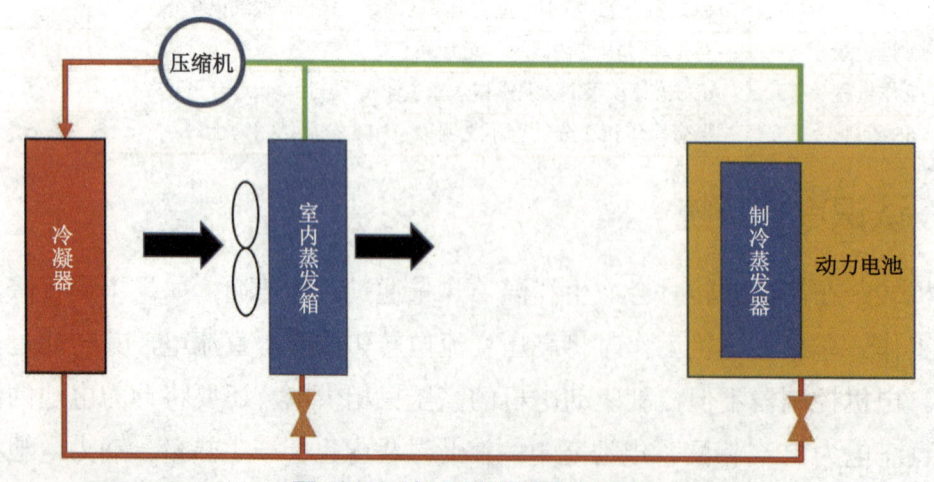

图 4-54　空调制冷剂冷却系统

（2）水冷（空调循环冷却）系统：如图 4-55 所示，通过液体对流换热，制冷剂回路使动力电池冷却液降温，冷却液流经动力电池内部通道，将热量带走。吉利帝豪 EV450、上汽大众途观 L PHEV 等车型采用这种冷却形式。

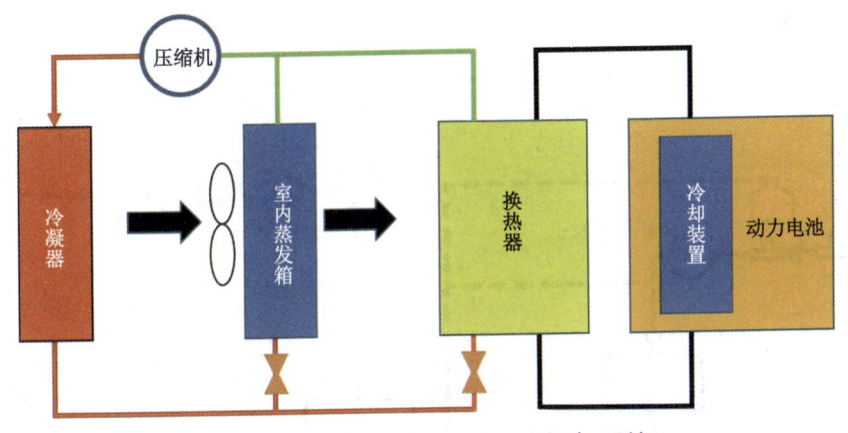

图 4-55　水冷（空调循环冷却）系统

（3）水冷（直接冷却）系统：如图 4-56 所示，通过冷却液在动力电池内部的冷却液管路中流动，将动力电池产生的热量传递给冷却液，从而降低动力电池的温度。荣威 E50 纯电动汽车采用这种冷却形式。

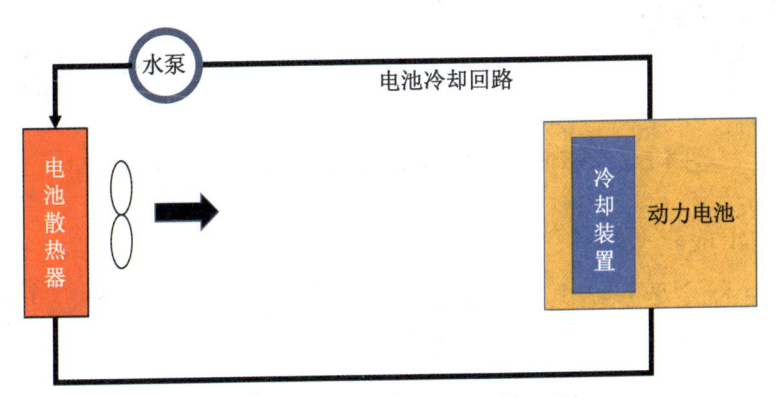

图 4-56　水冷（直接冷却）系统

（4）风冷系统：如图 4-57 所示，这种动力电池冷却系统是利用散热风扇将来自车厢内部的空气吸入动力电池箱，以冷却动力电池及动力电池的控制单元等部件。这种冷却方式通常应用在混合动力汽车，如丰田普锐斯、雷凌双擎等。

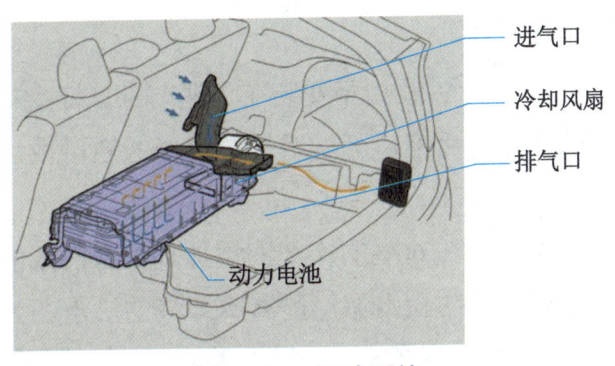

图 4-57　风冷系统

4.3.5.3 冷却系统的组成及工作过程

如图 4-58 所示为吉利帝豪 EV450 纯电动汽车冷却系统组成图，主要包括驱动电机和动力电池两套冷却系统。

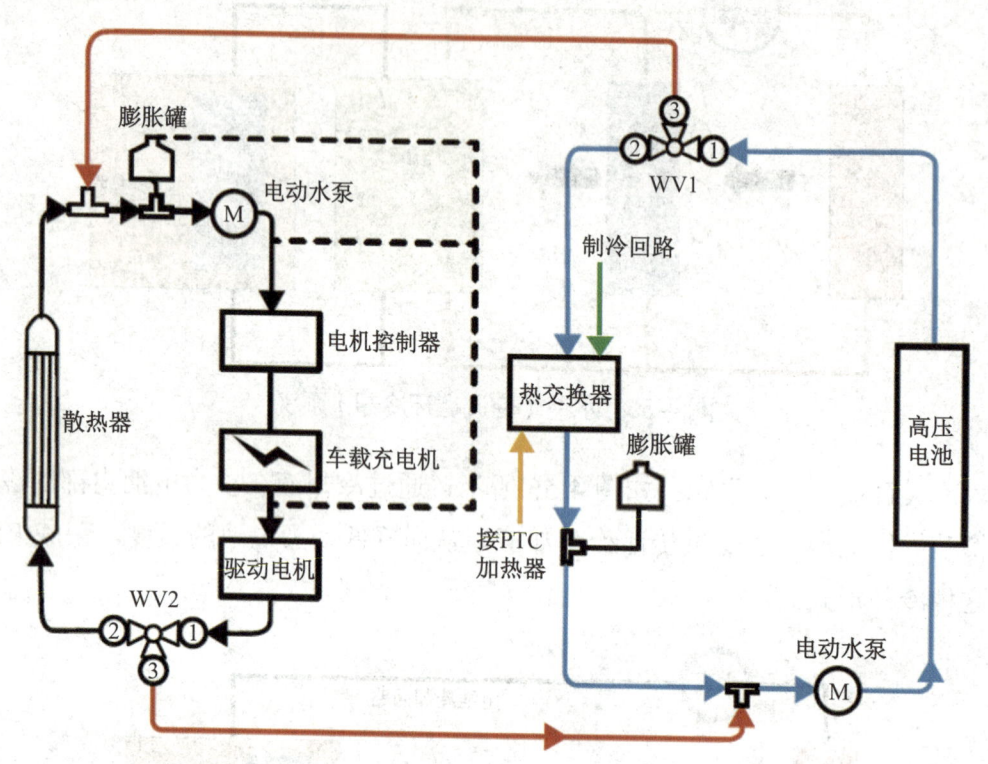

图 4-58 吉利帝豪 EV450 纯电动汽车冷却系统组成图

1. 冷却系统的组成

驱动电机冷却系统主要包括电机控制器、车载充电机、驱动电机、电动水泵、膨胀罐、散热器、散热器风扇、相关管路、电控三通阀 WV2。

动力电池冷却系统主要包括动力电池、电动水泵、热交换器、膨胀罐、相关管路、电控三通阀 WV1，具备动力电池冷却和加热两个功能。上述两套冷却系统共用一个膨胀罐。

2. 主要部件的功能

电动水泵（见图 4-59）：电动水泵由低压电路驱动，为冷却液的循环提供压力，使冷却液在冷却系统中循环流动，带走发热部件散发出的热量。吉利帝豪 EV450 有两个电动水泵，分别为驱动电机和动力电池冷却。

冷却风扇和散热器（见图 4-60）：散热器安装在车辆前部，将冷却液的热量传递给外界空气。冷却风扇总成安装在散热器的后部，可以增加散热器的通风量，从而有助于加快车辆低速行驶时的冷却速度。

冷却液：冷却液是由水和 40%～60% 的冷却液添加剂混合而成的，能提供 -25～-40℃ 的防冻保护，能防止金属零件腐蚀，防止水垢，提高冷却液的沸点。为了车辆的安全，请使用厂家指定的冷却液。

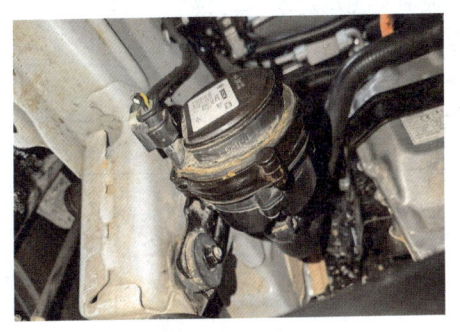

图 4-59 电动水泵

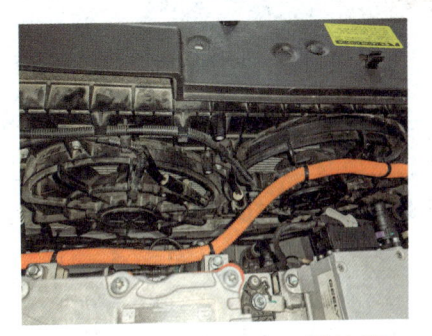

图 4-60 冷却风扇和散热器

膨胀罐：如图 4-61 所示，膨胀罐是一个透明塑料罐，通过水管与散热器连接。随着冷却液的温度逐渐升高并膨胀，部分冷却液因膨胀而流入膨胀罐，散热器和水道中滞留的空气也被排入膨胀罐。车辆停止后，冷却液温度下降并收缩，先前排出的冷却液被吸回散热器。当冷却系统处于冷态时，冷却液面应保持在膨胀罐上的 L（最低）和 F（最高）标记之间。

热交换器：如图 4-62 所示是吉利帝豪 EV450 的热交换器，上面连接有冷却液管路和空调管路。冷却液和制冷剂同时流入热交换器，冷却液的热量被制冷剂带走，温度降低。

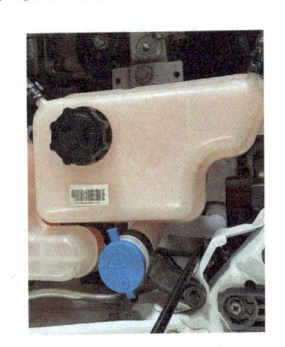

图 4-61 膨胀罐

图 4-62 吉利帝豪 EV450 的热交换器

3．冷却系统工作过程

驱动电机冷却系统的工作过程：散热器出水→电动水泵→电机控制器→车载充电机→驱动电机→电控三通阀 WV2，驱动电机流出的较高温度冷却液通过散热器与空气进行热交换降温，经过降温的冷却液再流经冷却系统各部件，如此循环往复达到冷却的目的。

动力电池冷却系统的工作过程：当电池有冷却需求时，压缩机启动，电池冷却液回路通过热交换器与空调回路中的制冷剂进行换热，使电池温度降低。当电池有加热需求时，PTC 加热器启动，同样电池回路通过热交换器与 PTC 加热回路中的冷却液进行换热，使电池温度升高。通过上述过程使动力电池在最优温度区间工作，更高效地满足车辆在不同环境工况下的使用需求。

4.3.5.4 认识冷却系统—工作页

（1）纯电动汽车上的主要发热部件有哪些？

（2）简述冷却系统的作用。
_____
_____

（3）画出冷却系统分类的思维导图。

（4）冷却系统的组成及工作过程（吉利帝豪 EV450）。

① 写出冷却系统主要部件的名称并简述其功能。

名称	功能

② 驱动电机冷却系统主要包括_____、_____、_____、电动水泵、膨胀罐、散热器、散热器风扇、相关管路、电控三通阀 WV2。请写出驱动电机冷却系统工作过程：
_____
_____。

③ 动力电池冷却系统主要包括_____、电动水泵、_____、膨胀罐、相关管路、电控三通阀 WV1，具备_____和_____两个功能。请分别写出两个功能对应的工作过程：
_____
_____
_____。

4.3.6 冷却系统检查与维护

冷却系统检查与维护项目主要有：冷却系统基本检查及冷却液更换。

4.3.6.1 冷却系统基本检查

（1）检查冷却系统各软管的安装及连接情况，有无裂纹、损伤和泄漏。

（2）检查驱动电机冷却液液位和暖风系统冷却液液位，应在最高标记线 F 与最低标记线 L 之间（见图 4-63）。如果液位不在规定范围内，应添加至规定范围内。

（3）缓慢拧开膨胀罐盖，查看冷却液颜色是否浑浊（见图 4-64），如果冷却液颜色浑浊，则应更换。注意：散热状态时切勿拧开膨胀罐盖，以免烫伤。

图 4-63 检查冷却液液位

图 4-64 查看冷却液颜色

（4）使用冰点检测仪检查冷却液冰点（见图 4-65），所测冰点应小于或等于-40℃。提示：冷却系统使用乙二醇型冷却液（G11/G12）。

（5）检查驱动电机冷却系统的散热器表面有无异物、泄漏、变形等（见图 4-66）。

图 4-65 检查冷却液冰点

图 4-66 检查散热器

4.3.6.2 冷却液更换

下面以吉利帝豪 EV450 纯电动汽车的驱动电机冷却系统为例来介绍如何更换冷却液。

（1）打开冷却液膨胀罐盖，用透气的布盖住加注口防止异物进入（见图 4-67）。

（2）举升车辆至合适位置，断开散热器出水管（见图 4-68），用容器接住放出的冷却液（见图 4-69）。注意：必须佩戴防酸碱橡胶手套和护目镜，防止冷却液飞溅到皮肤或眼中。同时应遵守国家相关的法律法规回收冷却液，等待集中处理。严禁将冷却液排入下水管道，以免污染环境。

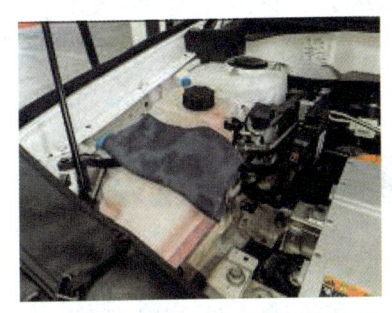

图 4-67 打开冷却液膨胀罐盖并盖住

图 4-68 断开散热器出水管

图 4-69 接住放出的冷却液

（3）连接散热器出水管，进行管路检查，确保冷却管路连接完整。

（4）加注冷却液。

① 静态加注：将车辆启动至 ON 挡且非充电状态，连接诊断仪，选择 EV450 车型—自动空调系统（AC）—特殊功能—热管理系统冷却液加注过程，出现冷却液加注功能选项界面（见图 4-70）。选择加注初始化（见图 4-71），点击执行，车辆处于加注初始化状态。

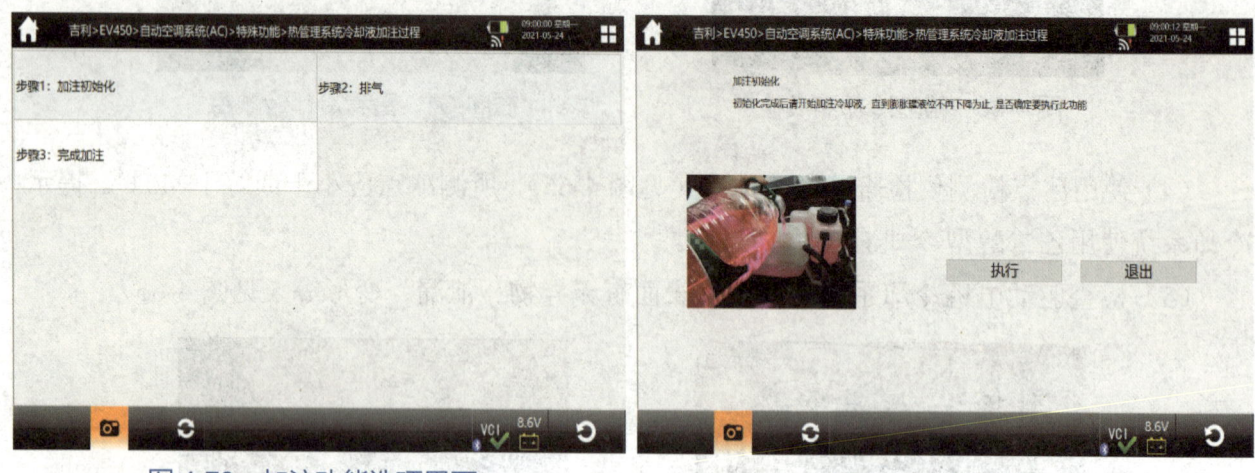

图 4-70　加注功能选项界面

图 4-71　加注初始化

② 缓慢加注冷却液（见图 4-72），直至膨胀罐内冷却液量达到 80% 左右，且液位不再下降。提示：冷却液不能重复使用，不同型号的冷却液不能混合使用，必须使用厂家规定的乙二醇型驱动电机冷却液（冰点小于或等于-40℃），禁止使用普通清水。

③ 冷却系统排气（见图 4-73）：操作故障诊断仪，使车辆处于排气状态，如果液位下降，请及时补充冷却液，排气过程时长不小于 10min。

图 4-72　加注冷却液

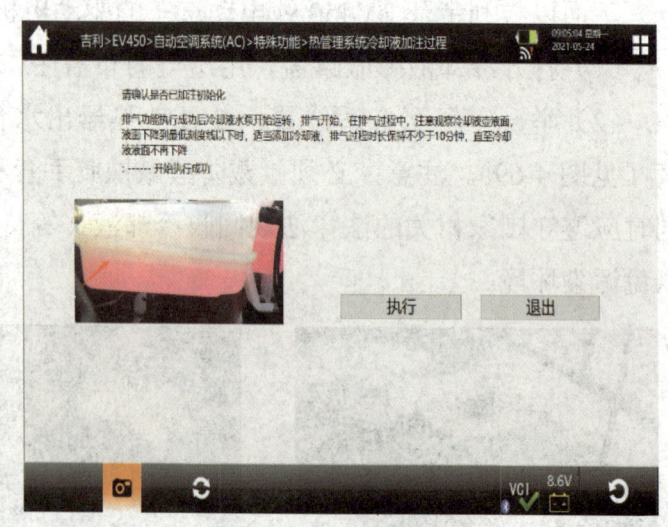

图 4-73　冷却系统排气

④ 观察膨胀罐内冷却液下降情况，及时补充冷却液，保持冷却液液位处于 F 线和 L 线之间。

⑤ 加注完成：操作故障诊断仪，完成加注，使车辆恢复默认模式（见图 4-74）。

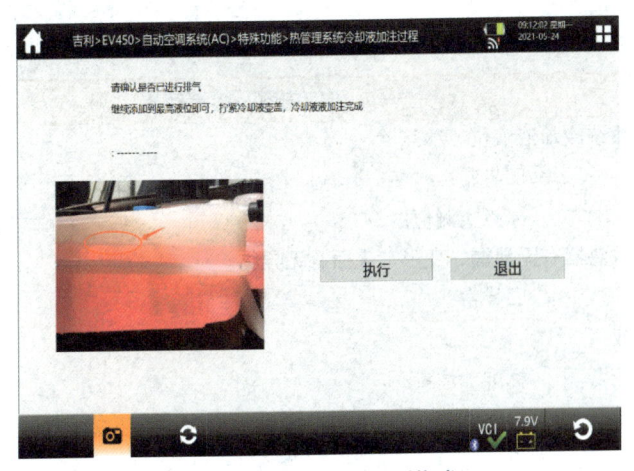

图 4-74　恢复默认模式

⑥ 举升车辆，检查冷却液管路有无泄漏。

⑦ 降下车辆，冷却液更换结束。

4.3.6.3　冷却系统检查与维护—工作页

（1）请写出冷却系统检查与维护的操作步骤、技术要点/注意事项。

序号	操作步骤	技术要点/注意事项

（2）工作记录单。

工作项目	工作内容及检查结果
准备工作	检查工位、安全防护用具、工具、检测设备、车辆防护
冷却系统基本检查	1. 检查各软管的安装、连接情况及有无裂纹、损伤和泄漏 □正常　　　　　□异常： 2. 检查驱动电机冷却液液位及冰点 液位：□正常　　□异常 冷却液型号：　　　冰点实测值：

冷却系统检查与维护

147

续表

工作项目	工作内容及检查结果
冷却系统基本检查	3. 检查暖风系统冷却液液位、冰点 液位：□正常　　　　□异常： 冷却液型号：　　　　冰点实测值： 4. 目视检查散热器有无泄漏、变形，表面有无异物 □正常　　　　□异常：
冷却液更换（驱动电机冷却系统）	1. 加注冷却液 冷却液型号：　　　　标准加注量： 2. 冷却系统排气 排气时间： 3. 加注后的冷却液液位 液位：□正常　　　　□异常： 4. 加注后检查冷却液管路有无泄漏 □正常　　　　□异常：
整理工位	恢复车辆及场地、整理工具，清洁工位

（3）冷却系统检查与维护评价表。

序号	评价内容	评价标准	配分	得分
1	准备工作	正确检查维修工位、安全防护用具、工具及检测设备 进行车辆外观及安全检查，铺设车辆内外防护	10	
2	冷却系统基本检查	正确检查冷却系统各软管的安装及连接情况，驱动电机冷却液液位和暖风系统冷却液液位，冷却液冰点及散热器	10	
3	排放冷却液	正确排放冷却液，并按相关法律法规回收冷却液	25	
4	加注冷却液	正确使用故障诊断仪进行冷却液加注和排气 正确检查冷却液管路有无泄漏	30	
5	安全事故	未按正确安全操作程序，损伤、损毁车辆，造成人员伤害，视情节扣2~10分，特别严重安全事故的终止操作，成绩记0分	10	
6	过程记录	对工作过程进行记录，记录完整、翔实	5	
7	工作过程	工作态度积极，文明操作，轻拿轻放，言行举止等合乎要求	5	
8	5S管理	野蛮操作扣2分，有不文明语言扣2分，扣完为止	5	

4.3.7　认识充电系统

4.3.7.1　充电系统的作用

充电系统是电动汽车的能源补给系统，为车辆持续行驶提供保障。充电系统主要有交流充电系统（又称慢充）和直流充电系统（又称快充）两种。

4.3.7.2　交流充电系统的组成

如图 4-75 所示，交流充电系统主要由供电设备、充电电缆、交流充电口（慢充口）、车载充电机、高压线束、高压配电盒、动力电池、组合仪表和低压控制线束等部件组成。交流充电系统的特点是充电功率小、充电时间长，充电设备成本低。

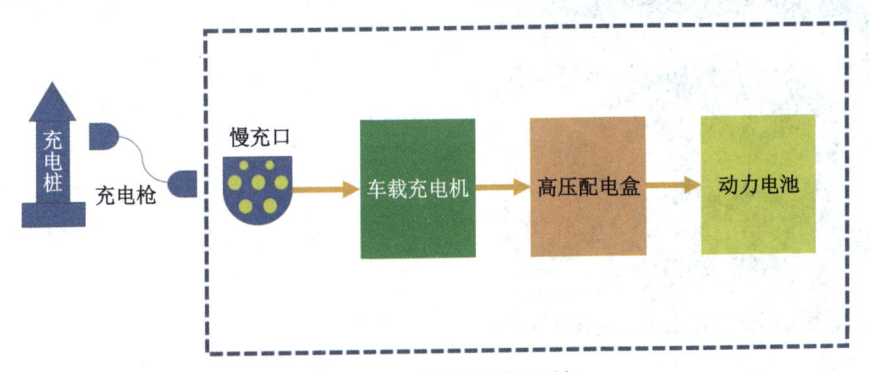

图 4-75 交流充电系统

4.3.7.3 交流充电系统的主要部件

1. 车载充电机（OBC）

如图 4-76 所示，车载充电机固定安装在电动汽车上，通过高压线束和慢充口与交流充电桩或 220V 家用交流供电插座相连，将 220V 交流电转化为直流电为动力电池充电。充电过程中能够智能化监控充电状态，调整充电功率。车载充电机采用高频开关电源技术，具备过压、欠压、过流、欠流等多种保护措施，当充电系统出现异常时会及时切断供电。目前车载充电机的功率通常有两种规格，分别是 3.3kW 和 6.6kW，充电速度相对较慢。表 4-5 所示是吉利帝豪 EV450 车载充电机规格参数。

图 4-76 车载充电机

表 4-5 吉利帝豪 EV450 车载充电机规格参数

项目	参数	单位
输入电压	85～265	V
输入频率	50±2%	Hz
输入最大电流	32	A
输出电压	直流 200～450	V
输出最大功率	6.6	kW
输出最大电流	24	A
效率	≥93%	—
质量	10.5	kg
工作温度	-40～+80	℃
冷却液类型	50%水+50%乙二醇	—
冷却液流量要求	2～6	L/min

2. 交流充电口

如图 4-77 所示，交流充电口的作用是连接供电设备，使 220V 交流电输入车载充电机。同时，通过低压线束使供电设备和车载充电机之间进行相关控制信号的传递，表 4-6 所示是交流充电口的各端子功能说明。

表 4-6　交流充电口端子功能说明

名称	说明
CP	控制确认，该针脚信号正常说明充电枪和车上系统控制信号正常
CC	充电连接确认，该针脚信号正常说明充电枪和车身连接正常
N	家庭用电 220V 零线端，该针脚为零线供电端
PE	接地端，该针脚用于接地
L	家庭用电 220V 火线端，该针脚为火线供电端
NC1	B 相（空）
NC2	C 相（空）

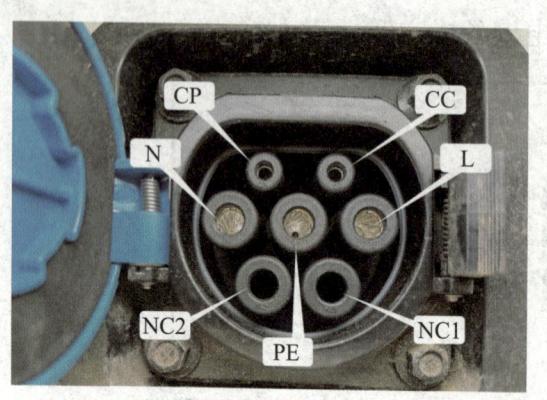

图 4-77　交流充电口

3. 动力电池

动力电池通过车载充电机进行充电。电池管理系统（BMS）通过控制器局域网络（CAN）总线接收车载充电机发送的充电请求，检测动力电池充电需求并向车载充电机发出充电指令。在充电过程中，BMS 监控充电电压、电流等参数并将这些信息发送给车载充电机，车载充电机根据这些信息调整充电电流。充电完成后，BMS 发送指令至车载充电机，停止充电。动力电池如图 4-78 所示。

4. 充电电缆

充电电缆用来连接供电设备与车载充电机。如图 4-79 所示，充电电缆通常有三种结构形式：（1）充电电缆一端是 220V 交流插头，另一端是连接交流充电口的充电枪，在充电电缆上有控制与保护装置；（2）充电电缆的两端各有一个充电枪，分别连接供电设备和交流充电口；（3）充电电缆的一端与供电设备是一体的，另一端是连接交流充电口的充电枪。

图 4-78　动力电池

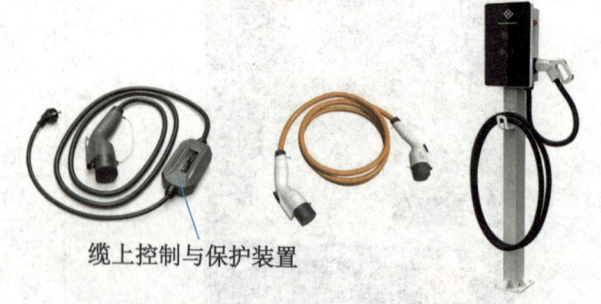

图 4-79　充电电缆的结构形式

5. 交流供电设备

交流充电系统的供电设备通常指的是落地式交流充电桩（见图 4-80）、壁挂式交流充电桩（见图 4-81）及便携式充电器。需要特别说明的是，交流充电系统的供电设备只提供 220V 交流电的输出，不进行任何形式的电力转换，相当于只发挥控制电源输出的作用。

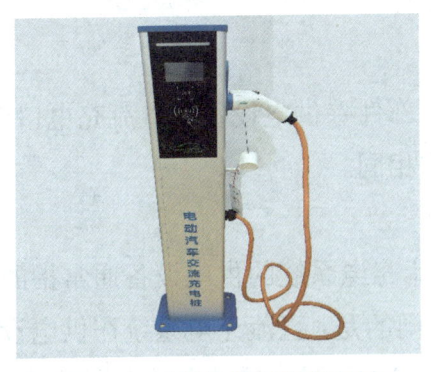

图 4-80　落地式交流充电桩

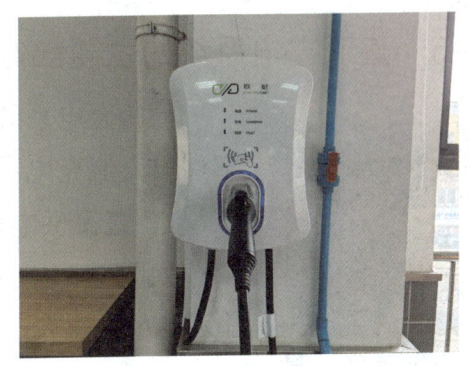

图 4-81　壁挂式交流充电桩

6. 组合仪表

车辆开始充电后，组合仪表点亮充电线连接指示灯和充电状态指示灯，并显示当前的充电状态、电压、电流等信息。图 4-82 所示是吉利帝豪 EV450 纯电动汽车充电时的组合仪表信息显示。

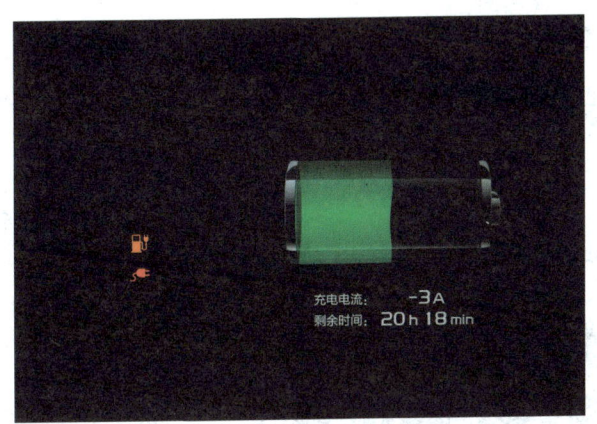

图 4-82　吉利帝豪 EV450 纯电动汽车充电时的组合仪表信息显示

4.3.7.4　直流充电系统的组成

如图 4-83 所示，直流充电系统主要由供电设备、充电电缆、直流充电口（快充口）、高压线束、高压配电盒、动力电池、组合仪表和低压控制线束等部件组成。直流充电系统的特点是充电功率大、充电时间短，充电设备成本较高，通常设置在公共充电站。

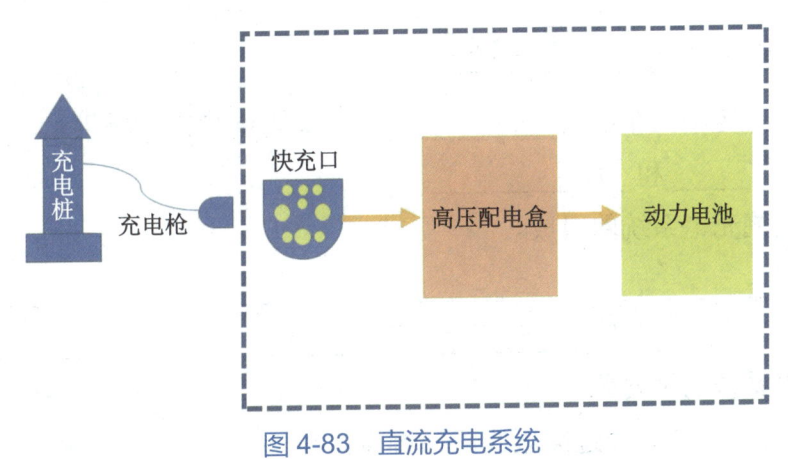

图 4-83　直流充电系统

4.3.7.5 直流充电系统的主要部件

直流充电系统的主要部件除供电设备和直流充电口以外，其他部件与交流充电系统基本相同。

1. 直流供电设备

如图 4-84 所示，直流充电系统的供电设备通常指的是直流充电桩。与交流充电系统不同的是，直流充电系统在供电设备内部有非车载充电机，可用于交直流转换，从充电枪直接输出高压直流电。

当供电设备的充电枪连接到车辆直流充电口时，电池管理系统（BMS）向供电设备发送充电指令，动力电池的高压正负极接触器闭合开始充电。直流充电的功率可以达到 60～120kW，通常 30min 就可以充电至 80%。

图 4-84 直流充电桩

2. 直流充电口

如图 4-85 所示，直流充电口通过高压线束直接与动力电池连接。直流充电口通过低压线束使直流供电设备和电池管理系统 BMS 之间进行相关控制信号的传递。表 4-7 所示是直流充电口端子功能说明。

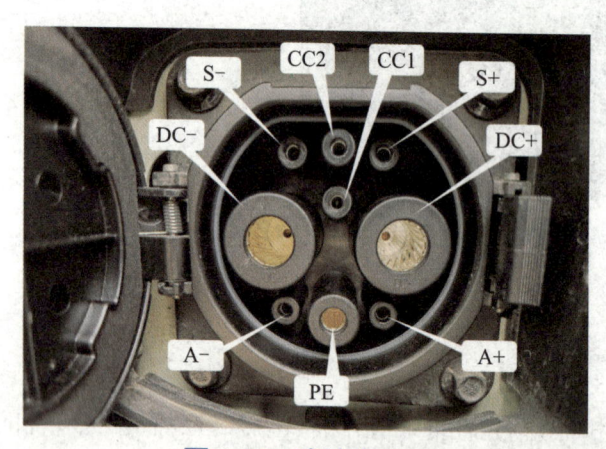

图 4-85 直流充电口

表 4-7 直流充电口端子功能说明

名称	说明
DC-	直流电源负极
DC+	直流电源正极
PE	车身地（搭铁）
S+	充电通信 CAN_H
S-	充电通信 CAN_L
A-	低压辅助电源负极
A+	低压辅助电源正极
CC1	充电连接确认 1
CC2	充电连接确认 2

4.3.7.6 认识充电系统—工作页

（1）充电系统是电动汽车的_____，为车辆持续行驶提供_____。充电系统主要有_____和_____。

（2）请写出交流充电系统的组成。

_____

_____。

（3）交流充电系统的主要部件

① 车载充电机（OBC）通过高压线束和慢充口与_____或_____相连，

将 220V 交流电转化为直流电为动力电池充电。充电过程中能够智能化监控_____，调整_____。车载充电机功率为_____kW 或_____kW。

② 请写出交流充电口各端子的功能。

名称	功能
CP	
CC	
L	
N	
NC1	
NC2	
PE	

③ 动力电池通过_____进行充电。BMS 向车载充电机发出_____，在充电过程中，监控_____、_____等参数并将这些信息发送给车载充电机，车载充电机根据这些信息调整充电电流。充电完成后，BMS 发送指令至车载充电机，停止充电。

④ 写出充电电缆常见的三种结构形式。
_____
_____

⑤ 供电设备通常指的是交流充电桩、_____及便携式充电器。交流充电系统的供电设备只提供_____V 交流电的输出，不进行_____，只是起到_____作用。

⑥ 写出吉利帝豪 EV450 进行交流充电时组合仪表上显示的信息。
_____
_____

（4）直流充电系统主要由供电设备、充电电缆、_____、高压线束、高压配电盒、动力电池、组合仪表和低压控制线束等部件组成。直流充电系统的特点是_____、_____。直流充电设备一般设置在_____。

（5）直流充电系统的主要部件。

① 供电设备通常指的是直流充电桩，与交流充电系统不同的是，直流充电系统在供电设备内部有_____，可用于_____，从充电枪直接输出_____。

② 当供电设备的充电枪连接到车辆直流充电口时，BMS 向供电设备发送_____，动力电池的_____闭合开始充电。直流充电的功率可以达到_____，通常 30min 就可以充电至_____。

153

③ 请写出直流充电口各端子的功能。

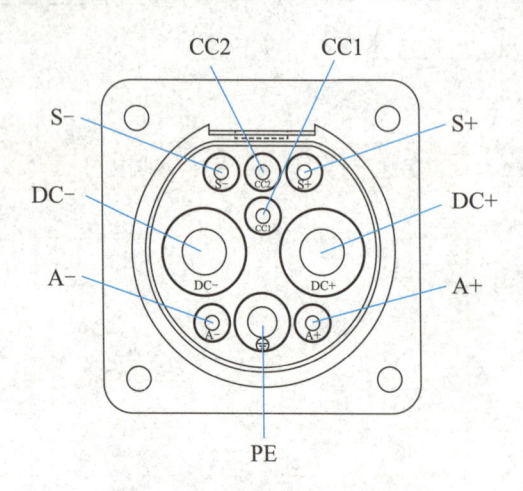

名称	功能
CC1	
CC2	
S-	
S+	
DC-	
DC+	
A-	
A+	
PE	

4.3.8 充电系统检查与维护

充电系统检查与维护项目包括充电系统基本检查、充电系统绝缘电阻检测和接地电阻测量。

4.3.8.1 充电系统基本检查

（1）检查车载充电机外观，表面是否有油渍污垢，警告标签有无破损脏污（见图4-86）。

（2）检查高低压线束有无烧蚀、老化、损坏现象，接插件是否松动（见图4-87）。

（3）目视检查交、直流充电口端子有无异物、烧蚀等现象（见图4-88和图4-89）。注意：检查时佩戴绝缘手套、护目镜。

图 4-86 检查车载充电机外观

图 4-87 检查高低线束及接插件

图 4-88 检查交流充电口端子

图 4-89 检查直流充电口端子

（4）使用便携式充电器对车辆进行充电。检查交流充电口照明灯是否正常（见图4-90），充电时显示颜色是否为绿色（见图4-91）。观察组合仪表的充电线连接指示灯和充电状态指示灯显示是否正常（见图4-92）。

图4-90　检查交流充电口照明灯

图4-91　检查充电时显示颜色

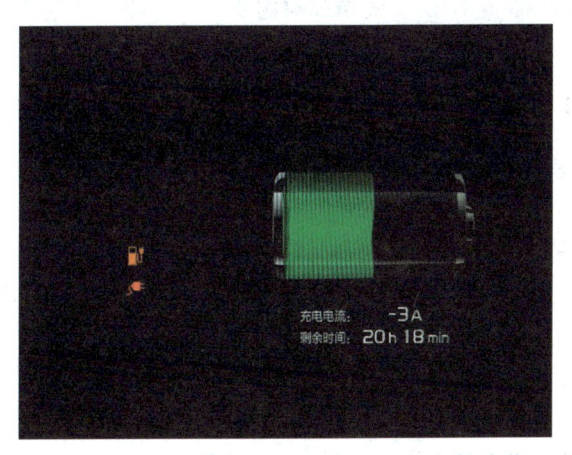

图4-92　检查充电线连接指示灯和充电状态指示灯

充电系统检查与维护

（5）检查电子锁功能（见图4-93）。充电过程中，按下充电枪上的微动开关，应无法拔出充电枪。拉动前机舱的应急解锁拉线，能够拔出充电枪（见图4-94）。

图4-93　检查电子锁功能

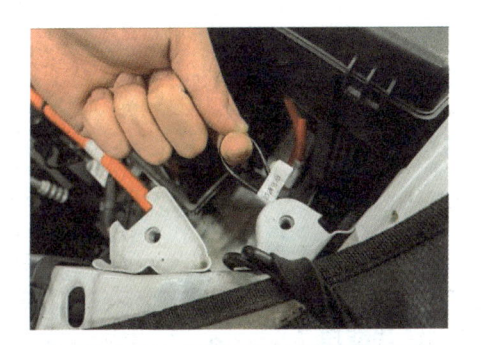

图4-94　检查应急解锁拉线

4.3.8.2　充电系统绝缘电阻、接地电阻测量

操作前，先断开车辆高压电。

（1）测量交流充电口L对PE、N对PE的绝缘电阻，标准值大于或等于20MΩ（见图4-95）。

测量直流充电口 DC+对 PE、DC-对 PE 的绝缘电阻，标准值大于或等于 20MΩ（见图 4-96）。

（2）检查车载充电机接地线紧固情况，拧紧力矩为 9N·m。测量车载充电机接地电阻，阻值应小于或等于 100mΩ（见图 4-97）。

（3）操作结束后，按要求恢复车辆高压电。启动车辆，确认 READY 指示灯正常点亮。

| 图 4-95 测量交流充电口绝缘电阻 |  图 4-96 测量直流充电口绝缘电阻 |  图 4-97 测量车载充电机接地电阻 |

4.3.8.3 充电系统检查与维护—工作页

（1）写出充电系统检查与维护的操作步骤、技术要点/注意事项。

序号	操作步骤	技术要点/注意事项

（2）工作记录单。

工作项目	工作内容及检查结果
准备工作	检查工位、安全防护用具、工具、检测设备、车辆防护
充电系统基本检查	1. 检查车载充电机表面是否有油渍污垢，警示标签有无破损脏污，高低压线束有无烧蚀、老化、损坏现象，插接件是否松动 □正常　　　　□异常：

续表

工作项目	工作内容及检查结果
充电系统基本检查	2. 目视检查交、直流充电口端子有无异物、烧蚀现象 □正常　　　　　□异常： 3. 检查充电功能 （1）电子锁 □正常　　　　　□异常： （2）充电口照明灯 □正常　　　　　□异常： （3）充电线连接指示灯 □点亮　　　　　□不亮 （4）充电状态指示灯 □点亮　　　　　□不亮 （5）交流充电口指示灯 □白色　　□绿色　　□红色　　□黄色　　□蓝色 交流充电口点亮指示灯的含义是_____ （6）应急解锁功能 □正常　　　　　□异常： （7）对外放电功能 □正常　　　　　□异常：
高压断电	车载充电机端直流母线高压插件 HV+ 与 HV- 之间电压：实测值_____
充电系统绝缘电阻、接地电阻测量	1. 数字绝缘电阻测试仪电压挡位选择：_____V 2. 交流充电口 （1）L 对 PE 实测值：　　　　　标准值： （2）N 对 PE 实测值：　　　　　标准值： 3. 直流充电口 （1）DC+ 对 PE 实测值：　　　　　标准值： （2）DC- 对 PE 实测值：　　　　　标准值： 4. 检查车载充电机接地线束紧固情况，测量接地电阻 实测值：　　　　　标准值：
整理工位	恢复车辆及场地、整理工具，清洁工位

（3）充电系统检查与维护评价表。

序号	评价内容	评价标准	配分	得分
1	准备工作	正确检查维修工位、安全防护用具、工具及检测设备 进行车辆外观及安全检查，铺设车辆内外防护	10	
2	充电系统基本检查	正确检查车载充电机外观，高低压线束及插件 正确检查交、直流充电口端子 正确检查充电功能、放电功能，组合仪表显示充电电流、 剩余时间、电子锁及应急解锁功能	20	

续表

序号	评价内容	评价标准	配分	得分
3	高压断电	正确执行高压断电：关闭启动开关→断开12V蓄电池负极→等待5min→断开车载充电机端直流母线→验电 佩戴安全防护用具、12V蓄电池负极做安全防护	15	
4	充电系统绝缘电阻、接地电阻测量	正确测量交流充电口L对PE、N对PE的绝缘电阻并判断测量结果 正确测量直流充电口DC+对PE、DC-对PE的绝缘电阻并判断测量结果 正确测量车载充电机接地电阻并判断测量结果	20	
5	高压上电	正确执行高压上电，确认READY指示灯正常点亮	10	
6	安全事故	未按正确安全操作程序，损伤、损毁车辆，造成人员伤害，视情节扣2~10分，特别严重安全事故的终止操作，成绩记0分	10	
7	过程记录	对工作过程进行记录，记录完整、翔实	5	
8	工作过程	工作态度积极，文明操作，轻拿轻放，言行举止等合乎要求	5	
9	5S管理	野蛮操作扣2分，有不文明语言扣2分，扣完为止	5	

4.3.9 认识低压电气系统

低压电气系统是新能源汽车的"神经"，承担着各用电设备之间的控制及信号传递的功能，对整车的动力性、经济性、安全性和舒适性等有很大的影响，是新能源汽车的重要组成部分。

4.3.9.1 低压电气系统的组成与作用

新能源汽车低压电气系统的组成与传统汽车基本一致，一般包括4个部分：低压电源、低压用电设备、低压配电设备及电子控制单元。

1. 低压电源

低压电源包括12V蓄电池、DC-DC转换器。传统燃油汽车的交流发电机利用发动机的旋转发电，发出的电能提供给低压用电设备并为12V蓄电池充电。如图4-98所示，新能源汽车采用DC-DC转换器将动力电池的高压直流转为低压直流电，为整车提供低压电源，所以可以省去交流发电机。

12V蓄电池智能充电：长期停放的车辆容易造成12V蓄电池亏电。12V蓄电池严重亏电将会导致车辆无法启动上电。为避免这一问题，新能源汽车具有智能充电功能。如图4-99所示，车辆停放过程中VCU将持续对12V蓄电池的电压进行监控，当电压低于设定值时，VCU会唤醒BMS

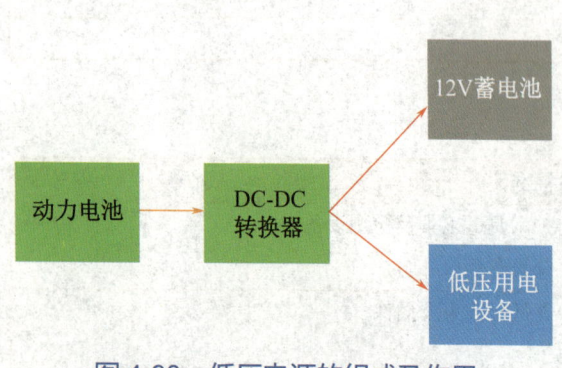

图4-98 低压电源的组成及作用

使动力电池输出高压电。同时电机控制器通过 DC-DC 转换器对 12V 蓄电池进行充电。

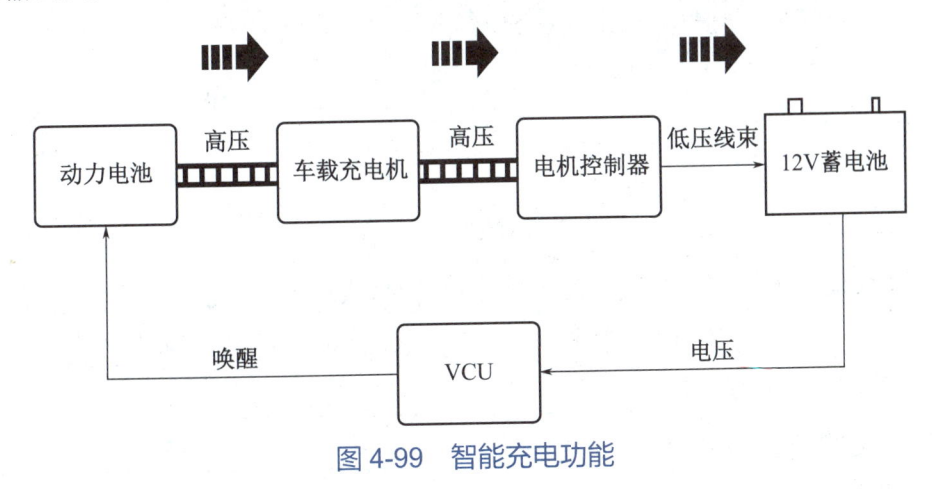

图 4-99 智能充电功能

2．低压用电设备

主要包括灯光系统，如前照灯、日间行车灯、门灯等，为车辆提供车内外照明；示宽灯、转向灯、制动灯等，为行人车辆提供安全警报信号；仪表与监测系统，如电机功率表、电量表和各种指示灯，实时监测和报告汽车运行情况；舒适娱乐系统，如多媒体、天窗、电动门窗和电动刮水器等，提高汽车驾驶和乘坐的舒适性。

3．低压配电设备

主要包括中央接线盒、开关、熔断器、继电器、插接器和导线等，为汽车电气系统的安全运行、操作和维修提供方便。

4．电子控制单元

新能源汽车上的电子控制单元包括 VCU、MCU、OBC、BMS、ABS、EPS 等，工作电源和唤醒信号都由 12V 电源提供，此外，还包括 CAN 总线网络系统，用来实现车辆电子控制单元之间的相互通信。

4.3.9.2 低压电气系统的特点

（1）新能源汽车低压电气系统采用直流电工作。

（2）新能源汽车低压电气系统普遍采用 12V 直流电源。对于 48V 轻混这样的车型，其部分用电设备，如电动压缩机、电动涡轮增压器等，使用的是 48V 直流电源。

（3）与传统汽车一样，新能源汽车将 12V 蓄电池和低压用电设备的负极都接到车架上，使用车身作为公共负极，称为负极搭铁或接地。

（4）低压用电设备采用单线制，只用一根导线与 12V 电源的正极连接，节省导线、线路清晰、安装检修方便，用电设备不需要与车体绝缘。

4.3.9.3 认识低压电气系统—工作页

（1）新能源汽车低压电气系统由_____、_____、_____和_____4个部分组成。

（2）画出低压电源系统的组成图并简述其作用。

```
┌─────────────────────────────────────────────────────────┐
│                                                         │
│                                                         │
│                                                         │
│                                                         │
│                                                         │
└─────────────────────────────────────────────────────────┘
```

（3）当车辆长期停放导致 12V 蓄电池严重亏电时，VCU 将唤醒_____使动力电池输出_____。_____对 12V 蓄电池进行充电。上述这种功能称为_____。

（4）低压用电设备主要包括_____、_____和_____。

（5）低压配电设备主要包括_____，为汽车电气系统的安全运行、操作和维修提供方便。

（6）新能源汽车上的控制单元主要有_____，其工作电源和唤醒信号都由_____提供。CAN 总线网络系统用来实现_____。

（7）请总结低压电气系统的特点。
_____
_____

4.3.10 低压电气系统检查与维护

低压电气系统的检查与维护项目包括组合仪表检查、低压电源系统静态电压和动态电压检查、控制单元故障查询及外部灯光系统检查等。

4.3.10.1 组合仪表检查

启动车辆，检查组合仪表的显示情况，包括 READY 指示灯、蓄电池故障指示灯、系统故障指示灯等（见图 4-100）。

图 4-100　组合仪表显示情况

4.3.10.2 低压电源系统检查

（1）低压电源系统静态电压。关闭启动开关和用电设备，使用数字万用表测量 12V 蓄电池正负极之间的电压，标准值不低于 12V（见图 4-101）。

（2）低压电源系统动态电压。启动车辆至高压上电状态，使用数字万用表测量 12V 蓄电池正负极之间的电压，数值范围为 13.2～14V。如果低于正常范围，说明 DC-DC 转换器或其线路存在故障（见图 4-102）。

图 4-101　测量低压电源系统静态电压

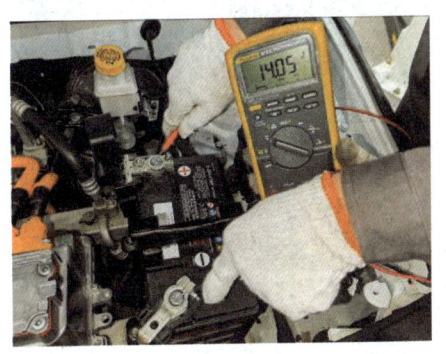

图 4-102　测量低压电源系统动态电压

4.3.10.3　控制单元故障查询

检查 VCU、PEU（软件中为 IPU）、BMS、OBC 控制单元通信状态及有无故障码，记录后清除（见图 4-103～图 4-106）。

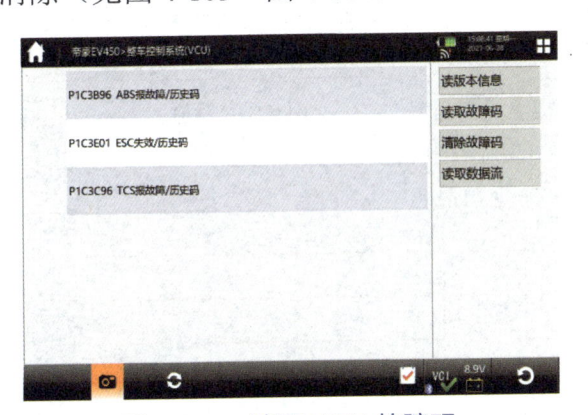

图 4-103　读取 VCU 故障码

图 4-104　读取 PEU 故障码

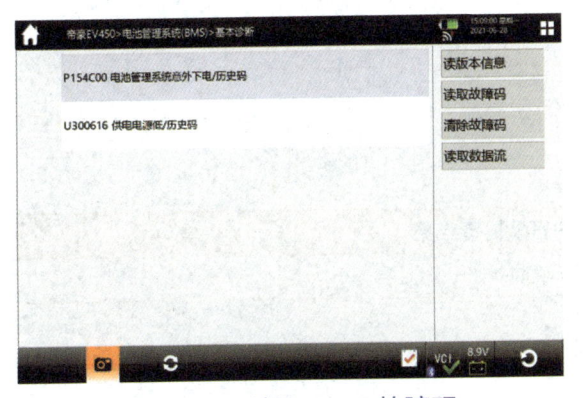

图 4-105　读取 BMS 故障码

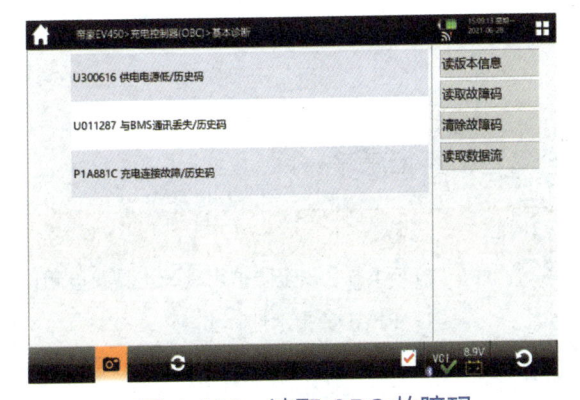

图 4-106　读取 OBC 故障码

4.3.10.4　外部灯光系统检查

（1）检查外部灯光系统。启动车辆至高压上电状态，检查日间行车灯、示宽灯、近光灯、

转向灯、雾灯、制动灯、危险警告灯是否正常（见图4-107）。

（2）检查超车灯是否正常（见图4-108）。

图 4-107　检查外部灯光

图 4-108　检查超车灯是否正常

4.3.10.5　低压电气系统检查与维护—工作页

（1）写出低压电气系统检查与维护的操作步骤、技术要点/注意事项。

序号	操作步骤	技术要点/注意事项

（2）工作记录单。

工作项目	工作内容及检查结果
准备工作	检查工位、安全防护用具、工具及检测设备、车辆防护
组合仪表检查	1. READY 指示灯 □点亮　　□不亮　　□点亮后熄灭 2. 系统故障指示灯 □点亮　　□不亮　　□点亮后熄灭 3. 其他故障指示灯情况记录：＿＿＿＿＿＿＿
低压电源系统检查	1. 额定电压：＿＿＿＿　额定容量：＿＿＿＿　冷启动电流：＿＿＿＿ 2. 静态电压实测值：＿＿＿＿　动态电压实测值：＿＿＿＿

工作项目	工作内容及检查结果
控制单元故障查询	1. 检查 VCU、PEU、BMS、OBC 模块通信状态 □通信正常　　　　□不能通信的模块： 2. 检查 VCU、PEU、BMS、OBC 故障码 □无 DTC　　　　　□有 DTC：
外部灯光检查	1. 外部灯光检查记录： 2. 超车灯功能检查记录：
整理工位	恢复车辆及场地、整理工具，清洁工位

（3）低压电气系统检查与维护评价表。

序号	评价内容	评价标准	配分	得分
1	准备工作	正确检查维修工位、安全防护用具、工具及检测设备 进行车辆外观及安全检查，铺设车辆内外防护	10	
2	组合仪表	启动车辆，检查组合仪表的显示情况	15	
3	低压电源系统检查	正确测量静态电压和动态电压，并判断结果	15	
4	控制单元故障查询	正确使用故障诊断仪检查 VCU、PEU、BMS、OBC 模块通信状态及故障码	20	
5	车身电气设备	正确检查外部灯光	15	
6	安全事故	未按正确安全操作程序，损伤、损毁车辆，造成人员伤害，视情节扣 2～10 分，特别严重安全事故的终止操作，成绩记 0 分	10	
7	过程记录	对工作过程进行记录，记录完整、翔实	5	
8	工作过程	工作态度积极，文明操作，轻拿轻放，言行举止等合乎要求	5	
9	5S 管理	野蛮操作扣 2 分，有不文明语言扣 2 分，扣完为止	5	

4.3.11　认识空调系统

4.3.11.1　空调系统的作用

（1）调节车内空气的温度。汽车空调通过暖风装置在冬季使车内温度达到 18℃以上，并能除去风窗玻璃上的霜（雾）；在夏季制冷装置使车内温度保持在 25℃左右。

（2）调节车内空气的湿度。制冷装置和暖风装置可以进行除湿，通过制冷装置冷却，去除空气中的水分，再由暖风装置升温以降低空气中的相对湿度，保持车内湿度合适。

（3）调节车内空气流动。用于调节车内的气体以一定的速度和方向流动进行换气，使车内有足够的新鲜空气。

（4）净化车内空气。车内空气中含有的灰尘及一些有害物质，可通过空调的净化装置滤除或吸附。

4.3.11.2　制冷系统的组成及工作过程

如图 4-109 所示，新能源汽车制冷系统主要包括电动压缩机、冷凝器、储液干燥器、膨胀阀、蒸发器和鼓风机等部件，各部件之间通过管路连接。

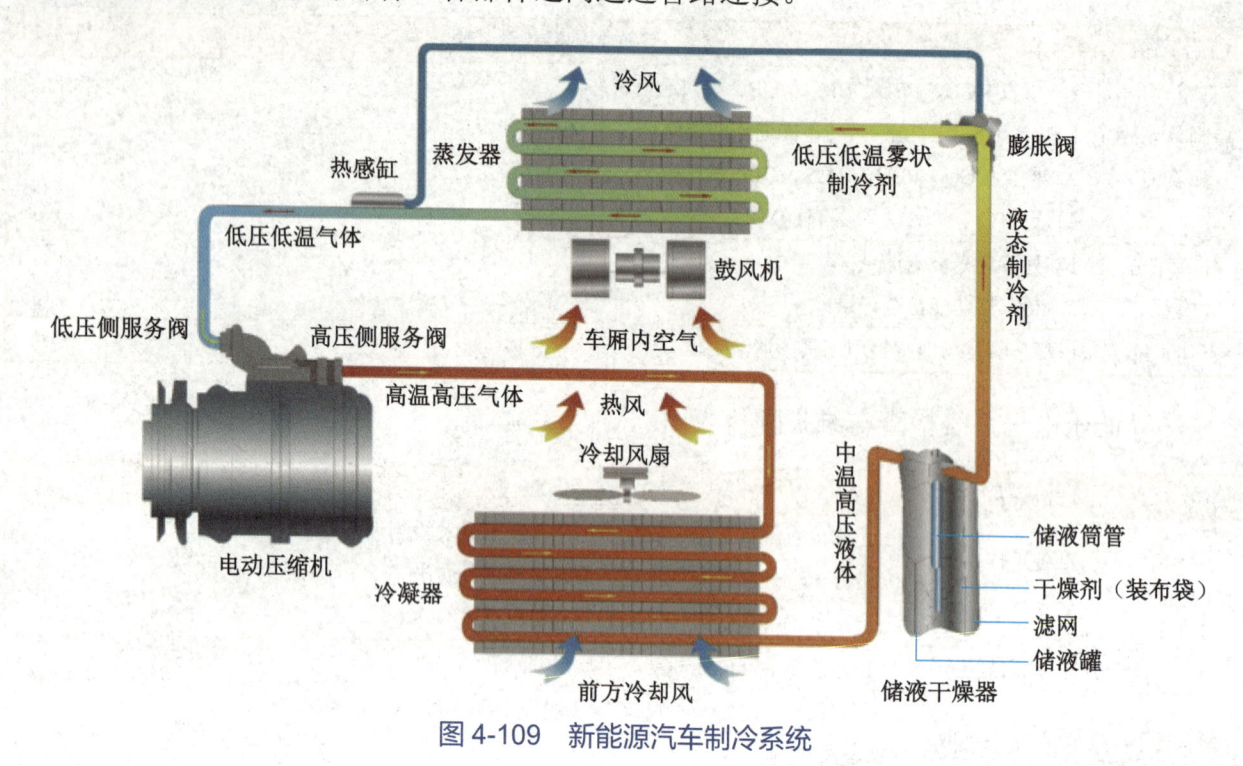

图 4-109 新能源汽车制冷系统

1. 制冷系统的主要部件

（1）电动压缩机：电动压缩机是空调制冷系统的心脏，是制冷剂在系统内循环的动力源。新能源汽车使用电动压缩机由动力电池输出的高压电驱动，其作用是将制冷剂由低温低压气体压缩为高温高压气体送入冷凝器。

（2）冷凝器：冷凝器的作用是将电动压缩机排出的高温高压制冷剂气体进行冷却，并使其凝结为液体，凝结时所放出的热量被排至大气中。冷凝器安装在车辆前部，与冷却系统的散热器相邻。

（3）储液干燥器：储液干燥器是一个储存制冷剂及吸收制冷剂水分、杂质的装置。

（4）膨胀阀：膨胀阀的作用是降低进入蒸发器内的制冷剂压力，控制进入蒸发器内的制冷剂流量。压力和温度同时降低，制冷剂雾化成液态微粒。

（5）蒸发器：蒸发器的作用与冷凝器正好相反，是制冷剂由液态变成气态（蒸发）吸收热量的场所。车内或外界湿热空气通过蒸发器时，蒸发器内液态雾状制冷剂吸收流经蒸发器的湿热空气热量，制冷剂蒸发而使空气冷却，湿气凝结成露水沿导流管排出车外。

（6）鼓风机：鼓风机的作用是将冷暖空气送入车内。

（7）制冷剂和冷冻油：制冷剂是一种在制冷系统中不断循环并通过其本身的状态变化以实现制冷的物质，其物理特性是沸点低，有一定的腐蚀性和吸水性。车辆使用较多的制冷剂类型是 R134a，这是一种无毒、阻燃、透明、无色的液化气体。冷冻油又称汽车空调压缩机润滑油，主要起润滑、密封、降温及能量调节等作用。

2. 制冷循环的工作过程

（1）压缩：电动压缩机在高压电驱动下旋转，吸入低温低压的气态制冷剂，经过压缩变为高温高压气态制冷剂排出。

（2）放热：高温高压的气态制冷剂进入冷凝器中被环境空气冷却，放出热量后由高温高压气态冷凝成中温高压液态。

（3）节流：液态制冷剂经储液器过滤除去水分后，通过膨胀阀或孔管的节流降压作用，变为低温低压的液雾状混合物进入蒸发器。

（4）吸热：低温低压的制冷剂在蒸发器内吸收周围空气中的热量，由液态变成低温低压的气态，又被吸入压缩机，开始下一个循环的工作。如此周而复始地循环工作，使车内温度降低。

4.3.11.3 暖风系统的组成及工作过程

目前，常用的新能源汽车暖风系统主要有三种：PTC风加热、PTC水加热及热泵空调。

1. PTC风加热

这种暖风系统只需要将传统燃油汽车空调暖风芯体替换为PTC加热器，再辅以必要的控制设备，就能直接运用到电动汽车上。空气被PTC加热后直接吹入车内，实现采暖功能。

2. PTC水加热

新能源汽车暖风系统如图4-110所示。PTC水加热暖风系统由鼓风机、PTC加热器、加热器水泵、加热芯体（暖风水箱）等组成。

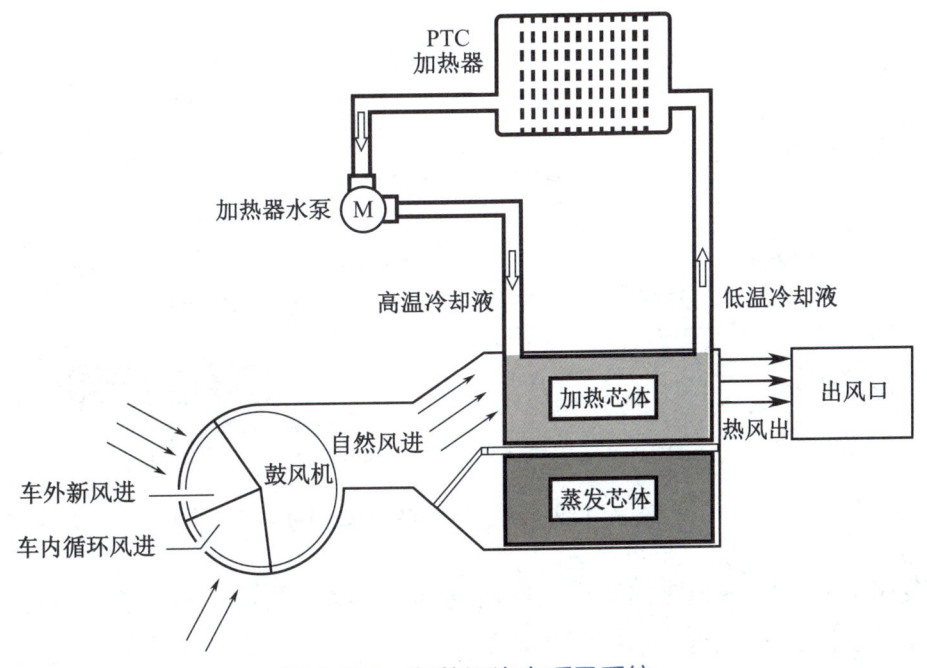

图4-110 新能源汽车暖风系统

（1）PTC加热器：PTC加热器由电阻膜和散热元件组成。在一定电压范围内，加热的功率随电流变化而变化，电阻膜的电阻随温度变化的影响较小，因此PTC加热器可输出稳定的功率，从而为暖风系统提供稳定的热源。如图4-111所示是吉利帝豪EV450的PTC加热器。

图4-111 吉利帝豪EV450的PTC加热器

（2）加热芯体：又称暖风水箱，是暖风系统的主要部件。加热芯体位于空调主机内，热的冷却液被泵入加热芯体，加热芯体将冷却液的热量传输给流经加热芯体的空气。

（3）工作过程：当空调系统处于暖风模式时，PTC加热器在高压电的作用下对冷却液进行加热，高温冷却液被加热器水泵抽入加热器。冷暖温度控制电机转至采暖位置，外部空气在鼓风机的作用下流过加热器，被加热后吹入车内。

3．热泵空调

PTC加热器的加热方式目前被广泛应用于新能源汽车暖风系统中。但是为了满足空调系统对于除霜、除雾及取暖的要求，PTC加热方式通常需要很大的功率，会严重影响车辆的续航里程。为了改善上述弊端，开始逐步采用热泵空调。

热泵空调的基本原理如图4-112所示，热泵空调的制冷模式与普通空调是相同的，电动压缩机排出的高温高压气态制冷剂进入冷凝器内，制冷剂由气态转换为液态并进入蒸发器中。液态制冷剂在蒸发器中吸收车内空气的热量，对车内空间进行降温。

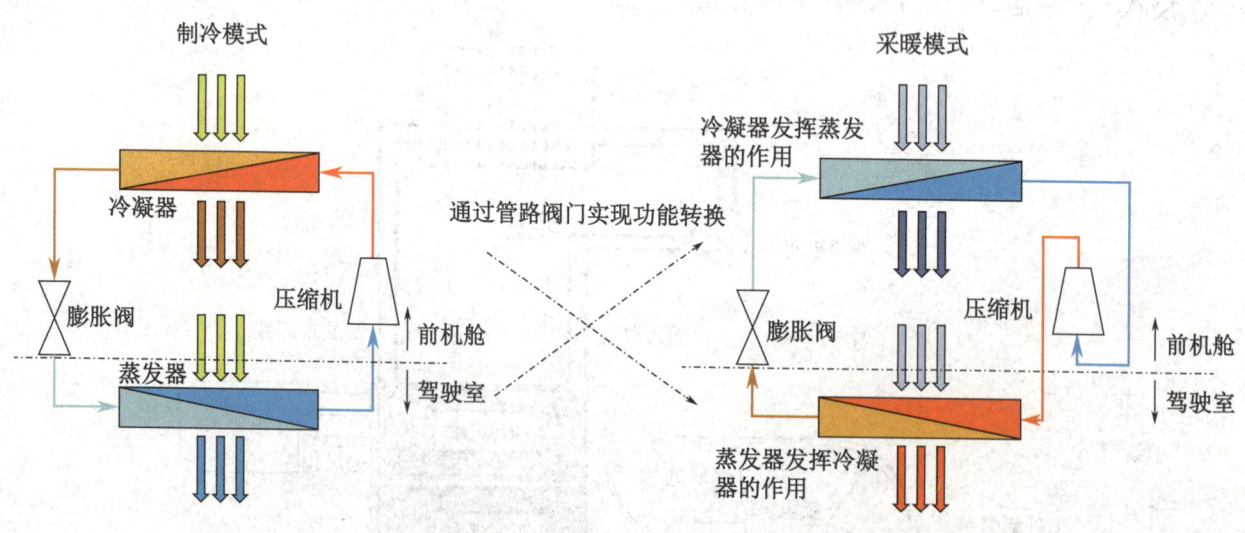

图4-112 热泵空调的基本原理

而采暖模式是通过管路和阀门实现反向转换，冷凝器和蒸发器的位置不变但是作用互换，外界空气经过蒸发器并吸收蒸发器中制冷剂的热量，温度升高的空气进入车内实现采暖功能。整个采暖过程相当于电动压缩机将外部环境的热量"抽"取到车内。总而言之，这套系统无论在制冷模式还是采暖模式都只能对热量进行传送，并不是产生热量，所以耗能较少，通常消耗1kW·h的电能可搬运2~3kW·h的热量。

但是热泵空调能够节能是有一定条件的。对于极寒的情况（-30℃以下），热泵空调的采暖效果就不明显了。而对于-15℃以上的使用环境来说，热泵空调可以满足大部分需求，相比PTC加热来说可以有效改善续航。目前，中高档新能源汽车已经开始采用热泵空调。例如，上汽大众ID.4 X采用R744（CO_2）作为制冷剂的热泵空调，将续航里程提高了30%。

4.3.11.4 通风系统

汽车空调系统可以对出风温度、风速、出风模式和空气的内外循环模式等进行调整，如图4-113所示是空调系统的通风配气机构。空调系统工作时，鼓风机将车外或车内的空气送到空调系统的风道内，从仪表板、脚部、除霜等位置的出风口吹出。

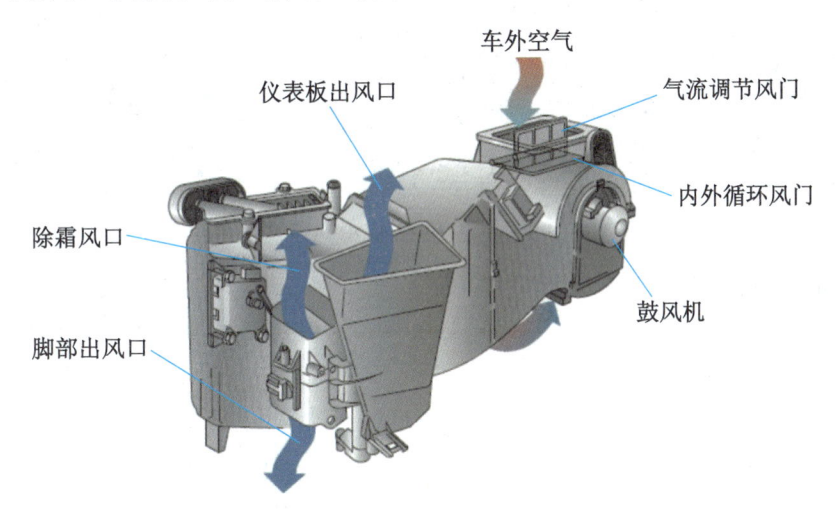

图4-113 空调系统的通风配气机构

如图4-114所示是空调系统的气流调节原理，内外循环风门用来控制空气的内外循环模式。鼓风机吹出的风首先经过制冷循环的蒸发器，如果电动压缩机处于工作状态，空气就会被降温。降温后的空气会经过温度风门，温度风门将气流分成两路：一路经过暖风水箱被加热；另一路不经过暖风水箱。两路气体经过温度风门后再次汇合。温度风门位置的变化可以调整经过暖风水箱的气流量，从而影响混合后气流的温度，实现不同的出风温度。适宜温度的气流再经过气流分配风门、除霜风门吹到指定位置。

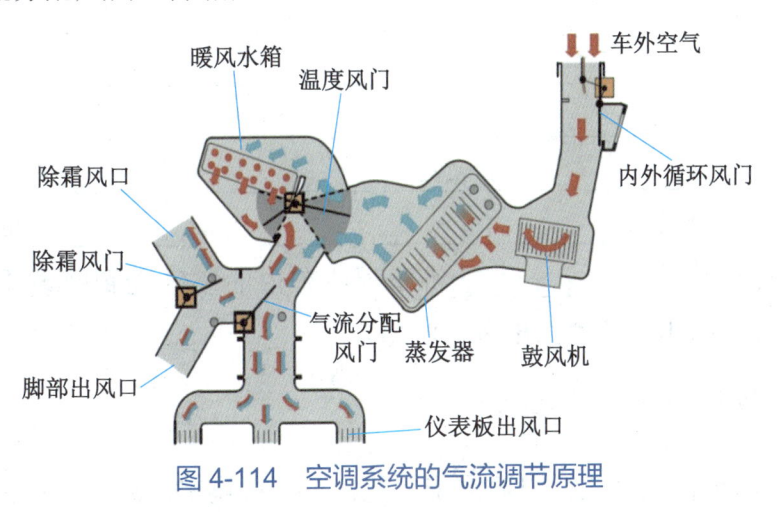

图4-114 空调系统的气流调节原理

新能源汽车使用与维护

4.3.11.5　认识空调系统—工作页

（1）汽车空调系统的作用包括_____、_____、_____和_____。

（2）写出制冷系统的组成并简述其作用，在实车上找到制冷系统的主要部件。

名称	作用	主要部件

（3）请画出制冷循环过程。

（4）新能源汽车暖风系统主要有三种形式，分别是_____、PTC水加热和热泵系统。

（5）请简述PTC水加热暖风系统的工作过程。

_____

_____

（6）热泵空调的特点是_____

_____。

（7）热泵空调的不足是_____

_____。

（8）汽车空调系统可以对_____、_____、_____和_____等进行调整。空调系统工作时，_____将车外或车内的空气送到空调系统的风道内，从_____、脚部、除霜等位置的出风口吹出。

4.3.12　空调系统检查与维护

空调系统检查与维护项目包括空调系统功能检查、更换空调滤芯、检测制冷系统压力。

168

4.3.12.1 空调系统功能检查

1. 空调操作面板及功能

如图 4-115 所示是吉利帝豪 EV450 空调操作面板，空调按键说明见表 4-8。

图 4-115 吉利帝豪 EV450 空调操作面板

表 4-8 吉利帝豪 EV450 空调按键说明

序号	说明	序号	说明
1	A/C 按键	8	后风窗/外后视镜除霜按键
2	风量调节旋钮	9	内外循环按键
3	OFF 按键	10	空气净化器按键
4	模式调节按键	11	显示屏
5	前风窗除霜除雾按键	12	AUTO 按键
6	温度调节旋钮	13	驾驶员座椅加热按键
7	加热按键	14	前排乘员侧座椅加热按键

2. 空调系统功能检查步骤

（1）车辆上电。

（2）操作风量调节旋转按键 2，查看风量挡位显示和出风口出风量是否按旋钮的变化发生改变。

（3）操作模式调节按键 4，分别检查吹面、吹脚、吹面和吹脚、吹脚和除雾四种模式，以及出风口的出风情况与模式是否匹配。

（4）操作内外循环切换按键 9，内循环开启时指示灯应点亮，通过出风口风量变化判断内外循环转换功能是否正常。

（5）操作 A/C 按键 1，A/C 指示灯应点亮，调节温度调节旋钮 6，查看显示屏 11 的温度显示是否变化。

（6）出风口温度检查：内循环模式下将温度调至最低，将风量调至最大，吹风模式调至正面出风。使用温度计检查空调出风口温度是否正常，正常温度应该为 4~10℃。

（7）操作加热按键 7，检查暖风功能是否正常。

（8）操作 AUTO 按键 12，查看空调自动控制功能是否正常。

（9）操作后风窗/外后视镜除霜按键 8，检查左右外后视镜和后窗除霜功能是否正常。注意：检查除霜功能时，可适当在左右外后视镜和后窗喷洒一定量的水雾，检查效果更明显。

（10）操作 OFF 按键 3，关闭空调系统，关闭电源开关。

4.3.12.2　更换空调滤芯

（1）拆下仪表板杂物箱。

① 拆卸仪表板右侧端盖及阻尼器固定销（见图 4-116）。

② 按箭头指示拆卸仪表板杂物箱 2 个固定销（见图 4-117）。

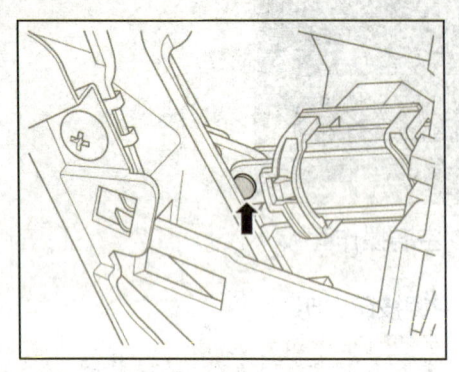

图 4-116　拆卸仪表板右侧端盖及阻尼器固定销 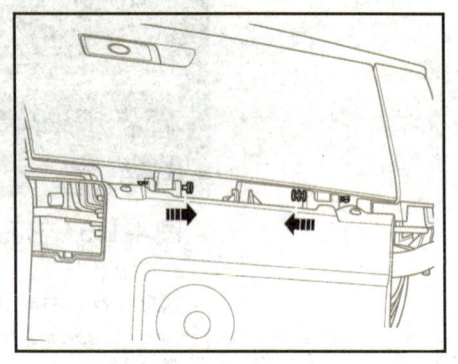　　图 4-117　拆卸仪表板杂物箱 2 个固定销

③ 打开仪表板杂物箱，拆下仪表板杂物箱（见图 4-118）。

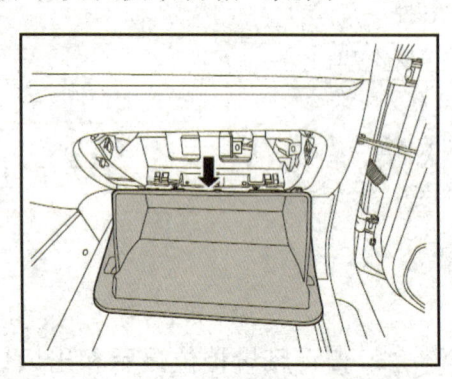

图 4-118　拆下仪表板杂物箱

（2）拆下空调滤芯安装壳（见图 4-119），拆下空调滤芯（见图 4-120）。

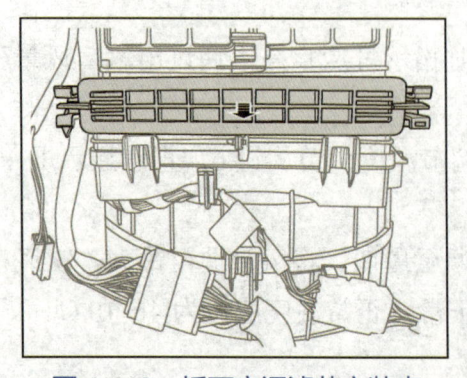

图 4-119　拆下空调滤芯安装壳 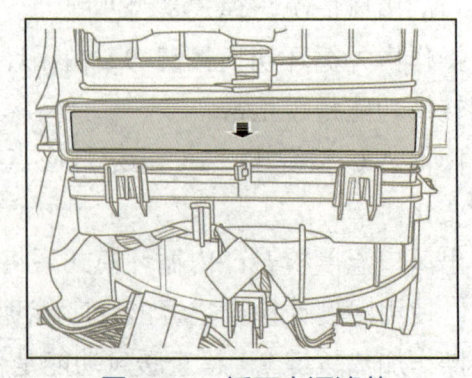　　图 4-120　拆下空调滤芯

（3）安装以相反顺序进行。

4.3.12.3 检测制冷系统压力

1．检测制冷系统静态压力

（1）清洁并拆下制冷系统高、低压检修阀防尘帽（见图4-121）。

（2）检查并确认制冷剂回收加注机的手动高、低压阀和高、低压快速接头，均应处于关闭状态（见图4-122）。

图 4-121　拆下高、低压检修阀防尘帽

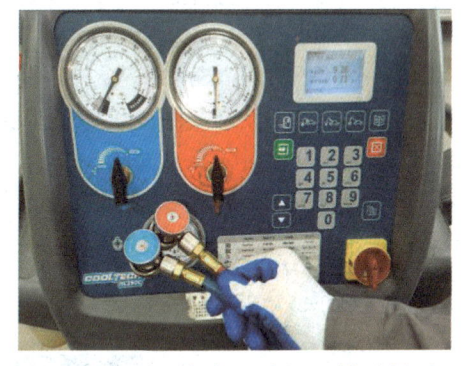

图 4-122　检查手动阀和快速接头

（3）连接高、低压管路快速接头（见图4-123）。注意：红色连高压，蓝色连低压，确认连接可靠。

（4）打开高、低压管路快速接头，观察并记录高、低压压力表数值（见图4-124）。制冷系统静态压力参考范围如图4-125所示。

图 4-123　连接高、低压管路快速接头

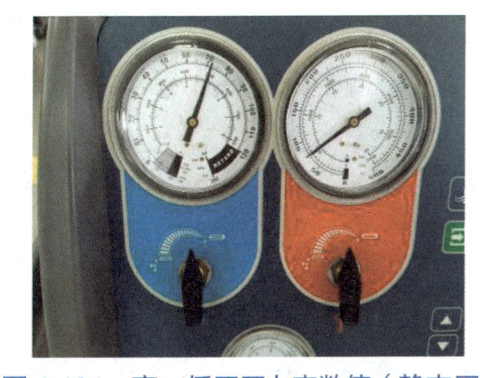

图 4-124　高、低压压力表数值（静态压力）

2．检测制冷系统工作压力

（1）打开所有车窗、车门，启动车辆至READY。

（2）打开所有空调出风口，并将其调节到全开。

（3）将温度旋钮调至最大制冷位置，风速调整为最大，送风模式设置为吹面部模式，将进气模式调整为外循环模式。按下空调A/C开关，此时电动压缩机运行，低压表数值开始下降，高压表数值开始上升。

环境温度/℃	压力/kPa	环境温度/℃	压力/kPa	环境温度/℃	压力/kPa
-9	106	16	392	47	1114
-8	115	18	438	48	1149
-7	124	21	487	49	1185
-6	134	24	540	50	1222
-4	144	27	609	51	1260
-3	155	30	655	52	1298
-2	166	32	718	53	1337
-1	177	35	786	54	1377
0	188	38	857	57	1481
1	200	39	887	60	1590
2	212	40	917	63	1704
3	225	41	948	66	1823
4	238	42	980	68	1948
7	272	43	1012	71	2079
10	310	44	1045	74	2215
13	350	46	1079	77	2358

图 4-125 制冷系统静态压力参考范围

（4）待压力表指针稳定后观察并记录压力表数值（见图 4-126）。制冷系统工作压力参考范围如图 4-127 所示。

（5）关闭车辆启动开关。

图 4-126 观察并记录压力表数值

环境温度（车外空气）/℃	高压侧压力/MPa	低压侧压力/MPa
15.5	0.84~1.19	0.09~0.12
21.1	1.05~1.75	0.09~0.14
26.6	1.26~1.93	0.09~0.17
32.2	1.40~2.18	0.12~0.21
37.7	1.61~2.30	0.15~0.24
43.3	1.89~2.53	0.19~0.26

图 4-127 制冷系统工作压力参考范围

4.3.12.4　空调系统检查与维护—工作页

（1）写出空调系统检查与维护的操作步骤、技术要点/注意事项。

序号	操作步骤	技术要点/注意事项

续表

序号	操作步骤	技术要点/注意事项

（2）工作记录单。

工作项目	工作内容及检查结果	
准备工作	检查工位、安全防护用具、工具及检测设备、车辆防护	
空调系统功能检查	1. 制冷功能 □正常　　□异常： 2. 暖风功能 □正常　　□异常： 3. AUTO 功能 □正常　　□异常：	4. 除霜功能 □正常　　□异常： 5. 内外循环功能 □正常　　□异常： 6. 空气净化功能 □正常　　□异常：
更换空调滤芯	空调滤芯是否更换 □是　　□否	
检测制冷系统压力	1. 静态压力 高压表读数：_____ 2. 工作压力 高压表读数：_____	低压表读数：_____ 低压表读数：_____
整理工位	恢复车辆及场地、整理工具，清洁工位	

（3）空调系统检查与维护评价表。

序号	评价内容	评价标准	配分	得分
1	准备工作	正确检查维修工位、安全防护用具、工具及检测设备 进行车辆外观及安全检查，铺设车辆内外防护	10	
2	空调系统功能检查	正确检查风量、出风模式、内外循环、冷暖功能、除霜功能、空气净化功能	20	

173

续表

序号	评价内容	评价标准	配分	得分
3	更换空调滤芯	正确拆装仪表板杂物箱和空调滤芯安装壳	20	
4	检测制冷系统压力	正确连接制冷剂回收加注机 正确检测制冷系统静态压力和工作压力，并判断结果	25	
5	安全事故	未按正确安全操作程序，损伤、损毁车辆，造成人员伤害，视情节扣 2～10 分，特别严重安全事故的终止操作，成绩记 0 分	10	
6	过程记录	对工作过程进行记录，记录完整、翔实	5	
7	工作过程	工作态度积极，文明操作，轻拿轻放，言行举止等合乎要求	5	
8	5S 管理	野蛮操作扣 2 分，有不文明语言扣 2 分，扣完为止	5	

4.3.13 认识底盘

4.3.13.1 底盘的组成及功用

底盘系统如图 4-128 所示，新能源汽车的底盘与传统燃油汽车基本相同，同样是由传动系统、行驶系统、转向系统和制动系统四部分组成。底盘的作用是支撑、安装新能源汽车的驱动电机、电动压缩机及其他各部件，形成汽车的整体形态，通过来自驱动电机的动力使车辆正常行驶。

图 4-128 底盘系统

4.3.13.2 传动系统

新能源汽车驱动电机与驱动轮之间的动力传递装置称为传动系统，通常由变速驱动单元、减速器、差速器和传动轴组成，驱动电机输出的动力靠传动系统传递到车轮。如图 4-129 所示是纯电动汽车传统系统，如图 4-130 所示是混合动力汽车传动系统，由电机、变速器、传动轴、分动器和差速器等组成。

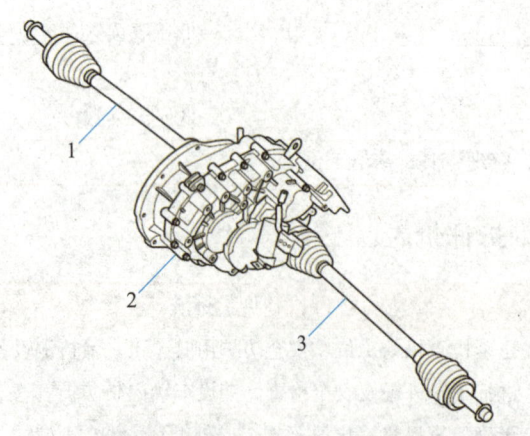

1—左侧等速传动轴；2—减速器；3—右侧等速传动轴
图 4-129 纯电动汽车传动系统

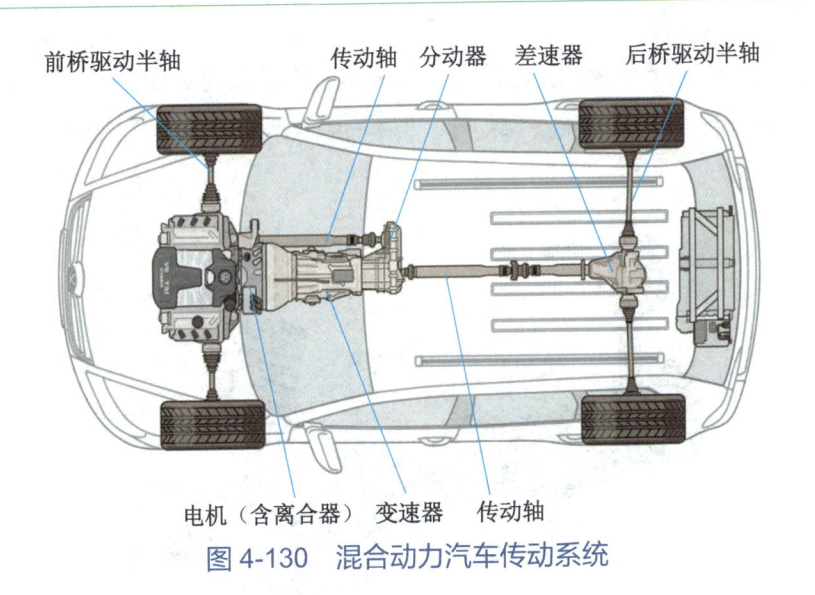

图 4-130 混合动力汽车传动系统

传动系统具有减速、变速、倒车、切断动力传递、差速等功能。传动系统与驱动电机配合工作，能保证汽车在各种工况条件下的正常行驶，使汽车具有良好的动力性和燃油经济性。

4.3.13.3 行驶系统

如图 4-131 所示，行驶系统主要由车架（车身）、车桥、悬架和车轮等组成。汽车行驶系统的功用可以概括为以下几个方面：通过车轮与路面之间的附着作用，使传动系统传来的力矩变为汽车行驶的驱动力矩；支承汽车总质量，传递路面作用于车轮上的各种力及力矩；缓和冲击，减小震动，保证汽车的行驶平顺性；行驶系统还与转向系统相互配合保证汽车的操控稳定性。

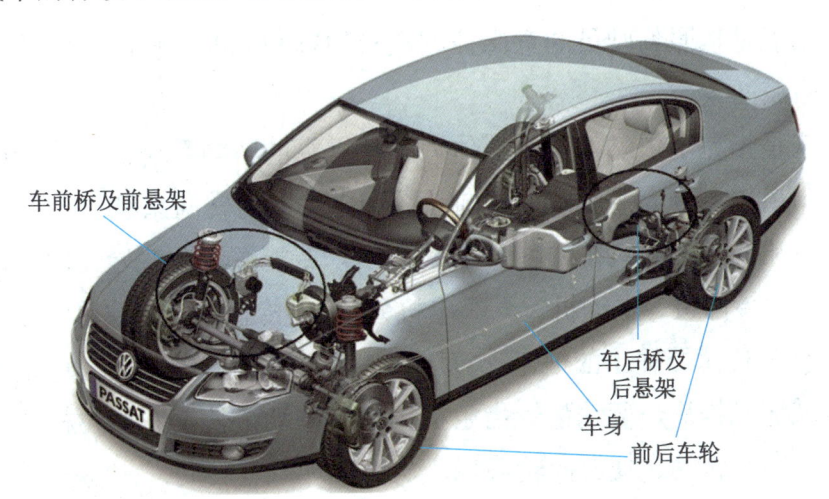

图 4-131 行驶系统

车架（车身）是连接在各车桥之间类似桥梁的一种结构，其功用是安装汽车的各总成和部件，使它们保持正确的相对位置，并承受来自车上和地面的各种载荷。车桥的功用是传递车架或承载式车身与车轮之间各方向的作用力。

悬架是车架与车桥之间一切传递动力连接装置的统称。悬架结构如图 4-132 所示，悬架一般由弹性元件、导向机构、减震器和稳定杆等组成。悬架弹性地连接车桥与车身，缓和行驶中车辆受到的由于路面不平引起的冲击力，保证乘坐舒适和货物完好；迅速减轻由于弹性系统引起的震动，传递垂直、纵向、侧向反力及其力矩；起导向作用，使车轮按一定轨迹相对车身运动。

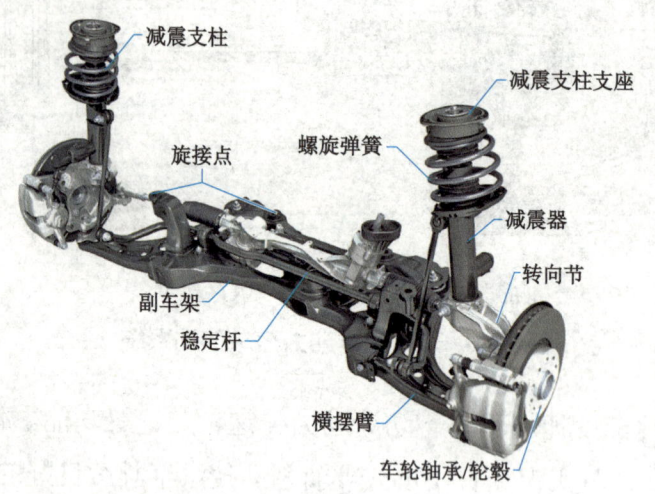

图 4-132 悬架结构

车轮与轮胎是汽车行驶系统中的主要部件，其主要功用是支撑汽车自重与负荷，对路面传递驱动力和制动力；与悬架共同吸收汽车行驶中受到的冲击，确保乘坐舒适性和行驶平稳性；与路面有良好的附着性，以提高汽车的牵引性、制动性和通过性。

4.3.13.4 转向系统

转向系统的功能是按照驾驶员的意愿控制汽车的行驶方向。转向系统通常分为机械转向系统和动力转向系统两大类。

机械转向系统是指完全依靠驾驶员的体力进行操纵的转向系统；动力转向系统是指借用助力来操纵的转向系统，分为液压助力转向系统和电动助力转向系统。

新能源汽车电动助力转向系统如图 4-133 所示，新能源汽车普遍使用电动助力转向系统（简称 EPS），主要由转向机、电动机（无刷电机）、扭矩传感器、电控单元、转向横拉杆等部件组成。EPS 根据各传感器输出的信号计算所需的转向助力，控制助力电动机转动。电动机输出的力矩经过减速机构后，驱动齿轮齿条机构横向移动，使左右横拉杆移动。通过横拉杆球头带动左、右转向节转动，使转向轮偏转，从而实现汽车转向。

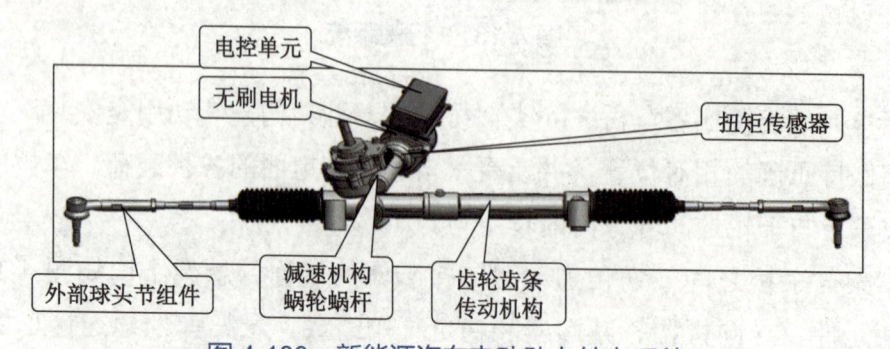

图 4-133 新能源汽车电动助力转向系统

4.3.13.5 制动系统

制动系统如图 4-134 所示，新能源汽车制动系统与传统燃油汽车的组成基本相同，一般由制动器和制动操纵机构两部分组成。制动器是用来阻碍车辆运动或运动趋势的部件，主要由制动盘、制动钳、制动摩擦片等组成。制动操纵机构将制动能量传输给制动器，主要由制动踏板、制动助力器、制动主缸和制动回路等组成。

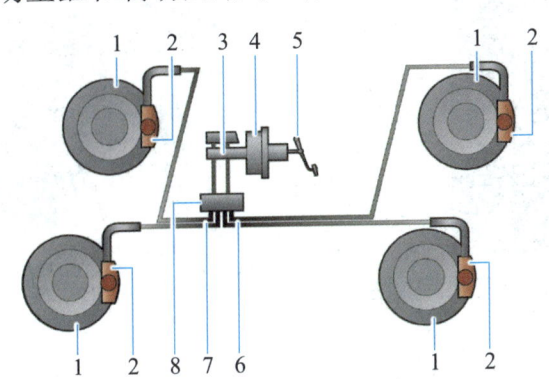

1—制动盘；2—制动钳；3—制动主缸；4—制动助力器；5—制动踏板；6—后部制动回路；
7—前部制动回路；8—制动控制单元

图 4-134 制动系统

如图 4-135 所示，制动器的制动摩擦片是旋转元件，随车轮一同旋转，制动盘是固定元件与车身（或车架）相连，通过二者之间工作表面的摩擦而产生制动力矩。制动器分为盘式制动器和鼓式制动器，新能源汽车广泛采用盘式制动器。

如图 4-136 所示是制动主缸和制动助力器。制动主缸又称制动总泵，其主要作用是推动制动液传输至各个制动分泵用以推动活塞。现在汽车的制动系统都采用了双回路制动系统，制动主缸中的每个回路各自控制对角线上的一对前后轮制动器。对于传统燃油汽车来说，当驾驶者踩下制动踏板时，制动助力器利用发动机进气歧管产生的真空形成压差，将制动踏板的作用力增大。由于这种制动助力器是利用真空来工作的，因此又称真空助力器。

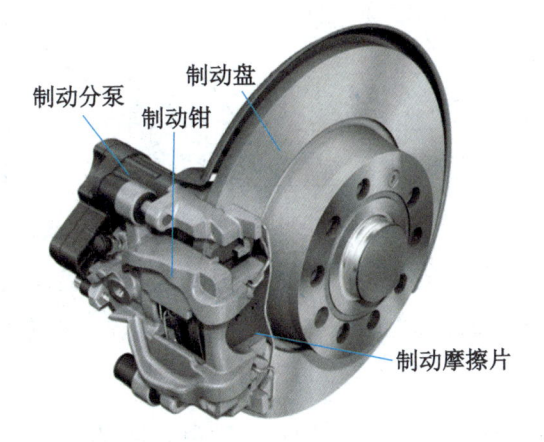

图 4-135 制动器

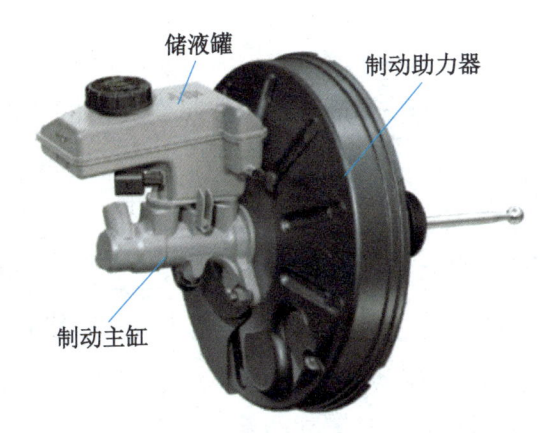

图 4-136 制动主缸和制动助力器

对于纯电动汽车来说，由于取消了发动机，所以其制动助力器需要使用一个电动真空泵

来产生真空。如图4-137所示是北汽EV160的电动真空泵和真空罐。此外，有些车型没有真空助力器，而是使用了机电式制动助力器。如图4-138所示是大众e-up的机电式制动助力器，当驾驶员进行制动时，由电动机产生对制动踏板的辅助作用力。

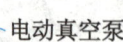

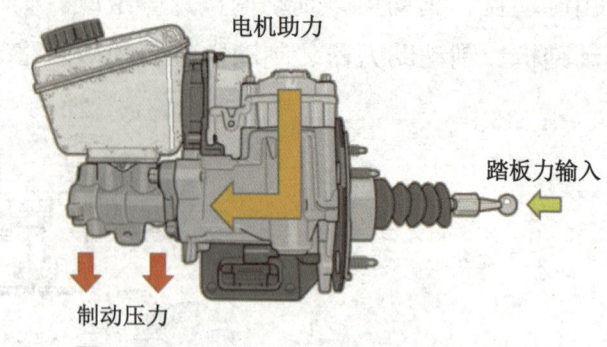

图4-137　北汽EV160的电动真空泵和真空罐

图4-138　大众e-up的机电式制动助力器

4.3.13.6　认识底盘—工作页

（1）新能源汽车的底盘系统是由_____、_____、_____和_____四部分组成。底盘的作用是_____，通过来自_____的动力使车辆正常行驶。

（2）新能源汽车驱动电机与驱动轮之间的动力传递装置称为汽车的传动系统，通常是由_____、_____、_____和_____组成，_____输出的动力靠传动系统传递给车轮。新能源汽车传动系统具有减速、变速、倒车、_____、差速等功能。

（3）请写出行驶系统的主要组成，并总结其功用。

主要组成	功用

（4）转向系统的功能是按照驾驶员的意愿控制汽车的_____。汽车转向系按转向能源的不同分为_____和_____。新能源汽车普遍使用_____转向系统，主要由_____、_____、扭矩传感器、_____、转向横拉杆等部件组成。控制器根据各传感器输出的信号计算所需的_____，控制助力电动机转动。电动机输出的力矩经过减速机构后，驱动_____横向移动，使左右横拉杆移动。通过_____带动左、右转向节转动，使转向轮偏转。

（5）新能源汽车制动系统由制动器和_____两部分组成。制动器是用来阻碍_____或_____的部件。制动操纵机构将制动能量传输给_____。

（6）制动器分为_____和_____两种，新能源汽车广泛采用_____制动器。

（7）纯电动汽车真空助力器的真空通过_____来产生。某些品牌的电动汽车采用_____制动助力器，当驾驶员进行制动时，由_____产生对制动踏板的辅助作用力。

4.3.14 底盘检查与维护

底盘检查与维护项目包括：转向盘检查、制动液液位及真空泵检查、车轮全面检查、制动器检查及车辆底部检查。

4.3.14.1 转向盘检查

（1）上下调节转向盘位置，检查转向柱的倾斜及锁止情况（见图 4-139）。

（2）将车辆停在水平地面上，轮胎朝向正前方。转动转向盘，检查转向盘自由间隙（见图 4-140），最大自由间隙为 30mm。注意：转动的同时感觉上、下轴之间是否存在间隙，如果有间隙必须更换上、下中间轴。

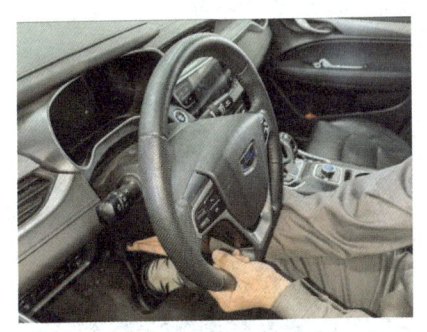

图 4-139　检查转向柱的倾斜及锁止情况

图 4-140　检查转向盘自由间隙

4.3.14.2 制动液液位及真空泵检查

（1）检查制动液液位（见图 4-141），液面位置应该保持在 MAX 和 MIN 之间。拧开加注口盖，检查制动液颜色是否浑浊（见图 4-142）。注意：如果制动液不在规定范围内应添加；如果制动液颜色浑浊，则应更换。

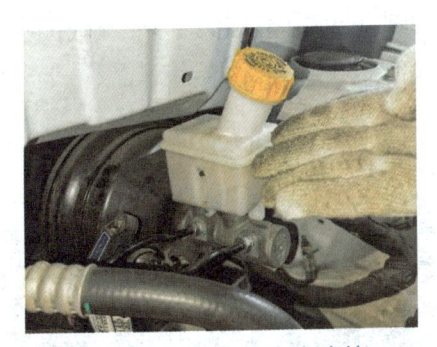

图 4-141　检查制动液液位

图 4-142　检查制动液颜色

（2）启动车辆，反复踩制动踏板，电动真空泵应运转。

4.3.14.3 车轮全面检查

（1）举升车辆至合适位置。双手握住轮胎，上下左右搬动车轮检查车轮轴承是否松旷并

旋转车轮，检查有无异响（见图 4-143）。

（2）两位技师配合使用气动/电动工具，拆卸车轮螺栓（见图 4-144）。

图 4-143　检查车轮轴承是否松旷及异响 　　　　图 4-144　拆卸车轮螺栓

（3）检查轮胎表面有无异常磨损，去除异物（见图 4-145）。

（4）检查轮毂内外侧有无损伤，平衡块固定是否牢固（见图 4-146）。注意：如果轮毂变形或损坏严重，需更换。

图 4-145　检查轮胎表面 　　　　图 4-146　检查轮毂

（5）校准轮胎气压（见图 4-147）。注意：轮胎压力不应超过厂家规定的标准气压，过高或过低都会造成轮胎的异常磨损。如果胎压不在正常值范围内，应及时调整。

（6）向气门嘴喷洒肥皂水，检查有无漏气（见图 4-148）。

（7）校准深度尺，使用深度尺测量轮胎花纹深度（见图 4-149）。同一截面测量 3 个点，需测量 3 个截面共 9 个点。注意：轮胎花纹深度不得小于 1.6mm。

图 4-147　校准轮胎气压 　　　　图 4-148　检查气门嘴有无漏气 　　　　图 4-149　测量轮胎花纹深度

4.3.14.4 制动器检查

(1) 拆卸左前轮的制动卡钳（见图 4-150）。向上翻动制动卡钳，取下制动摩擦片（见图 4-151）。使用 S 形挂钩将制动卡钳固定在减震弹簧上，以防制动软管损坏。

图 4-150　拆卸制动卡钳 　　　图 4-151　取下制动摩擦片

(2) 清洁制动摩擦片，检查制动摩擦片表面有无烧蚀及损坏。使用直尺测量制动摩擦片厚度，标准厚度（不带底板）为 11.2 mm，最小厚度为 2.5 mm。如果制动摩擦片的厚度小于最小值应更换（见图 4-152）。

(3) 清洁制动盘，检查制动盘有无裂纹、烧蚀。使用外径千分尺，距制动盘外边缘 1cm 处测量制动盘厚度，标准厚度为 25mm，最小厚度为 22.5mm。转动制动盘，至少测量 3 个位置，如果任一位置的厚度小于标准值，则更换制动盘（见图 4-153）。

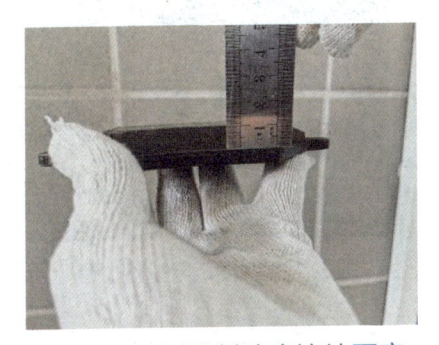

图 4-152　测量制动摩擦片厚度 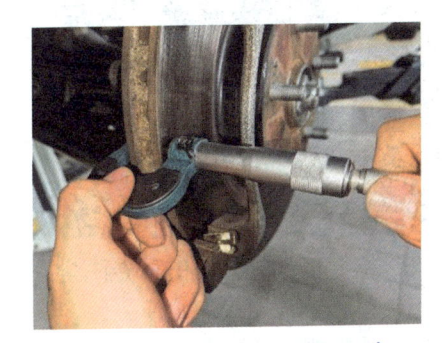　　　图 4-153　测量制动盘厚度

(4) 检查制动卡钳活塞处有无泄漏，使用制动分泵活塞回位工具将活塞进行回位（见图 4-154）。

(5) 安装制动摩擦片。注意：带磨损提示金属的制动摩擦片应安装在内侧（见图 4-155）。

图 4-154　制动分泵活塞回位 　　　图 4-155　带磨损提示金属的制动摩擦片

（6）安装制动卡钳，制动卡钳固定螺栓拧紧力矩为 27N·m。注意：向下拉制动卡钳和安装下端固定螺栓时要小心，不要损坏活塞防尘密封件。

4.3.14.5　车辆底部检查

（1）检查前、后轮制动管路有无损坏、老化及漏油（见图4-156和图4-157）。

（2）检查减震弹簧有无断裂、变形，减震器是否有损坏及漏油等情况（见图4-158）。

图4-156　检查前轮制动管路 　　　图4-157　检查后轮制动管路 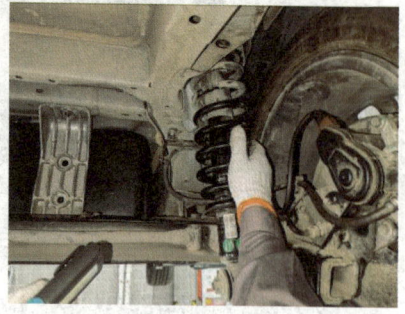　　　图4-158　检查减震弹簧及减震器

（3）检查传动轴及球笼防尘罩。转动车轮，检查传动轴有无损坏，传动轴两侧的球笼防尘罩有无损坏、老化及漏油现象（见图4-159和图4-160）。

图4-159　检查传动轴外侧的球笼防尘罩 　　　图4-160　检查传动轴内侧的球笼防尘罩

（4）检查下摆臂球销防尘罩是否密封，安装是否牢固（见图4-161）。

（5）搬动车轮至极限位置，检查车轮与制动管路有无运动干涉（见图4-162）。

图4-161　检查下摆臂球销防尘罩 　　　图4-162　检查车轮与制动管路有无运动干涉

（6）紧固副车架固定螺栓，拧紧力矩为180 N·m（见图4-163和图4-164）。

图 4-163　紧固副车架固定螺栓（后部） 　　　图 4-164　紧固副车架固定螺栓（前部）

（7）紧固后减震器与后桥固定螺母，拧紧力矩为 150 N·m（见图 4-165）。

（8）紧固后桥总成与车身连接的螺栓和螺母，拧紧力矩为 160 N·m（见图 4-166）。

图 4-165　紧固后减震器与后桥固定螺母 　　　图 4-166　紧固后桥总成与车身连接的螺栓和螺母

4.3.14.6　底盘检查与维护—工作页

（1）写出底盘检查与维护的操作步骤、技术要点/注意事项。

序号	操作步骤	技术要点/注意事项

(2) 工作记录单。

工作项目	工作内容及检查结果
准备工作	检查工位、安全防护用具、工具及检测设备、车辆防护
转向盘检查	1．转向柱的倾斜及其锁止情况 □正常　　　□异常： 2．转向盘自由间隙 □正常　　　□异常：
制动液液位及真空泵检查	1．制动液液位 □正常　　　□异常： 2．制动液颜色 □正常　　　□异常： 3．电动真空泵运转情况 □正常　　　□异常：
车轮全面检查	1．车轮轴承松旷、异响检查 □正常　　　□异常： 2．轮胎表面检查 □正常　　　□异常： 3．轮毂检查 □正常　　　□异常： 4．轮胎气压 标准值：前轮＿＿＿＿　后轮＿＿＿＿　　实测值：前轮＿＿＿＿　后轮＿＿＿＿ 轮胎是否漏气：　□正常　　□异常： 5．轮胎花纹深度实测最小值：＿＿＿＿
制动器检查	1．制动摩擦片厚度测量值：＿＿＿＿ □正常　　　□异常： 2．制动盘厚度测量值：＿＿＿＿ □正常　　　□异常：
车辆底部检查	1．底部部件检查 □正常　　　□异常： 2．底部螺栓紧固 （1）副车架固定螺栓，标准力矩：＿＿＿＿ （2）后减震器与后桥固定螺母，标准力矩：＿＿＿＿ （3）后桥总成与车身连接的螺栓和螺母，标准力矩：＿＿＿＿
整理工位	恢复车辆及场地、整理工具，清洁工位

(3) 底盘检查与维护评价表。

序号	评价内容	评价标准	配分	得分
1	准备工作	正确检查维修工位、安全防护用具、工具及检测设备 进行车辆外观及安全检查，铺设车辆内外防护	10	
2	转向盘检查	正确检查转向柱的倾斜及其锁止情况 正确检查转向盘自由间隙并判断结果	10	
3	制动液液位及真空泵检查	正确检查制动液液位、制动液颜色及真空泵运转情况	10	

续表

序号	评价内容	评价标准	配分	得分
4	车轮全面检查	正确检查车轮轴承有无松旷、异响 正确检查轮胎表面、轮毂、轮胎气压和轮胎花纹深度并判断结果	15	
5	制动器检查	正确拆装制动器、测量制动摩擦片和制动盘厚度并判断结果	15	
6	车辆底部检查	正确检查制动管路、减震器、传动轴及防尘罩 按要求紧固底盘螺栓	15	
7	安全事故	未按正确安全操作程序，损伤、损毁车辆，造成人员伤害，视情节扣 2～10 分，特别严重安全事故的终止操作，成绩记 0 分	10	
8	过程记录	对工作过程进行记录，记录完整、翔实	5	
9	工作过程	工作态度积极，文明操作，轻拿轻放，言行举止等合乎要求	5	
10	5S 管理	野蛮操作扣 2 分，有不文明语言扣 2 分，扣完为止	5	

4.4 理论测试

一、填空题

（1）电池按其工作性质和使用特征可分为：_____、二次电池和_____。

（2）锂离子电池的结构主要包括：_____、_____、_____、_____。

（3）特斯拉采用的 21700 锂电池，其数字代表的含义是_____、_____。

（4）测量动力电池供电线路、充电线路对车身之间的绝缘电阻，标准值要求_____。

（5）驱动电机系统主要由驱动电机、_____、减速器、_____和_____组成。

（6）测量驱动电机 U-V、U-W、V-W 之间的电阻，标准阻值范围是_____。

（7）动力电池常用的冷却系统类型是_____、_____、_____和_____。

（8）测量低压电源系统的动态电压时，其数值范围在_____之间。

（9）电动汽车使用_____，由_____输出的高压电驱动，将制冷剂 R134a 由_____压缩成_____送入冷凝器。

（10）测量轮胎花纹深度时，同一截面测量_____个点，需测量_____个截面共_____个点。

二、选择题

（1）下列哪个不属于二次电池（　　）。

A．锌锰干电池 B．锂离子电池
C．镍氢电池 D．镍镉电池

（2）某动力电池组的连接形式是3P91S，单体电芯电压是3.65V，则该动力电池的总电压是（　　）。

A．320V　　B．332V　　C．346V　　D．360V

（3）北汽EV160的电机控制器是（　　）。

A．集成DC-DC B．单一功能
C．集成驱动电机 D．集成驱动电机和减速器

（4）吉利帝豪EV450电机控制器上盖固定螺栓的拧紧力矩为（　　）。

A．8N·m　B．9N·m　C．10N·m　D．12N·m

（5）吉利帝豪EV450动力电池总成固定螺栓拧紧力矩为（　　）。

A．65N·m　B．70N·m　C．78N·m　D．80N·m

（6）新能源汽车维护时，测量高压部件的接地电阻值应（　　）。

A．≤10mΩ B．≤50mΩ
C．≤100mΩ D．≤20mΩ

（7）吉利帝豪EV450维修手册要求在更换减速器油时的参考用量是（　　）。

A．≤1.5±0.1L B．≤1.7±0.1L
C．≤1.4±0.1L D．≤1.6±0.1L

（8）直流充电桩的功率最大可以达到（　　）。

A．100kW　B．60kW　C．37.5kW　D．120kW

（9）充电系统维护时，通常要测量交流充电口（　　）对PE、（　　）对PE的绝缘电阻。

A．CC　CP B．L　N
C．CC　L D．CC　N

（10）上汽大众ID.4 X采用（　　）作为制冷剂的热泵将续驶里程提高了30%。

A．R134a B．R12L
C．R22 D．R744（CO_2）

三、判断题

（　）（1）三元锂电池的低温性能优于磷酸铁锂电池。

（　）（2）丰田普锐斯HEV使用的是锂离子电池。

（　）（3）电机控制器主要功能是通信和保护，实时进行状态监测与故障检测。

（　）（4）测量驱动电机绝缘电阻时，应将数字绝缘电阻测试仪挡位调至250V。

（　）（5）检查减速器油位时，应佩戴防酸碱橡胶手套，油面应与加注孔下边缘平齐。

（　　）（6）吉利帝豪 EV450 更换冷却液的排气过程时长不小于 10min。

（　　）（7）暖风系统由鼓风机、电加热器（PTC）、加热器水泵、加热器芯体等组成。

（　　）（8）吉利帝豪 EV450 副车架固定螺栓的拧紧力矩为 180 N·m。

（　　）（9）纯电动汽车启动后，反复踩制动踏板，电动真空泵应运转。

（　　）（10）吉利帝豪 EV450 转向盘的最大自由间隙是 20mm。

四、简答题

（1）新能源汽车动力电池组的形成过程是怎样的？

_____

_____

（2）吉利帝豪 EV450 更换冷却液的步骤及注意事项是什么？

_____

_____

4.5　计划与决策

（1）分组制订"新能源汽车检查与维护"工作计划。

新能源汽车检查与维护工单

序号	作业内容	数据或异常情况记录	维修措施
\multicolumn{4}{c}{举升位置 1（举升机在最低位置）}			
1	准备工作-安全防护 -安装车轮挡块、设置隔离栏、警戒线和警告标志牌 -检查绝缘手套、护目镜、安全帽、灭火器 -穿绝缘安全鞋	绝缘手套耐压等级： 安全帽有效期：	
2	准备工作-车辆外部检查 -检查车身状况、轮胎气压	左前轮：　　　右前轮： 左后轮：　　　右后轮：	
3	准备工作-车辆参数 -记录车辆信息	车辆型号： VIN 码： 电机型号： 电池容量： 工作电压： 里程表读数：	
4	准备工作-车内防护 -安装座椅套、转向盘套和脚垫		
5	准备工作-车外防护 -安装翼子板布和前格栅布		

续表

序号	作业内容	数据或异常情况记录	维修措施
6	检查作业-前机舱盖 -检查前机舱盖锁及其紧固件		
7	检查作业-制动系统 -检查制动液液位		
8	检查作业-暖风系统 -检查暖风系统冷却液液位、冰点	冷却液型号：　　冰点：	
9	检查作业-冷却系统 -检查驱动电机冷却液液位、冰点	冷却液型号：　　冰点：	
10	检查作业-冷却系统 -检查冷却系统软管、连接是否可靠，有无裂纹、损伤和泄漏		
11	检查作业-高压部件 -检查高压部件外观是否变形，警告标签是否完好		
12	检查作业-高压部件 -检查高低压线束或接插件安装是否牢固	线束及插头连接情况 □正常　□异常	
13	检查作业-充电系统 -检查充电接口处是否有异物、端子有无烧蚀等情况	（1）电子锁功能 □正常　□异常： （2）交流充电口照明灯 □正常　□异常：	
14	检查作业-充电系统（慢充） -检查车辆能否正常充电及充电显示情况	（1）充电线连接指示灯 □点亮　□不亮 （2）组合仪表充电指示灯 □点亮　□不亮 （3）充电电流： 　　剩余时间： （4）交流充电口指示灯 □白色　□绿色　□红色 □黄色　□蓝色 点亮的指示灯含义： （5）对外放电功能 □正常　□异常：	
15	检查作业-转向系统 -检查转向柱的倾斜及其锁止情况		
16	检测作业-转向系统 -转向盘自由间隙	测量值： 标准值：	
17	检测作业-12V 电源系统 -测量并记录 12V 电源系统电压（静态、动态）	静态： 动态：	
18	检查作业-组合仪表 -检查高压上电情况及指示灯显示	（1）READY 指示灯 □点亮　□不亮　□点亮后熄灭 （2）系统故障警告灯 □点亮　□不亮　□点亮后熄灭 （3）蓄电池故障指示灯 □点亮　□不亮　□点亮后熄灭	

续表

序号	作业内容	数据或异常情况记录	维修措施
19	检查作业-空调系统 -检查风量、出风模式、内外循环、冷暖功能、除霜功能、空气净化功能		
20	检查作业-灯光系统 -检查外部灯光是否正常		
21	检查作业-制动系统 -检查真空泵是否正常		
22	检查作业-故障诊断 -检查 VCU、PEU、BMS、OBC 控制单元有无故障码	☐无 DTC ☐有 DTC：	
23	检查作业-动力电池 -检查动力电池单体电芯电压、模组温度、电池包总电压、绝缘电阻、SOC、SOH	（1）单体电芯电压 最大：　　　最小： （2）模组温度 最大：　　　最小： （3）电池包总电压： （4）绝缘电阻： （5）SOC：　　SOH：	
24	安全作业-高压系统 -高压断电	HV+与 HV-之间的电压实测值：	
举升位置 2（举升至合适高度）			
25	检查作业-冷却系统 -检查散热器有无脏污、变形及泄漏等		
26	检查作业-空调系统（制冷） -检查冷凝器有无脏污、变形及泄漏等		
27	检查作业-传动系统 -检查驱动半轴及球笼防尘罩，与制动管路有无运动干涉		
28	检查作业-行驶系统 -检查前后悬架 -紧固底盘螺栓	（1）副车架固定螺栓，标准力矩：_____ （2）后减震器与后桥固定螺母，标准力矩：_____ （3）后桥总成与车身连接的螺栓和螺母，标准力矩：_____	
29	检查作业-制动系统 -检查制动摩擦片和制动盘		
30	检查作业-行驶系统 -检查车轮轴承间隙		
31	检查作业-制动系统 -检查制动管路的安装、连接、损伤情况，有无老化、漏油		
32	检查作业-动力电池 -检查动力电池周围是否有刺激和烧焦等异味 -检查动力电池底部有无磕碰、裂纹、凹陷及破损，防撞梁有无损坏，高低压插件内部有无烧蚀、腐蚀等现象		

189

续表

序号	作业内容	数据或异常情况记录	维修措施
33	紧固作业-动力电池 -检查动力电池总成与车身固定螺栓是否锈蚀及紧固情况，检查接地线紧固情况	（1）动力电池固定螺栓拧紧力矩： （2）动力电池接地线紧固情况 ①力矩： ②接地电阻： 实测值：　　标准值：	
34	检查作业-动力总成 -检查动力总成系统是否漏油、有无损坏；后悬置有无损坏；动力总成与左右悬置、左右悬置与车身、驱动电机与减速器以及接地线紧固情况	（1）动力总成与左右悬置紧固力矩： （2）驱动电机接地线紧固情况 ①力矩： ②接地电阻： 实测值：　　标准值： （3）驱动电机与减速器拧紧力矩：	
35	检查作业-动力总成 -检查驱动电机有无涉水痕迹，旋变传感器插头有无虚接		
36	更换作业-动力总成 -拆下减速器放油螺塞，排放减速器油		
37	更换作业-冷却系统 -排放驱动电机冷却液		
38	更换作业-动力总成 -加注减速器油	减速器油型号： 标准加注量：	
39	检查作业-高压系统 -高压线束绝缘电阻测量	1. 高压验电 动力电池HV+与HV-之间电压： 2. 绝缘电阻测量 （1）绝缘测试仪选择电压： （2）动力电池供电线路 ①HV+与车身接地之间 实测值：　　标准值： ②HV-与车身接地之间 实测值：　　标准值： （3）动力电池充电线路（快充） ①DC+与车身接地之间 实测值：　　标准值： ②DC-与车身接地之间 实测值：　　标准值：	
	举升位置3（下降至车轮接地）		
40	作业准备-安全防护 -安装车轮挡块		

续表

序号	作业内容	数据或异常情况记录	维修措施
41	检查作业-高压系统 -绝缘电阻、接地电阻及三相绕组电阻测量	1. 绝缘电阻测量 （1）绝缘测试仪选择电压： （2）交流充电口 ①L 对 PE 实测值：　　　标准值： ②N 对 PE 实测值：　　　标准值： （3）直流充电口 ①DC+对 PE 实测值：　　　标准值： ②DC-对 PE 实测值：　　　标准值： （4）电机控制器 ①HV+对车身 实测值：　　　标准值： ②HV-对车身 实测值：　　　标准值： （5）电机 ①U 相对车身 实测值：　　　标准值： ②V 相对车身 实测值：　　　标准值： ③W 相对车身 实测值：　　　标准值： 2．电机三相绕组阻值测量 U-V 实测值：　　　标准值： U-W 实测值：　　　标准值： V-W 实测值：　　　标准值： 3．接地电阻测量 （1）车载充电机 实测值：　　　标准值： （2）电机控制器 实测值：　　　标准值： （3）空调压缩机 实测值：　　　标准值： （4）PTC 加热器 实测值：　　　标准值：	
42	更换作业-冷却系统 -加注驱动电机冷却液并排气	冷却液型号： 标准加注量：	

191

续表

序号	作业内容	数据或异常情况记录	维修措施
	举升位置4（举升至合适高度）		
43	检查作业-冷却系统 -检查驱动电机冷却液排液管路有无泄漏		
44	检查作业-动力总成 -检查减速器放油螺塞有无泄漏		
	举升位置5（落下举升机至最低位置）		
45	作业准备-安全防护 -安装车轮挡块		
46	作业完成-整车检查 -检查高压上电状态、仪表显示；各系统读取故障码 -检查直流充电功能	（1）READY 指示灯 □点亮　□不亮 □点亮后熄灭 （2）系统故障警告灯 □点亮　□不亮 □点亮后熄灭 （3）故障码及数据流 □无 DTC　□有 DTC： 有无异常数据： （4）直流充电功能 □正常　□异常：	
47	工位整理-安全防护 -拆卸翼子板布和前格栅布		
48	工位整理-安全防护 -拆卸座椅套、脚垫、转向盘套		
49	工位整理-工具、设备、场地 -清洁整理工具、设备、场地		

工作计划表

品牌		整车型号		生产日期	
电机型号		电池容量		行驶里程	
工作电压		车辆识别码			
工作任务					
工作内容					
	请根据新能源汽车检查与维护工单制订两人小组的工作计划，确定 A 技师和 B 技师的作业内容及作业顺序。				

| 计划审核
（教师） | | | | 年　月　日　签字： | |

续表

工作中出现的问题		经验总结及改进措施	
结论和维修建议			
预估工时		成本预算	

（2）学生小组合作按照任务决策的关键要素完成任务决策。

任务决策：

① 与师傅明确计划可行性。

工作任务的时间控制和成本控制，工作步骤的正确性、规范性和合理性，工作过程的安全性和环保性，考虑厂商的经济效益和工作效率等，并记录决策结果与师傅的建议。

② 与客户明确计划可行性。

请站在客户的角度，和客户沟通任务计划实施的可能性。（包括：有几种可能供客户选择？某些项目做或不做？现在做还是未来做？考虑客户的成本控制、时间控制、安全性、环保性、美观性和便利性等，并记录决策结果与客户的意见。）

4.6 任务实施

（1）学生按照本组制订的工作计划进行车辆检查与维护，将检查过程及结果记录到工单中。

（2）查询工厂信息管理系统，进行备件和人员工资测算后，将其记录在工作计划表中的相关位置。

（3）实施过程评价。

新能源汽车检查与维护评价表

序号	评价内容	评价标准	配分	扣分
		举升位置1（举升机在最低位置）		
1	准备工作-检查工位	□未设置隔离栏、警戒线、警告标志牌 □未检查灭火器类型（水基、干粉）及压力值 □未检查绝缘救援钩、绝缘剪断钳	1.5	
2	准备工作-检查安全防护	□未检查安全防护用具或检查方法错误 □违规佩戴金属饰品 □未穿绝缘安全鞋	1.5	

续表

序号	评价内容	评价标准	配分	扣分
3	准备工作 -检查设备工具	□未进行数字绝缘电阻测试仪短路和开路检查 □未选择四点检测绝缘垫绝缘性 □未检查数字毫欧表 □未检查数字万用表 □未检查绝缘工具	2.5	
4	准备工作 -记录车辆信息	□未记录车辆信息	1	
5	准备工作 -安装车外防护	□未安装、安装位置错误、掉落	0.5	
6	准备工作 -安装车内防护	□未安装、安装位置错误、损坏	0.5	
7	准备工作 -车辆外部检查	□未检查车身状况 □未检查并调整轮胎气压	1	
8	准备工作 -安全准备	□未降下驾驶员侧车窗 □未检查确认电子驻车制动器和P挡	1	
9	检查作业 -车辆基本检查	□未检查前舱盖锁及其紧固件 □未检查制动液液位 □未检查驱动电机冷却液液位和冰点 □未检查暖风系统冷却液液位和冰点 □未检查冷却软管安装是否牢固，有无裂纹、损坏和泄漏 □未检查高压部件有无变形、警告标签是否完好 □未检查高低压线束及接插件安装情况 □未测量并记录12V电源系统电压（静态、动态） □未检查充电接口是否有异物、端子有无烧蚀等情况 □未检查交流充电功能及组合仪表信息（充电电流、剩余时间）、充电口指示灯状态 □未检查对外放电功能 □未检查电子锁功能及应急解锁功能	6	
10	检查作业 -车内检查	□未正确连接故障诊断仪 □未正确启动车辆并记录仪表信息 □未正确读取并清除故障码 □未读取并记录动力电池单体电芯电压、模组温度，电池包总电压、绝缘电阻监控、SOC、SOH □未检查风量、出风模式、内外循环、冷暖功能、除霜功能、空气净化功能 □未检查转向柱的倾斜及其锁止情况 □未检测转向盘自由间隙 □未检查外部灯光是否正常 □两名技师未配合检查真空泵是否正常	4.5	
11	安全作业 -高压系统断电	□未正确进行高压断电 □12V蓄电池负极未安装保护盖	1	

续表

序号	评价内容	评价标准	配分	扣分
		举升位置2（举升至合适高度）		
12	举升车辆	□举升臂支点位置错误（举升臂垫块不能碰到动力电池） □举升臂支点水平误差较大（差值≤30mm） □未检查车辆支撑稳定性（车轮离地150～200mm） □举升机未锁止 □操作举升机时未喊口令	5	
13	安全作业	□车下作业未全程佩戴安全帽	1	
14	检查作业 -车辆底部检查	□未检查散热器有无泄漏、变形等 □未检查冷凝器有无脏污、变形及泄漏等 □未检查半轴及防尘罩、球销及防尘罩 □未检查前后螺旋弹簧有无损坏，减震器是否漏油 □未检查紧固底盘螺栓（副车架固定螺栓，后减震器与后桥固定螺母，后桥总成与车身连接的螺栓和螺母） □未检查制动摩擦片和制动盘 □未检查制动管路的安装、损伤、老化及有无漏油等情况 □未检查车轮轴承旷隙，有无松旷、异响 □未检查动力总成是否漏油、有无损坏；后悬置有无损坏；动力总成与左右悬置、左右悬置与车身螺母紧固情况、驱动电机与减速器螺栓紧固情况、接地线紧固情况 □未检查动力电池周围是否有刺激和烧焦等异味 □未检查动力电池底部有无磕碰、裂纹、凹陷及破损，防撞梁有无损坏，高低压插件内部有无烧蚀、腐蚀等现象 □未检查动力电池总成固定螺栓有无缺失、是否锈蚀及紧固情况、接地线紧固情况及接地电阻 □未检查驱动电机有无涉水痕迹 □未检查旋变传感器线束插头安装情况 □检查前未在动力电池供电端和充电端进行验电并确认小于1V □测量绝缘电阻时未戴安全防护用具	16	
15	更换作业 -动力总成	□未拆下减速器放油螺塞，排放减速器油 □未拆下驱动电机冷却液管路接头排放冷却液 □未使用专用容器收集排放的废液	3	
16	更换作业 -动力总成	□未使用油液加注机（自动或手动）加注减速器油 □未清洁溢出的减速器油 □减速器油量加注不正确 □加注完成后未检查减速器油位	4	

续表

序号	评价内容	评价标准	配分	扣分
举升位置3（下降至车轮接地）				
17	作业准备 -安全防护	□未安装车辆挡块	1	
18	检查作业 -高压系统	□测量前未在电机控制器端进行验电并确认电压小于1V □测量绝缘电阻时未戴安全防护用具 □未测量高压部件及线束绝缘电阻 □未测量驱动电机U、V、W三相绕组阻值 □未测量高压部件接地电阻	5	
19	更换作业 -冷却系统	□未加注冷却液并正确进行排气 □故障诊断仪操作不正确 □未清洁溢出的冷却液	3	
举升位置4（举升至合适高度）				
20	举升车辆	□举升臂支点位置错误（举升臂垫块不能碰到动力电池） □举升臂支点水平误差较大（差值≤30mm） □未检查车辆支撑稳定性（车轮离地150～200mm） □举升机未锁止 □操作举升机时未喊口令	5	
21	安全作业	□车下作业未全程佩戴安全帽	1	
22	检查作业 -车辆底部复检	□未检查驱动电机冷却液排液管路有无泄漏 □未检查减速器放油螺塞有无泄漏	2	
举升位置5（落下举升机至最低位置）				
23	作业准备 -安全防护	□未安装车辆挡块 □未收回举升机的举升臂	2	
24	作业完成 -整车检查	□未进行上电前的高压部件及线束检查 □未检查高压上电状态、组合仪表显示 □未读取各系统故障码和数据流 □未检查直流快充功能（如果条件不允许，可以不做）	4	
25	5S管理	□未按要求保管汽车钥匙（随身携带） □作业过程中未及时清洁地面油渍 □未拆卸翼子板布和前格栅布 □未拆卸座椅套、脚垫、转向盘套 □未清洁整理工具设备、场地	5	
部件更换				
26	部件更换	□作业过程中未找出故障点（对损坏的部件进行更换） □未按教师要求更换指定的高压部件或高压线束	2	
操作安全				
27	安全事故	□因违规操作造成车辆或设备的损伤，视情节扣2～10分；特别严重的安全事故，立即终止操作，成绩记0分 □因违规操作造成人员伤害，视情节扣2～10分；特别严重的安全事故，立即终止操作，成绩记0分	20	

4.7　任务评估

（1）小组合作完成任务检查，对工作计划、工作过程、工作结果进行评估，记录优缺点及改进建议。

① 检查工单（检测结果、维修建议、维修措施、故障排除情况）。

② 必要的5S（车辆、工位、场地等）。

③ 请根据车辆检查与维护工作的实际情况，改进工作计划。

（2）车辆检查与维护结束，进行功能检查并将维护后的车辆及相关物品交付给组长，作为修理工需要交付哪些物品？写出交付车辆过程中需要注意的事项。

4.8　任务反思

在"新能源汽车检查与维护"学习过程中你有哪些收获，总结一下吧！

序号	项目	总结内容
1	单元知识点总结	
2	目标达成情况	
3	达成目标的原因	
4	未达成目标的原因	
5	工作过程反思	
6	在今后学习中要保持的	
7	在今后学习中要杜绝的	
8	在今后学习中要尝试的	

4.9 知识拓展

上汽大众 ID.4 X 纯电动汽车检查维护项目

位置	作业范围
车辆内部	-喇叭：检查功能 -顶篷内灯、行李箱灯：检查功能 -仪表报警灯：检查组合仪表是否有高压故障报警灯 -安全气囊和安全带：目检外表是否受损，检查安全带功能
车辆外部	-行车安全灯：检查近光灯、远光灯、转向灯、雾灯、全天候灯、警示灯功能、倒车灯、车牌灯、制动灯、驻车灯 -静态弯道灯（弯道灯）：检查功能 -辅助行车灯：检查功能 -尾灯：检查功能 -前风窗玻璃落水槽盖板：清洁 -雨刮器/清洗装置：检查雨刮片止位、雨刮和清洗装置功能，必要时调整；检查并清洁雨刮片，必要时更换 -前机舱盖锁扣：润滑 -车门限位器：润滑 -车辆外观：检查是否有明显碰撞痕迹 -打开车门和前机舱盖，目视检查车身内部和外部 -充电插座：检查是否有污物和损坏 -电动车窗：初始化设置 -活动天窗：检查功能、清洁导轨，涂敷专用油脂 -天窗排水功能：检查，必要时清洁
车辆下部	-驱动电机及前机舱：目检有无泄漏和损坏（从上往下） -变速器及传动轴护套：检查是否泄漏或损坏，连接是否牢固 -主销球头防尘套、下摆臂轴承、连杆防尘套及稳定杆支座：检查是否损坏 -转向横拉杆球头：检查间隙及防尘套、检查连接是否牢固 -车轮轴承壳体：检查衬套是否松动 -前、后制动系统：检查制动摩擦片厚度、制动盘状态 -制动系统：检查是否泄漏和损坏 -车身底部：检查底部管路是否干涉，底部饰板、闷盖及保护层是否损坏 -高压蓄电池异味：检查高压蓄电池周围是否有刺激和烧焦等异味 -高压蓄电池附近底护板：检查是否有异常变形、凹陷及破损 -高压蓄电池外壳：清洁外壳污物，检查是否有变形、裂纹、凹陷及破损等情况 -高压蓄电池与车身紧固情况：检查紧固螺栓是否有松动 -泄压阀：检查泄压阀是否安装牢固、是否破损，必要时进行表面清洁 -高压部件和高压线束：检查有无损坏 -高压部件等电位线：检查高压部件等电位线是否固定牢固 -高压警示标签：检查高压部件上是否存在高压警示标签且表面清晰 -前后螺旋弹簧和减震器：检查是否损坏

续表

位置	作业范围
轮胎	-轮胎/轮毂：检查轮胎磨损情况，必要时进行轮胎换位，同时校正轮胎胎压 -车轮固定螺栓：检查并按规定扭矩紧固
前机舱	-驱动电机及前机舱：目视有无泄漏和损坏（从上往下） -高压部件冷却系统：检查冷却液液位和冰点，必要时补充原装冷却液 -高压部件冷却管路：检查冷却液管路连接是否可靠，是否有泄漏 -雨刮器/清洗装置：检查功能 -制动液液位（与摩擦片厚度相关）：检查功能 -蓄电池：专用设备检查、接线柱状态 -高压部件和线路：检查管路是否损坏，布线和固定是否正确 -高压部件和高压线束：检查功能 -高压部件等电位线：检查高压部件等电位线是否固定牢靠，有无锈蚀 -高压警示标签：检查高压部件上是否存在高压警示标签且表面清晰
整体	-前大灯：检查灯光角度，必要时调整 -轮胎胎压监控：校正胎压后进行标定 -自诊断：用诊断设备读取并清除控制器故障 -蓄电池状态：在线读取并发送诊断协议 -读取高压系统故障：用诊断设备检查高压系统控制器是否有故障信息 -读取高压蓄电池温度：检查温度是否符合要求 -读取高压蓄电池温差范围：检查静态的电池温差是否符合要求 -读取高压蓄电池压差范围：检查静态的电池压差是否符合要求 -读取高压蓄电池总电压：检查总电压是否符合要求 -读取高压系统绝缘阻值：检查高压系统绝缘阻值是否符合要求 -读取高压蓄电池冷却液进口温度：检查温度是否在正常范围内 -读取高压蓄电池冷却液出口温度：检查温度是否在正常范围内 -高压蓄电池电量：检查 -高压蓄电池电量：保养 -高压蓄电池：充电 -保养周期：复位 -软件版本：判断是否为最新版本 -试车：性能检查

参 考 文 献

[1] 张德虎，杨明．新能源汽车概论[M]．北京：电子工业出版社，2020．
[2] 崔胜民．新能源汽车概论[M]．北京：人民邮电出版社，2019．
[3] 赵金国，李治国．新能源汽车高压安全与防护[M]．北京：人民交通出版社，2017．
[4] 蔡晓兵，樊永强．新能源汽车维护与保养[M]．北京：机械工业出版社，2020．